高等学校公共基础课系列教材

创新创业教育

主　编　郭丽萍　柳韶军　韩建伟

副主编　赵继忠　刘晶晶　刘　真
　　　　兰　天　沈睿媛

参　编　甄凤爱　朱晓蕾　靳晓洁
　　　　武慧芳　王　瑞　郑宝成
　　　　陈立霞　张　鹏

主　审　周京晶

西安电子科技大学出版社

内 容 简 介

本书针对大学生的创新创业现状，以大学生的创新创业为主线，从开启创新之路、树立创新意识、训练创新思维、掌握创新方法、认识创业、评估创业者、培养创业力、发掘创业机会、整合创业资源、助飞“双创”梦想 10 个模块进行阐述，并配套相应的实训，目的是培养大学生的创新创业精神，锻炼大学生的创新创业能力。

本书可作为高校创新创业指导课程的教材，也可作为高校从事创新创业、就业指导工作的相关人员的参考读物。

图书在版编目(CIP)数据

创新创业教育 /郭丽萍，柳韶军，韩建伟主编. —西安：西安电子科技大学出版社，2021.2(2023.1 重印)
ISBN 978-7-5606-6012-7

Ⅰ. ①创… Ⅱ. ①郭… ②柳… ③韩… Ⅲ. ①大学生—创业—高等学校—教材
Ⅳ. ①G647.38

中国版本图书馆 CIP 数据核字(2021)第 027276 号

策　　划　李鹏飞　刘小莉
责任编辑　李鹏飞　雷鸿俊
出版发行　西安电子科技大学出版社(西安市太白南路 2 号)
电　　话　(029)88202421　88201467　　邮　　编　710071
网　　址　www.xduph.com　　电子邮箱　xdupfxb001@163.com
经　　销　新华书店
印刷单位　陕西天意印务有限责任公司
版　　次　2021 年 2 月第 1 版　　2023 年 1 月第 4 次印刷
开　　本　787 毫米 × 1092 毫米　1/16　　印　张　11.25
字　　数　262 千字
印　　数　3801～4800 册
定　　价　35.00 元
ISBN 978-7-5606-6012-7 / G

XDUP 6314001-4

前　言

当前社会，一部分大学生已经基于自身在直观力、感知力、意志力和语言沟通以及动手能力等方面的明显优势，找到了适合自己的创业项目，并收获了成功的喜悦。相信在不久的将来会有更多富有创新精神的大学生奔跑在创业的道路上。

本书按照模块、项目式体例编写，每个模块都配套模块小结、教学检测、实训活动内容，旨在突出实践性，帮助大学生了解和掌握创新创业的相关知识和规律，提高大学生的创新意识和创业能力，鼓励和引导大学生增强创新创业的实际应用能力。

本书由河北女子职业技术学院郭丽萍、柳韶军、韩建伟担任主编并负责全书的策划、统稿工作。河北女子职业技术学院的赵继忠、刘晶晶、刘真、沈睿媛以及河北工业职业技术学院的兰天担任副主编。参加编写工作的还有河北女子职业技术学院甄凤爱、朱晓蕾，石家庄市艺树花开美育中心创始人靳晓洁，河北师范大学武慧芳，衡水职业技术学院王瑞，河北工业职业技术学院郑宝成、陈立霞以及潍坊科技学院张鹏。全书由河北工业职业技术学院周京晶主审。

本书在编写过程中参考了许多专家、学者、同仁的研究成果及意见，同时还得到了河北女子职业技术学院领导以及教务处、招生就业处的大力支持，在此一并表示感谢！由于编者学识有限，书中难免有不足之处，恳请各位读者批评指正。

编　者

2020 年 11 月

目　录

模块一　开启创新之路

【教学目标】

要求掌握创新的科学内涵、主要类别、主要特征，熟悉创新的过程与原则，并通过实例感知创新的魅力。

【教学内容】

1. 创新的科学内涵、主要类别和主要特征；
2. 创新的过程与原则；
3. 体现创新魅力的实例。

【教学方法】

体验式教学、案例分析、课堂讲授、专题讲座和分组讨论。

【案例导入】

创新是社会进步的动力

一位丈夫发现妻子下厨时经常切伤手指，而自己又因工作繁忙无法分担家务，因此他决定为妻子做些力所能及的事。在经过观察思索、反复实验后，他给妻子准备了一些简易的手指包扎带：在绷带上涂上胶水，再粘贴一小片纱布，然后撒上药粉。第一代创可贴就这样诞生了，这也是邦迪产品的原型。

云南白药在此基础上，做了进一步改进：用有消肿、止血功能的中成药浸润纱布，赋予了创可贴消炎、止血的功能。云南白药创可贴诞生了！

宝宝喜欢到处爬，这是许多家长幸福的小烦恼。因为担心宝宝弄脏衣服，需要不停地清理地板，经常是一边洗衣服，一边擦地。一位爸爸做出了大胆尝试——让宝宝们一边爬，一边擦地吧！他将柔软、吸水的碎布条缝在婴儿服的裤管、袖子、肚兜上，第一代“婴儿爬爬服”就这样诞生了。该产品既有效减少了孩子因爬行带来的擦伤、摔伤，又擦掉了宝宝一路爬一路流口水带来的地板污渍。如今在各类电商平台上，“婴儿爬爬服”均有热卖。

产品的革新源于科技的进步，问题的解决得益于新的观察视角、新的思路、新的见解，而这一切都源于创新。那么什么是创新呢？创新有哪些类别？创新的过程是怎样的？创新应该遵循哪些原则？下面我们将围绕这几个问题进行讲解。

项目1　觉醒创新意识

一、创新概述

(一) 创新的科学内涵

顾名思义，创新，即创造新的事物。新与旧相对，《广雅》有“创，始也”的注解。

创新一词出现得很早，如《魏书》有“革弊创新”,《周书》有“创新改旧”。与创新的含义相近或相同的词汇有维新、鼎新等，如“咸与维新”“革故鼎新”“除旧布新”“苟日新、日日新，又日新”。在国内，学者们对创新的科学内涵认识不一。本书中的创新，是指以现有的思维模式提出有别于常规或常人思路的见解，利用现有的知识和物质，在特定的环境中，本着理想化需要或为满足社会需求，从而创造原来不存在的事件、元素，或改进原来不完善的方法、路径、环境，并能取得一定有益效果的行为。

(二) 创新的主要类别

创新的分类方式很多，根据不同的分类方式，可以把创新划分为不同的类别。

1. 依据创新的表现形式分类

依据创新的表现形式，可以把创新分为知识创新、技术创新、服务创新、制度创新、组织创新和管理创新等。

1) 知识创新

知识创新是指通过科学研究，包括基础研究和应用研究，获得新的基础科学和技术科学知识。知识创新的目的是追求新发现、探索新规律、创立新学说、创造新方法、积累新知识。知识创新是技术创新的基础，是新技术和新发明的源泉，是促进科技进步和经济增长的革命性力量。知识创新为人类认识世界、改造世界提供新理论和新方法，为人类文明进步和社会发展提供不竭动力。如牛顿的“三大定律”开启了人类力学的新时代。

2) 技术创新

技术创新指生产技术的创新，包括开发新技术，或者将已有的技术进行应用创新。科学是技术之源，技术是产业之源，技术创新建立在科学道理的发现基础之上，而产业创新主要建立在技术创新基础之上。

3) 服务创新

服务创新就是为用户提供不同于从前的崭新服务内容。服务创新为用户提供以前没有的新颖服务，这种服务可能在以前由于技术等限制因素不能提供，现在由于突破了限制而能提供。

可以根据不同的标准对服务创新进行划分。一是按产业划分，分为第一产业服务创新、第二产业服务创新以及第三产业服务创新；或者按行业划分，分为建材类服务创新、电子类服务创新以及化工类服务创新。二是按服务的区域划分，分为国内服务创新和国外服务创新，国内服务创新是指为各地区服务的服务创新，如为各省市、自治区、直辖市及各县镇、村服务的服务创新。三是按服务目的划分，分为生产性服务创新、生活性服务创新和发展性服务创新。

4) 制度创新

制度创新是指在一定的制度框架内对规范系统进行革新和创造的过程。所有创新活动都有赖于制度创新的积淀和持续激励，通过制度创新得以固化，并以制度化的方式持续发挥着作用，这是制度创新的积极意义所在。

制度创新的核心内容是社会政治、经济和管理等制度的革新，是支配人们行为和相互关系的规则的变更，是组织与其外部环境相互关系的变更，其直接结果是激发人们的创造性和积极性，促使新的知识不断被创造，社会资源更加合理地被配置，社会财富源源不断地被创造，最终推动社会的进步。

5) 组织创新

应用行为科学的知识和方法，把人的成长和发展希望与组织目标结合起来，通过调整和变革组织结构及管理方式，使其能够适应外部环境及组织内部条件的变化，从而提高组织活动的效益，就是所谓的组织创新，亦称组织开发。

任何组织机构经过合理的设计并实施后，都不是一成不变的。它们如同生物的机体一样，必须随着外部环境和内部条件的变化而不断地进行调整和变革，只有这样才能顺利地成长、发展，避免老化和死亡。

6) 管理创新

管理创新是指在特定的时空条件下，通过计划、组织、指挥、协调、控制、反馈等手段，对系统所拥有的生物、非生物、资本、信息、能量等资源要素进行再优化配置，以实现人们新诉求的生物流、非生物流、资本流、信息流、能量流目标的活动。

2. 依据创新的方式分类

依据创新的方式，可以把创新分为渐进式创新、突变性创新和颠覆性创新三类。

1) 渐进式创新

渐进式创新是由不断的、渐进的、连续的小创新组成的。比如，针对现有产品，对元件做细微的改变，强化并补充现有产品的功能，至于产品架构及元件的连接则不做改变。日本的企业多采用渐进式创新管理策略，日本政府在公务员改革过程中也采用了这种策略，通过有计划地每年逐渐减少公务员的数量，加上编制法定化的配套措施，使日本的公务员改革取得了成功，值得我国在制定机构改革的方案时加以学习借鉴。

虽然单个创新所带来的变化是小的，但它的重要性不可低估，原因有两个：一是许多大创新需要与它相关的若干创新辅助才能发挥作用；二是小创新的渐进积累效果常常促使创新发生连锁反应，引导大的创新出现。

2) 突变性创新

突变性创新是一种快速的、急风暴雨式的创新，其特点是对现有系统进行力度较大的改进，创新程度很大，但过程不是很长，一般都是在一个较短的时间内完成的。

许多企业管理者热衷于突变性的创新，他们认为当今世界发展如此迅速、竞争如此激烈，只用渐进式的创新是远远不够的。一些企业的 CEO 因任期较短，时间不容许他们实施漫长的渐进式创新，因而也会偏向采用突破性创新。

3) 颠覆性创新

颠覆性创新是指从原有的模式完全蜕变为一种全新的模式和全新的价值链的创新。

颠覆性创新有两个颠覆的思路。一个是低端颠覆；另一个是所谓的新市场颠覆，即产生一个以前并不存在的新的市场空间，这个市场空间的性能纬度不同于传统的性能纬度。企业常常以颠覆性创新的方式突破瓶颈或是获得新发展。而打破固有格局，具备颠覆性创新能力的公司需具备三大核心要素，分别为强大的核心资源能力、创新的盈利模式以及高效的服务吸引力。

3. 依据创新开放的程度分类

依据创新开放的程度，可以把创新分为封闭式创新和开放式创新。

1) 封闭式创新

在 20 世纪的绝大多数时间里，企业基于“成功的创新需要控制”的理念，认为创新活动应该严格地控制在企业内部，内部研发能力是公司非常有价值的战略资产，企业通过建立自己的实验室或研发中心，自己进行研发、生产、销售活动，并进一步提供售后服务和财务金融支持，以此获得产品在市场上的垄断地位。该创新模式被哈佛商学院的 Henry Ches-brough 称为“封闭式创新”。该模式的特点是研发创意、产品开发设计、产品生产与市场化、售后服务等都内嵌于企业自身系统中完成，这种范式被许多大型企业成功验证。然而，进入 21 世纪，全球创新形势发生了很大的变化，这使得原来成功运行的封闭式创新模式遭遇新的挑战，逐渐由封闭式创新转向开放的创新。

2) 开放式创新

开放式创新将企业传统封闭式的创新模式开放，引入了外部的创新能力。在开放式创新下，企业在期望发展技术和产品时，能够也应该像使用内部研发能力一样借用外部的研发能力，能够也应该像使用自身渠道一样使用外部渠道来共同拓展市场。

4. 依据创新的主体分类

依据创新的主体，可以把创新分为自主创新与合作创新。

1) 自主创新

自主创新是指通过拥有自主知识产权的独特的核心技术实现新产品的价值的过程。自主创新的成果，一般体现为新的科学发现以及拥有自主知识产权的技术、产品、品牌等。对于企业来说，自主创新能力就是自主集成和应用各种技术知识获得竞争优势的能力，包括技术搜索能力、学习能力、研究开发能力等；对于国家来说，自主创新能力就是根据社会经济发展的客观要求，有意识地促进科学技术知识的生产、流动和应用并在此过程中创造财富，从而实现价值增值的能力。自主创新能力主要是一种制度能力，而不完全是一种技术能力，是国家竞争力的重要组成部分，但不等同于国家竞争力。

自主创新的类型主要有三种：一是原始创新，即前所未有的重大科学发现、技术发明、原理性主导技术等创新成果。原始创新意味着在研究开发方面，特别是在基础研究和高技术研究领域取得独有的发现或发明。原始创新是最根本的创新，是最能体现智慧的创新，是一个民族对人类文明进步做出贡献的重要体现。二是集成创新，即通过对各种现有技术的有效集成，形成有市场竞争力的产品或者新兴产业。三是引进消化吸收再创新，即在引进国内外先进技术的基础上，学习、分析、借鉴，进行再创新，形成具有自主知识产权的新技术。引进消化吸收再创新是提高自主创新能力的重要途径。发展中国家通过从发达国家直接引进先进技术，尤其是通过利用外商直接投资方式获得国外先进技术，再经过消化吸收实现自主创新，不仅大大缩短了创新时间，而且降低了创新风险。

2) 合作创新

合作创新有狭义和广义之分。狭义的合作创新是指企业、大学、研究机构为了共同的研发目标而投入各自的优势资源所形成的合作，一般特指以合作研究开发为主的基于创新的技术合作，即技术创新。广义的合作创新是指企业、研究机构、大学之间的联合创新行为，包括新构思形成、新产品开发以及商业化等任何一个阶段的合作。

合作创新有多种模式，各有其适用的条件，没有绝对意义上的最佳模式。在我国，合作创新的模式主要有合同创新模式、项目合伙创新模式、基地合作创新模式等。

此外，依据创新的作用可以将创新划分为有价值的创新、无价值的创新和负效应创新等几种类型。价值是对人而言的，即创新能否满足人们的某种需要。如电脑的发明是有价值的创新；开发出一种产品但无人问津是无价值的创新；对环境有污染的创新属于负效应创新等。

【思考】

根据不同的角度还可以把创新分为哪些类别？如根据创新的领域，根据创新的层次，根据创新的主体等。

(三) 创新的主要特征

特征是一个事物区别于另一个事物的显著标志。与人类其他的活动相比，创新呈现出以下特征：

1. 目的性

任何创新活动都具有目的性，目的性贯穿创新过程的始终。如有的人出于改革的目的进行制度的创新，有的人出于经济的目的进行技术的创新，有的人出于服务的目的进行管理的创新，有的人出于兴趣爱好的目的进行生活的创新等。总之，创新是人类一项有目的的活动。

2. 变革性

创新是对已有事物的改革和革新，是一种深刻的变革。英语中Innovation(创新)这个词起源于拉丁语，它的原意有三层含义：第一，更新，就是对原有的东西进行替换；第二，创造新的东西，就是创造出原来没有的东西；第三，改变，就是对原有的东西进行发展和改造。

3. 新颖性

新颖性是创新的重要特征。新颖，即新鲜、新奇、与众不同。它要求对现有的不合理事物进行摒弃，革除过时的内容，确立新事物。一般来说，新颖性包括三个层次：

(1) 世界新颖性或绝对新颖性。

(2) 局部新颖性。

(3) 主观新颖性，即只是对创造者个人来说是前所未有的。

新颖性也是发明或实用新型技术获得专利权的首要条件。

4. 超前性

创新要求以求新为灵魂，具有超前性。这种超前应该是从实际出发，实事求是的超前，而非异想天开、胡思乱想的假设与空想。也就是说，创新能够引领时代的发展，具有前瞻性。

5. 价值性

价值性即能够对人类的生产、生活、学习和工作产生有益的影响。价值性与新颖性密切相关，不可分割。一般来说，世界新颖性的价值层次最高，局部新颖性次之，主观新颖性更次之。但不是所有新颖的东西都具有价值性，都是创新。如把四个轮胎挂到汽车棚子上去，虽然很新颖，但并不是创新，因为一点意义都没有。

二、创新的过程与原则

创新与其他活动一样，都不是一蹴而就的，它需要一个过程，同时还要遵循一定的原则。

(一) 创新的过程

不少杰出的创新都留下了动人的故事：瓦特看到壶盖被蒸汽顶起而发明了蒸汽机，牛顿被下落的苹果砸了头而发现了万有引力，门捷列夫玩纸牌时想出了元素周期表……但创新并非我们看到的这样简单，它有一个发展的过程。我们研究创新的过程，是把过程看得比结果更为重要。创新是由创新思维的过程所决定的，而结果仅是过程的产物。但是，目前教育上的一个缺陷是注重创新成果的渲染，而对创新的过程却讲得不多，甚至导致人们对创新产生了误解。

创新的“四阶段理论”是一种影响最大、传播最广，而且实用性较强的过程理论，由英国心理学家沃勒斯提出。该过程理论认为创新的发展分 4 个阶段：准备期、酝酿期、明朗期和验证期。

1. 准备期

准备期是准备和提出问题阶段。一切创新都是从发现问题、提出问题开始的。问题的本质是现有状况与理想状况的差距。爱因斯坦认为：“形成问题通常比解决问题还要重要，因为解决问题不过牵涉数学上的或实验上的技能而已，然而明确问题却并非易事，需要有创新性的想象力。”准备期使问题概念化、形象化，并具有可行性，分为下列 3 步：

(1) 积累和整理相关知识和经验。

(2) 搜集必要的事实和资料。

(3) 了解自己所提出问题的社会价值，即能满足社会的何种需要及价值前景如何。

2. 酝酿期

酝酿期也称沉思和多方思维发散期。在酝酿期要对收集的资料、信息进行加工处理，探索解决问题的关键，因此常常需要耗费很长时间，花费巨大精力，是大脑高强度活动时期。这一时期，要从各个方面进行思维发散，让各种设想在头脑中反复组合、交叉、撞击、渗透，按照新的方式进行加工。加工时应主动地使用创造方法，不断选择，力求形成新的创意。著名科学家彭加勒认为：“任何科学的创造都发端于选择。”这里的选择，就是充分地思索，让各方面的问题都充分地暴露出来，从而把思维过程中那些不必要的部分舍弃。

酝酿期的思维强度大，困难重重，常常百思不得其解，屡试难以成功；“山重水复疑无路”却又欲罢不能。此时良好的意志品质和不断进取的性格就显得格外重要。因为这是酝酿期取得进展直至突破的心理保证。

3. 明朗期

明朗期即顿悟或突破期，寻找到了解决办法。明朗期很短促、很突然，呈猛烈爆发状态。久盼的创造性突破在瞬间实现，人们通常所说的“脱颖而出”“豁然开朗”“众里寻他千百度。蓦然回首，那人却在，灯火阑珊处”等都是描述这种状态的。

4. 验证期

验证期是评价阶段，也是完善和充分论证阶段。突然获得突破，飞跃出现在瞬间，结果难免稚嫩、粗糙，甚至存在若干缺陷。验证期把明朗期获得的结果加以整理、完善和论证，并且进一步充实。创新思维所取得的突破，如果不经过这个阶段，创新成果就不可能真正取得。论证一方面是理论上验证，一方面是放到实践中检验。验证期的心理状态较平静，但需耐心、周密、慎重，不急于求成和不急功近利是很关键的。

(二) 创新的原则

创新的原则就是开展创新活动所依据的法则和判断创新构思所凭借的标准。

1. 遵守科学原理原则

创新必须遵循科学技术原理，不得有违科学发展规律。因为任何违背科学技术原理的创新都是不可能成功的。比如，近百年来，许多才思卓越的人耗费心思，力图发明一种既不消耗任何能量，又可源源不断对外做功的“永动机”。但无论他们的构思如何巧妙，结果都逃不出失败的命运。其原因在于他们的创新违背了“能量守恒”的科学原理。为了使创新活动取得成功，在进行创新构思时，必须做到以下几点：

(1) 对发明创造设想进行科学原理相容性检查。创新的设想在转化为成果之前，应该先进行科学原理相容性检查。如果关于某一创新问题的初步设想与人们已经发现并经实践检验证明的科学原理不相容，则不会获得最后的创新成果。因此与科学原理是否相容，是创新设想有无生命力的根本条件。

(2) 对发明创新设想进行技术方法可行性检查。任何事物都不能离开现有的条件的制约。在设想变为成果时，还必须进行技术方法的可行性检查。如果设想所需要的条件超过现有技术方法可行性范围，则在目前该设想只能是一种空想。

(3) 对创新设想进行功能方案合理性检查。任何创新的新设想，在功能上都会有所创新或有所增强，但一项设想的功能体系是否合理，关系到该设想是否具有推广应用的价值。因此，必须对其合理性进行检查。

2. 市场评价原则

创新设想要获得最后的成果，必须要能经受住市场的严峻考验。爱迪生曾说:“我不打算发明任何卖不出去的东西，因为不能卖出去的东西都没有达到成功的顶点。能销售出去就证明了它的实用性，而实用性就是成功。”

创新设想能否经受住市场的考验，实现商品化和市场化，要按市场评价的原则来分析。该评价通常从市场寿命观、市场定位观、市场特色观、市场容量观、市场价格观和市场风险观六个方面入手。考察创新设想的商品化和市场化的发展前景时，最基本的要点是考察该创新所涉对象的使用价值是否大于销售价格，也就是要看性能、价格是否优良。但在现实中，要估计一种新产品的生产成本和销售价格不难，而要估计一种新发明的使用价值和潜在意义则很难。这需要在市场评价时把握住评价事物使用性能最基本的几个方面：

(1) 解决问题的迫切程度。

(2) 功能结构的优化程度。

(3) 使用操作的可靠程度。

(4) 维修保养的方便程度。

(5) 美化生活的美学程度。

3. 相对较优原则

创新产物不可能十全十美。在创新过程中，利用科学技术原理和方法，可以获得许多创新设想，它们各有千秋，这时，就需要人们按相对较优的原则，对设想进行判断选择。

相对较优判断经常从以下几个方面进行：

(1) 从创新技术先进性上进行比较。

(2) 从创新经济合理性上进行比较。

(3) 从创新整体效果性上进行比较。

4. 机理简单原则

在现有科学水平和技术条件下，如不限制实现创新的方式和手段的复杂性，所付出的代价可能远远超出合理范围，使得创新的设想或结果毫无使用价值。在科技竞争日趋激烈的今天，结构复杂、功能冗余、使用烦琐已成为技术不成熟的标志。因此，在创新的过程中，要始终贯彻机理简单原则。为使创新的设想或结果更符合机理简单的原则，可进行如下检查：

(1) 新事物所依据的原理是否重叠，是否超出应有范围。

(2) 新事物所拥有的结构是否复杂，是否超出应有程度。

(3) 新事物所具备的功能是否冗余，是否超出应有数量。

5. 构思独特原则

我国古代军事家孙子在其著作《孙子兵法·势篇》中指出："凡战者，以正合，以奇胜。故善出奇者，无穷如天地，不竭如江河。"所谓"出奇"，就是"思维超常"和"构思独特"。创新贵在独特，创新也需要独特。在创新活动中，关于创新对象的构思是否独特，可以从以下几个方面来考察：

(1) 创新构思的新颖性。

(2) 创新构思的开创性。

(3) 创新构思的特色性。

6. 不轻易否定，不简单比较原则

不轻易否定，不简单比较原则是指在分析评判各种产品创新方案时应注意避免轻易否定的倾向。在飞机发明之前，科学界曾从"理论"上进行了否定的论证；过去也曾有权威人士断言，无线电波不可能沿着地球曲面传播，无法成为通信手段。显然，这些结论都是错误的，这些不恰当的否定之所以出现是由于人们运用了错误的"理论"，而更多的不应该出现的错误否定，则是由于人们的主观武断，给某项发明规定了若干用常规思维分析证明无法达到的技术细节的结果。

在避免轻易否定倾向的同时，还要注意不要随意在两个事物之间进行简单比较。不同的创新，包括非常相近的创新，原则上不能以简单的方式比较其优势。

不同创新不简单比较的原则带来了相关技术在市场上的优势互补，形成了共存共荣的局面。创新的广泛性和普遍性都源于创新具有的相融性。如市场上常见的钢笔、铅笔就互不排斥，即使都是铅笔，也有普通木质的铅笔和金属或塑料杆的自动铅笔之分，它们之间也不存在排斥的问题。

总之，我们应在尽量避免盲目地、过高地估计自己的设想的同时，注意珍惜别人的创意和构想。简单的否定与批评是容易的，难得的却是闪烁着希望的创新构想。

项目 2　感知创新魅力

创新是普遍的，它存在于一切领域，没有哪个个体、哪个企业、哪个国家不需要创新。同时，要看到创新是永无止境的，它无边界、无权威、无框架可言。“最好的创新永远是下一个！”这是对创新的最好诠释。

一、城市空中农场

随着我国城市化进程的加快和人口的增长，土地利用率问题得到越来越多的关注。增加城市绿化、合理利用土地、关注绿色生产，成为人们关注的话题，在这种情况下，有人把广袤农村的绿色种植技术“搬运”到了城市高楼大厦的屋顶。

“城市空中农场”就是将农田里的蔬菜、花圃里的花儿移到露天平台进行播种、浇灌、收获，它采用一种树形的生物模拟方式。“城市空中农场”是近年农业、园艺、建筑及各界人士所向往的一种新型的建筑与农业相结合的理想方式。

“城市空中农场”通过将一些农作物的生产领域提升到空中，使得植被越来越多地暴露在阳光和新鲜空气中，而地面空间更多地被释放出来。树形的生物模拟方式提供了许多结构和环境优势，形成了一个重量轻的空间框架，可以承办各种各样的农业活动。

“城市空中农场”通过过滤水和空气，提供绿色和可再生能源，减少密集的城市发展所带来的热积累、雨水径流和二氧化碳。

“城市空中农场”是一个智能循环设施，可以运用太阳能、风能生产的可再生能源。植被和种植园将二氧化碳转化为氧气，有助于降低城市中的碳含量。水处理系统包括过滤灰水或雨水采集、过滤和最终处理设施，经过处理后的灰水、雨水等可用于灌溉或其他。

二、熊猫电站

熊猫电站是指外形依据国宝熊猫来设计的电站。这种电站能激发青少年对太阳能应用的兴趣和热情，带动更多新生力量加入新能源事业。

2016 年 11 月 20 日，由全球领先的生态发展解决供应商北京能源国际控股有限公司(原名熊猫绿色能源集团有限公司)建设的熊猫电站在山西大同落地，占地约 $1\times10^6 m^2$(1500 亩)，它是世界上第一个熊猫造型光伏发电站。2017 年夏季，该电站开始正式并网发电。

熊猫电站由黑白两种颜色组成，黑色部分，比如爪子和耳朵，由单晶体硅太阳能电池组成；白色部分由薄膜太阳能电池组成。

未来，北京能源国际控股有限公司将开展“熊猫 100 计划”，在“一带一路”沿线国家及地区建设熊猫电站，为这些国家和地区带来一体化多能互补的绿色生态解决方案。

三、中国“新四大发明”

改革开放 40 多年来，我国取得了众多举世瞩目的科技成果，不仅提升了国际地位，也极大地提高了人民的生活水平。2017 年 5 月，来自“一带一路”沿线的 20 国青年评选出了中国的“新四大发明”：高铁、支付宝、网购、共享单车。

中国高铁，把天涯海角缩短在分秒之间。从无到有，从弱到强，用短短十几年时间，走完了其他国家几十年都未必能走完的路，成为工业经济背景下领先于世的产业，也成为“中国制造”一张响当当的名片。

支付宝，是移动互联时代生活方式的代表，其中融合了支付、生活服务、政务服务、理财、保险、公益等生活的方方面面。

网购，以淘宝和京东为两大主力军，实现了用一辆购物车买下“全世界”的梦想。

共享单车，让回家的最后一公里更轻松。而其中共享单车的翘楚——ofo 单车更是首创“无桩单车共享”模式。

“新四大发明”种种优点无不彰显着“中国制造”的强大。其实不仅仅是上面所罗列的四大发明，从日用品到食品，再到汽车、电器，中国制造正在成为品质的保障和标志，这些都是我们的科技人及工程工作者一步一步走出来、拼出来的!是劳动人民智慧的结晶！

模块小结

本模块主要介绍了创新的内涵、分类，重点阐述了创新的过程，力求让大学生感知创新的魅力。

创新，是指以现有的思维模式提出有别于常规或常人思路的见解，利用现有的知识和物质，在特定的环境中，本着理想化需要或为满足社会需求，而创造原来不存在的事件、元素，或改进原来不完善的方法、路径、环境，并能取得一定有益效果的行为。

依据表现形式，创新可以分为知识创新、技术创新、服务创新、制度创新、组织创新和管理创新；依据开放的程度，创新可以分为封闭式创新和开放式创新。

创新的发展分 4 个阶段：准备期、酝酿期、明朗期和验证期。

创新的原则有遵守科学原理原则、市场评价原则、相对较优原则、不轻易否定和简单比较原则、构思独特原则、机理简单原则等。

教学检测

一、选择题(1、2 为单选，3 为多选)

1. 现代快递的产生属于(　　)型的创新。

A. 服务创新　　B. 知识创新　　C. 制度创新　　D. 组织创新

2. 2014 年，天津中新药业集团达仁堂制药厂在保留藿香正气水原有成分的基础上，生产了藿香正气软胶囊，这属于(　　)型的创新。

A. 服务创新　　B. 知识创新　　C. 制度创新　　D. 技术创新

3. 以下(　　)实例属于创新。

A. 在数码相机原有的拍摄功能基础上，引入 WIFI 功能

B. 云南白药模仿“邦迪”创可贴，增加消毒杀菌功能，生产了民族品牌创可贴

C. 某公司“复制”名牌，更换商标后批量生产山寨产品

D. 某位家长将婴儿连体装与拖把结合，设计了“婴儿拖把服”，并将产品推向市场

二、判断题

1. 创新的主要特征包括：目的性、变革性、新颖性、超前性、价值性。(　　)

2. 为使创新的设想或结果更符合机理简单的原则，可进行如下检查：新事物所依据的原理是否重叠，是否超出应有范围；新事物所拥有的结构是否复杂，是否超出应有程度；新事物所具备的功能是否冗余，是否超出应有数量。(　　)

三、简答题

1. 简述创新的原则。

2. 简述创新的过程。

实 训 活 动

1. 你身边有没有“点子”多的朋友？总结他(她)们的特征，想一想你能从他(她)们身上学到什么。

2. 制订具体计划、行动方案，让自己升级为“金点子大王”。

模块二　树立创新意识

【教学目标】

正确地认识创新意识的内涵、基本特征、内容和培养的必要性；了解当前大学生创新意识培养过程中存在的问题；了解培养独立意识、问题意识、怀疑意识、合作意识的重要性，并掌握方法。

【教学内容】

1. 创新意识的内涵、基本特征和内容；
2. 培养创新意识的必要性；
3. 当代大学生创新意识培养存在的问题；
4. 独立意识、问题意识、怀疑意识以及合作意识。

【教学方法】

体验式教学、案例教学、专题讲座和团队讨论。

【案例导入】

有人说："要培养创新能力，首先就要激发和培养创新意识，有了创新意识，才能启动创新思维，产生创新智慧，再通过创新行为，获得创新成果。"一心想创业的大学生谢同学希望了解什么是创新意识，以及如何激发和培养创新意识。

谢同学的困惑是不是你也有呢？那么，何为创新意识？为什么要研究创新意识？当代大学生在创新意识方面有哪些不足？如何培养和激发创新意识呢？

项目 1　认识创新意识

一、创新意识的内涵

创新意识是进行创新活动的起点和前提，是进行创新活动的内在驱动力，没有创新意识就不会有创新活动，更谈不上创新的成功。创新意识是非智力因素，并非生来就有的，需要通过后天培养和发展。但针对何为创新意识，学者们有不同的看法。有学者认为，创新意识是在我们探索世界的过程中逐渐形成的关于思想方面的一种动机，并且这种动机是对问题进行发现和探索的心理取向。也有学者认为，创新意识是个体根据自身或者社会的需求，创造出新的事物，包括主观方面和客观方面两部分。还有学者认为，创新意识对于创新的实践活动具有推动作用，可以促进创新的发展，但是这里的创新意识并不是盲目地标新立异。

综合上述学者的观点，本书中的创新意识是指人们根据社会和个体生活发展的需要，产生的创造前所未有的事物或观念的动机，以及在创造活动中表现出的意向、愿望和设想。创新意识是人类意识活动中的一种积极的、富有成果性的表现形式，是人们进行创造活动的出发点和内在动力，是创造性思维和创造力的前提。具体来说，创新意识包含三个层次：第一是以人的心理状态存在的创新意识，也可以称为人的创新精神品质；第二是以理论形态存在的创新意识；第三是以扩展形态存在的创新意识。

二、创新意识的基本特征

与其他意识相比，创新意识具有新颖性、质疑性、不确定性和差异性四个特征。

(一) 新颖性

国外心理学家德雷夫达尔认为："创造力是人产生任何一种形式的思维结果的能力，而这种思维结果在本质上是新颖的，是产生它们的人事先所不知的。"创新是一个破"旧"求"新"的思维活动和实践活动过程。新颖性表现在创新的不同发展阶段以及创新和其他事物的区别中，证明了同"种"新事物的出现，同"属"新阶段的到来。创新意识是为追求真知，而重新怀疑，并重新研究一切的向导。创新意识的新颖性不仅体现为解放思想、实事求是，更体现为与时俱进。创新意识在这种前进性与曲折性相统一的推陈出新的创新实践活动中表现为一种求新意识。同时，创新意识要指导创新实践活动，必须遵循客观事物存在和发展的规律，并以提高和满足人们物质生活和精神生活需要为出发点，"站在巨人的肩膀上"服务于人类的进步和社会的发展，并在求新和否定的过程中不断超越。

(二) 质疑性

法国著名作家巴尔扎克说："打开一切科学的钥匙都毫无异议地是问号，我们大部分的伟大发现应归功于'如何'，而生活的智慧大概就在于逢事都问个'为什么'。"这充分说明问题和质疑在创新意识的形成中起至关重要的作用。因为没有对常规的挑战，就没有创造，而对常规挑战的第一步就是提问。发现问题是创新意识形成的逻辑起点和先决条件，并且是整个创新实践的源泉和动力。质疑意识——提出问题——创新意识形成——解决问题——新结果出现——创新实践完成。这一思维逻辑说明强化创新意识需要良好的质疑意识，这也验证了"科学创造始于问题"。但是这种质疑性不是对"已有"的盲目怀疑，全盘否定。爱因斯坦说："牛顿啊，请原谅我。你所发现的道路，在你那个时代，是具有最高思维能力和创造力的人所能发现的唯一道路。"爱因斯坦的一番话，是创新意识质疑性特征的形象呈现。疑则思，思则进，有质疑才会有超越。质疑性是创新意识的重要特性，是贯穿整个创新实践活动始终的关键特征。

(三) 不确定性

创新意识有理性意识和非理性意识之分，也有正确和错误之分，存在着不确定性。在创新意识的指导下，创新实践活动会有成功，也会有失败；创新成果有可能得以推广，也有可能被舍弃或湮灭。在实施创新实践活动的过程中，也充满了风险和不确定因素。实现创新不可能是一帆风顺的，不可避免地会有挫折和困难，一路上充满了荆棘和阻碍。这些阻碍来自自然界和社会两方面。首先是自然界的制约。达尔文曾经说过："大自然一有机会就要说谎。”自然界是真像和假象相互交织，现象和本质相互对立，原因和结果相互转换的一个复杂的系统，创新活动要想进一步探索自然界的本质，就要打破前人“已有”，要看见前人“未有”，不是一蹴而就的，充满了很大的不确定性。其次是社会力量的制约。社会为了维护稳定的社会秩序，必然会形成一套保护传统以及既得利益者的有效机制，然而这种机制往往是实现创新所面临的严重阻力。因此，创新意识和创新实践活动具有不确定性。

(四) 差异性

“千人千思想，万人万模样”是创新意识差异性特征最充分的体现。生活背景、环境氛围、教育经历、社会地位、兴趣爱好、情感志趣等因素与创新意识的形成有着密不可分的联系，其中思维方式是至关重要的因素，因人而异的思维方式形成千差万别的创新意识。任何一个人都可以具备创新意识，但是从某种意义上来讲，创新是指实现质的突破，而非量的超越。在创新意识培养过程中，强调创新意识的“差异性”，是为了保护创新主体的创新积极性，而不是主张人们随心所欲和主观方面任意的标新立异。

三、创新意识的内容

创新意识主要包括强烈的创新动机、浓厚的创新兴趣、健康的创新情感和坚定的创新意志。

(一) 强烈的创新动机

创新动机是创造者在创新需要的刺激下直接推动创新活动的内部动力，直接决定人们对创新活动结果的期待，并进而影响从事创新活动的积极性。创新动机是创新意识的动力源，是形成和推动创新行为的内驱力，是引起和维持主体进行创新活动的内部心理过程，也是创新才能得以施展的能源。人的每项创新活动、每个创新意识都离不开一定创新动机的支配，创新动机明确并且强烈的人，他的创新活动成功的希望就大，创新动机微弱的人，他的创新活动成功的希望就小。

创新动机的分类方法有两种。一种是按创新动机的来源分类，分为内部动机和外部动机。内部动机指根据问题、质疑意识产生的创新动机。外部动机指为追求金钱、名誉、地位等产生的创新动机。著名的创造心理学家艾曼贝尔认为只有内部动机才有利于创新，强烈的外部动机会在一定程度上抑制人的创造力。另一种是按创新动机的社会意义分类，分为意图型动机和社会型动机。意图型动机属于动机意图的心理动力，主要表现为为了满足个体生存和发展条件的需要而去从事发明创造的心理动力。这种动机在满足创造者个人需要的同时，也往往可以给社会带来一定的益处。社会型动机指创造者出于对社会的责任感、对人民的热爱而从事发明创造的心理动力。它是以人的社会需要为基础的高尚的社会动机，即理想信念，是为社会大多数人谋利益、为人类做贡献以求人生真正价值的心理动力。以这种动机从事创新活动的创新者很容易把对社会做贡献的强烈情感转化为毫不动摇地从事发明创造活动的永不枯竭的动力。爱因斯坦说过：“每个人都有一定的理想，这种理想决定着他的思维和判断的方向。”因此在培养现代创新者的创新动机时要加强其内部动机、高尚的社会动机和崇高理想的培养，并将强烈的创新动机发展成为浓厚的创新兴趣，使之成为其坚定不移地从事创新活动、勇敢克服各种困难和失败的动力。

求知欲是现代创新者力求认识自然界、人类社会和人自身，渴望获得科学知识和不断探求真理而带有情绪色彩的意向活动。强烈的求知欲是创新动机产生的导火索。强烈的求知欲常常表现为强烈的好奇心，好奇心对于创新动机的产生与强化至关重要。爱因斯坦曾说过，他的科学发现来自研究问题的神圣的好奇心，来自想了解自然奥秘的抑制不住的渴望。因而在培养现代创新者创新意识的同时要激发现代创新者强烈的求知欲。立志创新者应拓宽知识面，调动积极性和主动性去探求自己未知的世界，将自己的视野放眼于当今时代的要求，立足于自身长远发展，顺应以创新促竞争的潮流。

(二) 浓厚的创新兴趣

兴趣是人们力求认识某种事物或爱好某种活动的倾向，这种倾向表现为行为主体总是带有满意的情绪色彩和向往的心情，主动积极地去认识事物，从事活动。兴趣是成功的内在起点。创新兴趣是指人们从事创新活动投入的积极情绪和态度定向，它是创新动机的进一步发展。创新动机来源于对创新的浓厚兴趣，产生创新动机不一定有创新兴趣，而一旦形成创新兴趣必然伴随着创新动机。创新兴趣是人们从事创新实践活动强有力的动力之一，正如爱因斯坦所说："只有热爱才是最好的老师，它永远超过责任感。"

创新兴趣一般具有以下几个主要的特点。首先是广泛性。现代科技发展高度综合性的特点要求创新者有广泛的创新兴趣。作为现代创新者应该敞开胸怀，努力获得多方面的知识和广泛的创新信息，从不同领域呼吸新鲜空气，体会创新的意义。其次是中心性。现代创新者必须有广泛的创新兴趣，但在此基础上应该有一个中心兴趣，即对某一方面的兴趣进行相当深入的研究。有良好的中心兴趣可以使人在某一方面获得深邃的知识，在某一领域有特殊的才能，从而在某一个方向上容易取得突破，有所发展。再次是稳定性。对于不同的个体来说，兴趣维持的时间长短不一。稳定专一的兴趣能促使创新者的注意力长期地集中指向某个事物，而兴趣变化无常将不利于创新者创新活动的进行。达尔文说过："我一生的主要兴趣和唯一职务就是科学工作。"稳定的创新兴趣取决于创新者正确的世界观和远大的理想。最后是效能性。兴趣的效能是指兴趣对实践活动能够产生效果的大小。现代创新者只有重视创新兴趣效能的发挥，推动创新热情的探索，锲而不舍地为实现创新目标而奋斗，才能产生积极的创新成果。比如爱迪生对科学创造的兴趣就不是停留在等待与期盼中，而是将它化为自己克服困难险阻的推动力，从而取得了无数成果，也使得他的名字就像一颗闪亮的星星，在科技史上永远闪耀着光辉。

(三) 健康的创新情感

创新过程不仅仅是纯粹的智力活动过程，它还包含着引起、推进乃至完成创造性活动的创新情感。首先是稳定的创新情感。现代创新者只有在稳定的创新情感支配下，才能提高自身创新敏感性，及时捕捉有用信息，对与创新有关的事物充满浓厚的兴趣。其次是积极的创新情感。积极的创新情感，可以极大地激发自身的创新意识和创新敏锐性，充分调动自己投身于创新活动的积极性。再次是深厚的创新情感。深厚的创新情感是一种稳定深厚的创新情感，具有持续性，它是一种能促进现代创新者形成强烈的创新意识，并展开创新活动的心理推动力量。最后是健康的创新情感。健康的创新情感源于对祖国和事业的自豪感、对社会公益的义务感和责任感、对群体的集体主义感和荣誉感及对群体里其他成员的友谊感和关怀感等。热爱祖国、维护国家尊严是现代创新者攀登高峰的不竭动力源，是培养现代创新者健康创新情感的目标，也是培养现代创新者创新意识的情感基础。

(四) 坚定的创新意志

马克思指出："在科学上没有平坦的大路，只有在那崎岖的小路上攀登的不畏劳苦的人，才有希望达到光辉的顶点。"创新意志是在创新中克服各种困难，冲破阻碍的心理因素。首先是创新意志的目的性。创新者只有对自己的行动目的有明确的认识，才能按既定的目标去行动。要进行创新就要明确创新的目的，并自觉支配自己的行动，实现预定的目标。其次是创新意志的顽强性。科学创新是一种艰苦的劳动，是要探索前人没有走完的路，要产生前人没有产生过的成果。在创新过程中成功与失败并存，只有意志顽强的创新者才能在挫折与失败中不断进取，从而把失败引向成功。创新意志的顽强性是创新者在创新的过程中能精力充沛、坚持不懈地克服一切困难和障碍，取得创新成果的保证。在科学创新的过程中要经历各种磨难和痛苦，能否坚持不懈地奋斗是对现代创新者创新意志的严峻考验。最后是创新意志的自制性。创新者在创新的过程中应动员一切有利于创新的积极心理因素，这样才能在遇到困难与挫折时保持稳定的情绪，从失败中创造出奇迹。在创新取得一定进展时更要谨慎、勤勉，继续扩大成果，防止骄傲自大、盲目乐观。顽强的创新意志是现代创新者创新成功的重要素质之一，是现代创新者具备强烈的创新意识的一种突出表现。

四、创新意识培养的必要性

"新世纪的人类社会是一个创新的社会、竞争的社会，以技(指先进技术)取胜，将取代以劳(指廉价劳动)取胜；以智(指智慧)取胜将取代以物(指物质资源)取胜""智"与"技"的完美逆袭，需要依靠创新，其中创新型人才更是核心和关键。作为国家未来科技创新的主力军，国家未来发展建设者和接班人的大学生，精力旺盛，充满生机和活力，思维活跃而敏锐，有开拓精神，敢于标新立异，基本具备培养良好创新意识的素质，符合创新型人才的标准。时代的发展呼唤创新型人才，呼唤有强烈创新意识的当代大学生，当代高校大学生创新意识越强，国家创新意识的精神动力就越充足。培养具有创新意识的高素质人才，对于增强我国的国际竞争力和民族振兴、社会进步有着重要意义。因此，把我国当代高校大学生培养成具有创新意识的高素质创新型人才既是必要也是迫切的。

1. 培养大学生创新意识是培养创新型人才的前提

经济高速发展的时代，国际竞争越来越激烈，要想在国际竞争中处于不败地位，我们必须增强国家的实力。增强国家的实力要靠科学技术的不断进步和发展，而在发展过程中国家创新能力是一个重要指标，要想拥有强大的创新能力，必然需要创新型的高素质人才，因此创新型人才是国际竞争的决定因素。多元化、信息化的时代特征时时刻刻呼唤创新，创新能力的强弱直接关系到一个国家的发展和实力。世界各国越来越关注本国创新能力的提升。美国称他们正跨入一个亟需一种新的创造精神的新时代；日本人提出"独创是国家兴亡的关键"，激发国民的创造力是"走向世纪的道路"。当前我国高等教育改革中创新型人才的培养已提上日程。创新型政府和国家的建设需要高素质创新型人才。创新意识的培养不仅是知识经济时代社会发展大繁荣对当代高校大学生提出的要求，也是当今世界教育改革的潮流。创新型人才首先是具备丰富的创新知识、强烈的创新意识、敏锐的创新观察力、超前的创新思维、可贵的创新品质、卓越的创新能力、坚韧的创新意志、科学的创新实践等创新素质的人才，强烈的创新意识是重中之重；其次是做出创造性贡献的人才。大学生要成为创新型人才，就应当在某一领域或某一方面拥有广博而扎实的知识基础，有较高的专业水平；具有良好的道德修养，能够与他人合作或共处；有很强的自我学习与探索的能力，对未知事物充满很强的好奇心和求知欲望。

大学生作为国家高学历、高层次人员，不仅自身掌握着先进的知识和技术，而且由于在年龄、上进心和行动能力等方面的特质，他们能更好地进行知识和技术的创新和传播。大学生是我国建设创新型国家的“潜力股”，是维系国家自主创新可持续发展的重要力量。国家创新型人才培养的每个构成要素中都需要大量充满创新激情、富有创新能力的大学生。所以，提高大学生创新意识是国家培养创新型人才，使我国的创新事业永葆生机的需要。但是，大学生创新意识的培养不是一朝一夕就能解决的问题，它需要我们整个国家、整个民族塑造与之相应的民族精神，需要几代人的共同努力。

2. 培养大学生创新意识是全面发展的需要

马克思观点认为，人的全面发展表现为人的能力的全面发展、人的需要的多方面发展、人的社会关系的丰富和发展以及人的个性的发展。从这一理论来看，培养创新意识是实现高校大学生全面发展的必要准备和必要保证，是高校大学生实现自身全面发展的需要。时代和经济发展要求大学生有竞争能力，没有竞争力的人无法生存于人类社会，没有竞争力的国家无法在世界占有一席之地，没有竞争力的民族必将被历史淘汰，没有竞争力的大学生也无法在社会上立足。全面发展是高校大学生具备强大竞争力的坚实后盾。这一后盾需要创新意识培养，需要大学生的创新力。在知识经济时代，知识的陈旧周期不断缩短，知识的增长率加快，知识转化的速度迅猛增加，高校大学生想要在这种情况下成才就需要掌握那些涉及面广、迁移性强、容纳度高、概括程度高的“核心”知识，需要有忧患意识，主动发挥自身的创新意识和创新能力。只有具备了“人无我有、人有我新”的创新意识并将其投入到创新的实践活动中去，才能为自己的未来打下坚实的基础，为自己以后的发展铺平道路。大学生想在就业饱和的状态下占有一席之地，就必须有创新的意识和能力，需要树立创新意识、竞争意识，利用其所学的知识，敏锐地观察就业趋向，并把自己武装成与众不同的创新人才，提升自身的竞争力。随着经济体制的转轨和产业结构的战略性调整，我国出现了大量的新产业、新行业、新职业和新技术，与此同时，一些“老”的行业随之消失。在多变、复杂多样的市场环境中，高校大学生要想寻求更大的发展空间，只具有专业知识是不够的，必须树立强烈的创新意识，挖掘自身创新潜能，充分发挥创新能力，努力为自身的成功发展另辟蹊径。因而创新意识的培养是高校大学生获得成功的保证，高校大学生自身发展的成功靠创新意识来构筑。高校大学生创业是在夹缝中求生存，要想存活并有所发展就必须不断地创新，不断地萌生创新意识。创业也许不是高校大学生自身发展的唯一道路，但至少是一条有效的途径，培养创新意识将引导高校大学生朝多样化方向发展。

3. 培养大学生创新意识是增强国际竞争力的需要

我国当代高校大学生作为创新型人才培养的后备力量与未来创新型国家建设的中坚力量，其创新意识与创新能力的强弱，不仅关系到我国未来社会的兴旺发达，还关系到我国综合国力的提升与核心竞争力的保持。

当今世界是一个高度发达的知识经济时代，国际竞争非常激烈。科技是知识经济的核心，人才是知识经济的关键，教育是知识经济的基础，创新是知识经济的灵魂。谁具有更强的创新能力，谁就能在国际竞争中占有战略主导地位。一个国家和民族的科技发展程度与知识创新力度体现着这个国家和民族的发展进程。创新是不断进步的灵魂，需要依靠教育和人才。时代的发展要求大学生有较强的竞争能力，没有竞争能力将无法立足于社会。国家、民族以及人类社会要想在历史的长河里生存都需要有竞争意识。大学生创新意识的培养是我国当代高校大学生具备强大竞争力的坚实基础。社会主义市场经济体制下，公平市场与公平竞争环境的创造，也需要创新人才。我国当代大学生如果不具备较强的创新意识和创造能力，就不能满足社会主义市场经济对人才素质的要求。从国家创新体系建设的角度看，国家创新体系建设是提高国家综合实力、提升国家科技竞争力的重要战略。大学生是国家发展民族兴旺的重要资源与重要力量，其创新意识的培养与国家创新体系的可持续发展有直接关系。社会的发展需要大学生们主动学习，学校里课内的知识是远远不够的，只有勤奋刻苦学习的精神没有创新精神也是万万不行的，对已有知识不断推陈出新，有所突破和创新是21世纪的人才必须具备的基本素质。然而作为国家创新体系建设的主体之一的当代大学生在创新意识这方面还不够成熟，创新素质还不够高。社会以及高校必须负责任地培养大学生的创新意识和创新能力，以满足社会发展对高校大学生的要求及增强国际竞争能力的需要。由此可见，大学生创新意识的培养与国家的发展和民族的兴旺息息相关。既有渊博的知识和良好的素质，又有较强创新意识与创新能力的优秀大学生有利于增强我国的竞争能力，是中华民族伟大复兴的重要保证。

五、当代大学生创新意识培养存在的问题

大学生是整个创新人才队伍的核心力量，大学生的创新意识是指大学生在学习、生活的过程中，对处理问题时表现出的意向、愿望和设想，并同时推动主体运用变化、组合等创新手段进行探索，获得创新能力的一种特定心理状态。创新意识是大学生进行创新活动的起点和内在动力，是激发大学生潜能的重要精神动力。

(一) 大学生创新意识培养存在的主要问题

近年来，我国高校持续扩招，高等学校教育越来越普及。大学生数量的逐年递增，引起人们对高校教育质量的广泛关注。随着教育规模的扩大，高等教育中存在的问题也日益凸显出来。在激烈的市场竞争中，创新型人才对各行各业来说都供不应求。当前我国高校大学生大都缺乏创新力，在此方面不能满足企业的需求。要解决此问题就要充分了解现阶段我国大学生创新意识培养中存在的问题，只有这样才能探索出有效的途径来增强大学生的创新意识。

1. 创新兴趣不足

创新兴趣是求知欲的外在表现，是人们力求探索和认识某一事物时思维和注意力高度集中的一种心理，是促进大学生思考和探索的原动力，是提高大学生科技创新能力的前提和基础。创新兴趣是创新意识不可或缺的重要构成因素。当代大学生个性分明、兴趣多变，其兴

趣随时间、环境、心情的变化而变化。这种易变性不仅使当代大学生缺乏创新兴趣，也缺乏创新所需要的耐心和思维。还有些大学生总是等别人先去研究，对一些问题不想去费心思深入研究或从心里就不想提出自己的见解。强烈的创新兴趣有助于创新的成功，相反如果一个人对周围的事物和现象都不感兴趣，就不会有创新意识，更谈不上创新了。许多创新都来自兴趣，因此，激发大学生的创新兴趣，是培养其创新意识，提高其创新能力的第一步。

2. 创新意志不坚定

创新意志是在创新过程中克服困难、消除障碍，最终实现目的的心理过程。大学生作为祖国创新事业的中坚力量，应当勇于创新，努力实践。但一些大学生简单地认为，创新是科研工作人员的事，学生不需要搞创新。再者，创新的过程是十分艰辛的，付出努力也不一定会有收获，导致他们怀疑自身的能力和水平。也有一部分大学生有时会有一些创新的热情，但由于缺少毅力，很难坚持，一遇到困难就选择放弃。所以，现代大学生创新意识的培养面临的问题包括：不能正确理性地面对困难和挫折，意志和毅力方面缺乏锻炼，想取得成功，但又怕吃苦，缺少锲而不舍的意志和毅力。由于大多数大学生是家里的独生子女，物质充足，生活环境优越，基本没有受过挫折，提出的要求家长都会尽量满足，导致他们常常以自我为中心，依赖父母，缺乏独立思考问题的能力，更谈不上自己创造。同时存在竞争意识差、心理脆弱、意志薄弱、害怕挫折等不足，遇到问题总是知难而退，即创新意志和信念不坚定。上述现状体现了当代我国大学生创新意识培养中存在的问题。而创新实践活动的过程中，总会遇到各种困难和挫折，要求我们不断分析、探索和实践，问题才能逐渐得以解决。

3. 创新实践匮乏

社会的发展离不开创新型人才，同时，大学生自身的创新能力也是适应社会必不可少的因素。因此，培养高素质的创新型人才是学校教育和家庭教育的共同目标。部分大学生有一定的创新意识，但缺乏创新的实践经验，致使这些为数不多的创新意识很少付诸实践，使理论与实践没有有效结合。很显然，现如今大学生的思想十分活跃，具有较强的探索欲望，是具有一定的创新意识的，但一些大学生在实际行动中却不愿意冒险，缺少探索的积极性，碰到相关问题不会标新立异，不能另辟蹊径，只是按原来的思维来操作。创新意识如果不付诸实践就会导致大学生把所学的科学知识理论与实际相脱离，最后使自己变成一个知识的储存器，而不能成为真正的创新型人才。

(二) 大学生创新意识匮乏的原因分析

通过分析我国大学生创新意识培养的现状，我们得出了我国现阶段大学生的整体创新能力不高，存在各方面问题的结论。知道问题所在我们就应分析产生这些问题的原因，找到制约大学生创新意识培养的因素。通过研究分析，我们得出不利于大学生创新意识培养的因素主要有两大方面：一是内部因素，即大学生的自身因素；二是外部因素，包括家庭、学校和社会等方面的因素。要有效地培养和提高大学生的创新能力，需要大学生的自身因素和外部因素共同起作用。

1. 自身心理因素的影响

“创新意识产生的内在因素就是心理因素。”积极开放的心态是大学生创新意识产生的前提和基础。创新意识并非智力因素，也非先天因素，可通过后天培养获得。积极的心理因素是我国当代大学生创新意识培养过程中的重要因素，直接影响着大学生创新意识的培养能否取得成功，因为内因起决定作用；反之消极的心理因素会制约大学生创新意识的培养。

2. 传统家庭教育的制约

家庭是社会最主要的组成形式，我们每个人的成长都离不开家庭，家庭也是我们最初受教育的地方。在大学生的成长过程中，家庭成员及家庭环境形成了一个复杂的系统，影响大学生的身心健康、社会化进程和价值观的形成。家庭环境和家庭教育还影响大学生的心理健康和思想行为。因此，家庭因素对大学生创新意识的培养十分重要。

3. 高校教育模式的影响

高校是大学生学习的主要场所，是国家知识创新和技术创新体系的重要基地，肩负着为国家培养创新型人才的重任。教育部在《创业教育试点工作座谈会纪要》中曾指出："高等学校一方面要不断提高人才培养的质量和社会适应性，同时也要加强对学生的创新意识、创新精神和创业能力的培养。"虽然近年来我国高校在培养大学生创新意识方面做了努力，但仍存在一些制约大学生创新意识培养的因素。

4. 当代社会环境的影响

社会因素也是影响大学生创新意识培养的重要因素。社会是一个大染缸，当前是信息时代，信息容量越来越大，传播途径越来越多，传播速度越来越快，大学生获取信息更加方便快捷。大学生处在复杂的社会环境中，必然会受到各种社会因素的影响。复杂的社会环境不光为当代高校大学生创新意识的培养提供了便捷，也存在一些问题，会对大学生创新意识的培养起消极作用。

大学生要批判地看待社会上的各种现象，不断培养和提高自己辨别是非的能力，对于社会上的东西要学会取其精华、去其糟粕，充分利用有价值的那部分，并合理利用环境培养和增强自己的创新意识。

项目 2　培养创新意识

面对在创新意识培养过程中存在的问题，大学生应该怎样做呢？首先应该从培养独立意识、问题意识、怀疑意识、合作意识等方面入手，树立创新意识，以提升自身的创新能力。

一、培养独立意识

创造性最讲究独一无二。因此，培养创新意识，要注意独立意识的培养。对大学生来说，独立包括具有独立的人格，独立获取知识，独立钻研问题，具有自己独到的见解，不依赖别人，不盲从别人的意见，独树一帜等。有的大学生回答问题时，总喜欢跟从大多数人，没有自己的主见，或者一遇到问题总是依赖别人，不去独立思考；有的人妄自菲薄，因而谨小慎微，唯唯诺诺。这些都是缺乏独立意识的表现。

(一) 独立意识的含义及特征

1. 独立意识的含义

独立意识也叫独立感，是指个体希望摆脱监督和管教的一种自我意识倾向。独立意识是主体性的首要表现。独立意识强的人，在日常学习、工作和生活中，能表现出自己的独特个性和自主意识：有积极的符合实际的自我认识和自我评价；有较强的自尊心和责任感；有自己的分析和主见，并能果断地做出决断；有较强的自我教育能力。一个人只有具备了这样的特点，才有可能真正成为自己的主人。独立意识主要包括两个方面的内容：一是思想方面的独立性，即独立思考和判断的能力；二是实践方面的独立性，即学习工作、社会交往等各方面独立处理问题或事件的行为能力以及生活上的独立自理能力。

2. 独立意识的特征

1) 具有自主精神

具有自主精神是独立意识的基本特征，是在客观现实的基础上对自我意识水平以及对本身特点的正确把握、控制和支配能力的体现。自主精神要求人们在尊重客观事实的基础上，在追求真理和政治参与的过程中，不依赖于任何外在的精神权威，也不依附于任何现实的政治力量，保持自身的独立性，在充分认识和肯定自我价值的前提下，经过深思熟虑做出判断，并坚信自己决定的合理性与科学性，进而有意识地调节和支配自己的行为，果断地采取行动，克服困难，坚持不懈地为之奋斗，实现预定目标。

2) 具有主观能动性

人与动物的最大区别是人具有主观能动性，人能够根据自己的需要，积极、主动地改变或适应外界环境与条件的变化，以满足自己的需要。具备较强独立意识的人能够在现有条件的基础上根据自己的需要积极参与、主动投入社会实践，充分发挥自身主观能动性，在实践中提炼智慧，把知识内化为自己的能力，树立正确的世界观、人生观和价值观，创造性地改造事物，实现自己的目的。

3) 具有自我调控及自我教育能力

独立意识要求自身通过实践活动认识社会，掌握基本的生活技能和劳动技能，解决生活和工作中出现的问题，提高社会适应能力，使个体得到健康发展。同时，通过学习知识，达到学会生存、发展的目的，培养勇于开拓、创新、进取、独立的健全的人格，通过亲自实践认识社会，思考人生，更好地适应社会与自身的发展。

4) 具有批判意识和能够进行自主选择

批判意识和自主选择即用具有批判的、理性的、反思性的思维方式看待和处理问题，并提出自己的意见，独立做出选择，并敢于捍卫自己的主张，做自己的主人，而不是屈从于他人或者外界的强迫或压力，成为别人的附庸。

(二) 当代大学生独立意识的现状

1. 缺乏树立独立意识的自觉性

现在在校的大学生大都是独生子女，他们身上寄托着父母长辈的期望。为了能够给他们提供好的学习环境，父母将孩子的学习、生活各个方面安排得周到细致，孩子在被呵护中成长，但这样做的后果是使孩子失去了树立独立意识的机会和环境。比如，上大学由父母送到学校，每隔一段时间将脏衣服拿回家让父母洗等现象普遍存在。

2. 缺乏独立自主的学习能力

一些学生进入大学以后，出现了“船到码头车到站”的感觉，即心理学上的“动力真空带”和“理想间歇期”，缺乏学习的积极性和动力。另外，由于空余时间增多和家长、老师监督的消失，容易使大学生感到不知所措，不能适应新的学习环境，学习无计划，缺乏学习的积极性和主动性，还有一部分大学生由此产生对学习的恐惧心理，面临学习困境。

(三) 培养大学生独立意识的方法

大学生独立意识的培养，应从自身、家庭、学校、社会等几个方面进行努力。

1. 加强自我教育

大学生自身独立性的养成，需要家长、学校等外部环境的帮助与指导，但最重要的是靠自身努力。只有这样，外部的经验和知识才能转化为自身能力，进而增强自身的适应性和独立性。

(1) 增加自身相关知识储备，注重培养自立精神和自强精神。在日常学习过程中，读书不仅可以开阔自身视野，增长见识，还可以将日积月累的知识储备转化为独立解决问题的能力，提供解决问题的方式和途径。当遇到问题和困难时，会自觉地从头脑的知识储备中过滤出需要的信息，进而找到解决问题的方法和途径。自立是立足于自身奋斗，不依赖他人；自强是不安于现状，勤奋、独立、自主、敢担当的精神状态，是一种强烈的、改变自我状态的向上驱动力。自立自强是从意识出发，建立在自我意识的基础之上，创造性地进行自我发展和自身价值实现的责任担当，是人类赖以生存和发展的基础条件。

大学生是国家未来的栋梁之材，只有增强自身适应性，提高认识世界、改造世界的能力，才能正确地认识自我及理想与现实的差距，正确地对待挫折，实现身心发展和谐，适应高度竞争的社会；才能立足现实，抛弃幻想和依赖心理，坚定理想，顽强拼搏，从而取得学业、事业上的成功；才能充分发挥主观能动性，积极营造各种有利条件，充分利用现实条件，克服困难，实现建设社会主义和谐社会和建设创新型国家的时代使命。

(2) 融入同辈独立群体。在青少年时期，同伴的作用越来越强，有时会甚于父母的影响。他们面临同样的问题，彼此之间的地位是平等的，因而拥有更多的共同语言，习惯将同伴的行为作为评定自己行为的参照系，渴望从同伴对自己行为和思想的反应中发现自我、认识自我，进而完善自我。这种现象在心理学上称之为“同辈群体效应”。因此，要在日常的学习和生活中加强与独立性较强的同学的沟通和交流，观察他们的言行举止，进而激发自己的独立意识，改掉依赖性强等不良的行为习惯。

2. 加强家庭教育中独立意识的培养

家庭教育受多方面因素的影响，但是家庭教育价值决定着家长的教育模式和教育态度。

1) 树立培养孩子独立的意识

独立意识对大学生未来的生活具有重要的意义，但独立意识并不是与生俱来的。我国父母毫无原则地包办孩子的一切，造就了一代以自我为中心且独立意识差的孩子。教育家陶行知先生曾说：“滴自己的汗，吃自己的饭，自己的事情自己干。”父母必须转变观念，不以孩子成绩的高低作为评价品性好坏和能力大小的标准，时时注意培养孩子的独立意识和自立精神，教育他们了解人生的真正价值，自己的路自己走，树立正确的世界观、人生观和价值观。

2) 确立培养孩子适应信息社会和市场经济激烈竞争能力的最终目标

只有把培养孩子适应现代信息社会和市场经济激烈竞争能力作为最终教育目标，才能充分挖掘孩子的潜能，促进孩子个性发展，培养其独立意识和自强精神；才会在家庭教育中采取正确的教育态度和教育方式。现实中，一些家庭受传统观念的影响，轻视子女的独立人格，限制子女个性的发展；一些家庭采取溺爱型教育方式，过分强调亲情，对子女迁就、纵容、包办代替，形成子女任性、霸道、依赖性强的性格弱点。这些都不利于子女的健康成长。父母和家庭成员要依据客观、正确的教育目标，在尊重和信任子女的前提下，当其在成长过程中出现个性发展或品性不良的倾向时，客观分析，对症解决。

3) 培养孩子生活自理的能力

大学生作为即将走向社会的成年人，必须具备一定的独立生活能力。父母包办一切的做法，使孩子的依赖心理日趋严重，与独立一次次地擦肩而过。教育心理学相关研究表明，家长应学会从孩子小时候就对他们放手，让孩子进行自我管理，做些应该做且力所能及的事情，用适当的方式培养孩子的独立生活能力及行为自制能力，让孩子明白，独立是要有准备的，是一种积淀后的崛起。家长可以从家务劳动开始培养孩子的独立意识。家务劳动是培养自主性和独立性，提高生活自理能力最适宜的项目，通过进行简单的打扫卫生、整理房间、买菜做饭等事务锻炼孩子的独立自理能力。

3. 完善学校教育

1) 转变教学方式

传统上，我国教育注重知识积累，教师是知识的拥有者，学生只是被动地接受者。把老师看成教育主体，把学生看成教育过程中的客体、被动接受教育的对象，使学生被动地被灌输，习惯于学校和老师的安排，形成思维定式，缺乏探究知识的积极性和主动性，忽视独立思考和创造能力的培养。

随着主体哲学的兴盛和主体教育理论的兴起，学生才是教育过程中的主体的观念得到了重视。学生是教育过程的主体，体现为学生个体的个性，表现为个性的主体意识和能力，是学生积极性、创造性、主动性得以发挥的前提。只有发挥主体的积极性、主动性和创造性，大学生才能在学习中发现自己的兴趣、爱好，更加积极、主动地学习，才能把所学知识转化为解决自身成长过程中所遇到问题的能力，发挥自己的才能。

2) 改革并完善学校管理体制

个体成长发展受遗传、家庭、社会环境等因素影响，必然存在一定的差异性，而学校制订一致的培养目标和培养计划，教师采用相同的教学内容、教学方式和教学手段，以相同标准对待具有个性差异的学生群体，这必然难以符合每一个学生的身心发展需要及兴趣爱好，进而使得学生个体不能最大限度地发展。改革开放以来，社会主义计划经济向社会主义市场经济过渡，单一多批量的同一规格人才不再适应市场经济发展的需要，多才多艺的个性化复合型人才受到青睐，学年制和班级授课制培养人才的局限性凸显，学分制得到更多人的认可。

社会、经济、科技的迅速发展使得就业趋势不断变化，大学生自由选择专业和中途变更专业的需要越来越强烈。大学生可以根据社会经济发展的需要，按照自身实际情况选择适合自己的专业，以提高学习的积极性和主动性，提高学习效率、优化学习效果，从而实现个性化发展，养成自主学习、独立选择的习惯，培养和强化独立意识和独立精神，为今后的学习和发展打下坚实的基础。

4. 充分利用社会教育

教育是一个系统工程，特别是在信息化社会，要实现教育的高效益，单凭家庭与学校教育的有限资源是远远不够的，必须确立“万物皆备于我”的大教育观，整合一切可以利用的社会教育资源。只有这样，才会实现教育的加速发展，教育的本质才能得到更深刻的体现。

1) 参与社区实践活动

社区实践活动即社区教育，是社会教育的重要组成部分。教育部把社区教育定义为：在一定的地域范围内，充分利用各类教育资源，以提高社区全体成员的整体素质和生活质量，促进区域经济建设和社会发展的教育活动。大学生在校内课堂理论知识学习的基础上，可以越过校园围墙，充分利用社区育人的资源，如聆听退休老教师、老干部自身经历，明白独立意识对于个人与社会发展的重要性，通过与他们的主动沟通，共同探讨人生的形式，培养独立意识。

2) 充分利用传媒工具

随着现代信息技术的发展，人们获取信息的方式越来越多样化，大众传媒的作用越来越大，特别是网络作为“第五媒体”在人们的交往与交流中发挥着不可替代的作用。因此，大学生可以通过网络载体，就什么是独立意识、如何培养独立意识等问题展开讨论，发表自己的看法，提出自己的观点，进而达到学习的目的；利用电视等视频媒体观看独立奋斗题材的人物传记、电视剧等，潜移默化地培养自己的独立意识。

二、培养问题意识与怀疑意识

(一) 问题意识与怀疑意识的内涵

1. 问题意识

问题意识无疑是人的素质的一个重要组成部分，是创造发明的源泉和社会发展的动力之一，更是大学生获得终身学习能力的一个重要方面。强化大学生的问题意识是培养大学生创新精神的切入点，不重视对大学生问题意识的培养而谈创新精神及创新教育，是空洞抽象、毫无意义的。

巴尔扎克有句名言：“问号是开辟一切科学的钥匙。”发明创造始于问题。问题就是矛盾，有了需要解决的问题，才需要思考，学习才有主动性。思维是由矛盾引起的，问题是矛盾的表现形式，学习中提不出问题，是学习不深入的表现，能提出问题是肯于动脑的结果。现实生活中许多现象人们熟视无睹，而有人却善于观察，问几个为什么，从而发现问题，有所创造。处处留心皆学问，凡事能问个为什么，就能有所发现，有所创造。

2. 怀疑意识

高校教育提倡学术创新，培养创新型人才。要真正实现创新，在理论和实践上获得首创和突破，就要敢于对现有研究成果产生怀疑，敢于否定和超越。

大胆怀疑是创新精神的能源和动力，是进行创新活动的前提和基础，是实现创新的第一步。但凡重大的创新成果，都是以怀疑、突破前人或同时代人的权威性见解为基础的。没有批判和怀疑，就无从发现问题，科技进步、社会发展就无从谈起。

怀疑精神不是故弄玄虚的姿态，不是标新立异的招牌。怀疑精神之怀疑，是在尊重科学和事实的基础上大胆而谨慎地审视所给予的对象，而不是盲目地、随意地猜测，毫无根据地、捕风捉影地怀疑一切。怀疑是缘于理性的思考，是一种提出和解决问题的手段，是研究的出发点，而不是最终目的。

在当前的教育模式下，“怀疑精神”一直是我们所缺少的。如何培养自己的“怀疑能力”，值得大学生们深思。然而，仅仅会“怀疑”还不够，还要进一步培养理性的怀疑能力和探索求证的精神。合理的怀疑和积极、主动地探索求证，才是真正的怀疑精神，才能踏上通往创新的正确之道。

(二) 培养问题意识和怀疑意识的措施

1. 积疑，勤问

积疑是指大学生在学习时，要养成收集、记录生活学习过程中随时冒出来的疑问的习惯，一般要准备一个专门记录疑难问题的笔记本，随时记录。每天要抽出几分钟时间整理疑难问题，针对问题进行思考，或请教同学、老师，并将思考结果记录在案。许多大学生一个学期都提不出一两个问题，或者有了问题但没有及时记录，等老师来了，他又忘了问题是什么，半天想不起来。这些都不利于学习和创新。

勤问就是要多问，首先是问自己，其次是问别人。要敢于不耻下问。许多学得好的大学生都有勤问的习惯，他们经常给自己提问题，因此对事物的理解就比较深刻，思想也比较活跃。许多人发现，在学习中，凡是哪个地方自己以为懂了，没有什么好想的，却正是自己理解不够深刻的部分；凡是发现问题多的，倒是自己理解较为深刻的地方。心理研究表明，意识到问题的存在是思维的起点。问题意识不仅体现了个性思维的灵活性、深刻性，也反映了其独立性和创造性。在实际课堂教学中，问题意识对开发大学生的智力，培养大学生的创造能力具有同样积极的意义。从某种角度来说，教学过程实际上就是师生双方发现问题、提出问题和解决问题的过程。

2. 敢疑，穷问

敢疑是指要有坚持真理，挑战权威的勇气。不论是老师、书本或是其他权威，只要自己有疑问，就要敢于怀疑，不要怕人笑话，不要怕挨骂。有了怀疑，再去求证，去向别人请教，也许会有所创新；即使证明自己错了，也会获得经验，取得进步。在求证的过程中，要敢于穷问，对自己要多问几个为什么；请教别人时，也要打破砂锅问到底。穷问，是思维深刻的表现，也是创新突破的重要一环。在问的过程中，甚至还可以开展争论，争论可以激发灵感，促进思考深入。法国有一句名言：“真理是从各种意见的冲突中得来的。”通过争论，发挥集体智慧，互相启发，相得益彰。

三、培养合作意识

在知识爆炸的时代，一个人的知识再丰富也相对有限，要进行创新，光靠个人的力量有时极难完成任务，人们必须学会协作。合作意识在现代创新中显得越来越重要。

(一) 合作意识的含义

合作是指两个或两个以上的个体为了实现共同的目标(共同利益)，自愿结合在一起，通过相互之间的配合和协调(包括言语和行为)而实现共同目标(共同利益)，最终个人利益也获得满足的一种社会交往活动。

美国社会学家哈里特 • 朱克曼对 1901—1972 年的 286 位诺贝尔奖获得者的统计发现，与别人合作进行研究的有 185 人。在诺贝尔奖设立的第一个 25 年，合作的比例是 41%，在第二个 25 年，合作的比例上升为 65%，在第三个 25 年，合作的比例上升为 79%。这些数字说明，合作已成为科学研究的一种趋势。

(二) 培养大学生合作意识的意义

培养大学生的合作意识，具有深远的社会意义，能促进大学生学习能力的提高。

当前普遍的竞争气氛使社会愈来愈突出竞争精神和个人的成功，而学会合作能减少竞争的一些负面影响。例如，考试分数对大多数学生而言是“命根子”。为了能够通过考试或取得较好名次，有些学生不择手段地舞弊，这就是竞争的负面影响。很多成绩优秀的同学怕其他人赶上或超过自己，对复习资料、学习方法等刻意保守秘密，不愿与人共享，甚至于成年后因不擅长与人合作而采取不正当手段去争取竞争的成功。

相互合作而不相互争斗，在人类进化史的任何阶段，都是最有价值的行为方式。在某些地方，学生自踏入学校，老师就以协作式学习的方式教授合作价值观，并利用一切课程的学习和大量集体合作活动，使学生明白合作的重要性，懂得合作的技巧，学会遵守团队合作的基本原则。团队合作的成就反过来影响、鼓励着每个成员。社会、学校存在异常激烈的竞争：小学生必须通过考试的竞争，才能进入最好的初中，接着又必须面对更大的竞争以进入重点高中，然后又为进入屈指可数的几所著名学院和大学而奋斗。学会合作的人们只是把竞争看成自己尽最大努力去争取成功的机会，而不是利用不正当的竞争手段去损人利己。团队合作精神使人们形成了“下围棋”的作风，即团结一致，为了共同的目标，可以牺牲几粒子以求得全局的胜利，竞争的负面影响在一定程度上被消除。

(三) 培养合作意识的方法

1. 弘扬优秀传统文化，营造合作意识的良好社会环境

助人为乐是中华民族的传统美德，尊敬他人，关心帮助他人，是搞好人际关系的一个最基本要求。孔子主张的“己所不欲勿施于人”和“君子成人之美，不成人之恶”，以及孟子提出的“与人为善”和“老吾老以及人之老，幼吾幼以及人之幼”，都是助人为乐传统美德的具体表现。

5 • 12 汶川地震后，全国上下团结一致的抗震救灾精神让人感动。地震发生时灾民之间互相帮助，团结一心，众志成城，最终渡过最困难的时期。这种博大的团结精神，使大家心连心、手牵手，互相鼓励，互相支持，共同走出地震的阴影。

2. 校园文化的熏陶

丰富多彩的校园文化活动能帮助大学生处理好合作与竞争之间的关系，培养大学生处理团队合作与竞争之间关系的能力。其中，校园文体活动是很好的校园文化活动。因为文体活动的参与者是一些拥有不同技能、个性不同的人，每个人在活动中都有不同的角色和任务，在活动中所起的作用也不尽相同。

积极的文化氛围能拓展和提升大学生的生活意义。创设内容丰富、积极向上的班级环境和校园文化，让各种资源服务于大学生的发展，能促使大学生间形成民主、和谐、相互理解、相互支持的人际关系，让他们的心灵互相滋养。个体生活与班级生活、学校生活、社会生活建立有机联系，能让大学生学会以主体的姿态参与班级生活，以团队合作的精神进行班级建设。在采用这些策略培育大学生团队意识的过程中，大学生不再是被动地接受管理，而是主动地参与班级事务，参与集体活动；不再做视而不见、充耳不闻的旁观者，而是做丰富校园生活的设计者、实践者；不再单向地服从集体利益，而是能够自觉、主动地将自己融于集体之中，并在团队发展的过程中获得个人更大的进步。

模块小结

本模块主要介绍了创新意识的内涵、特征和必要性，重点阐述了培养创新意识的具体方法，力求激发和培养大学生的创新意识。

创新意识是指人们根据社会和个体生活发展的需要，引起创造前所未有的事物和观念的动机，并在创造活动中表现出的意向、愿望和设想。创新意识基本具有新颖性、质疑性、不确定性和差异性四个基本特征。

激发和培养大学生的创新意识，需从培养独立意识、树立问题意识、培养合作意识等方面入手，真正提升大学生的创新能力。

教学检测

1.请阅读《大学生缺乏创新意识和创新能力的主要表现》一文，然后对照一下，看看自己缺乏哪些创新意识。

大学生缺乏创新意识和创新能力的主要表现

(1) 缺乏创新观念和创新欲望。创新能力的发展与创新行为的做出，都是建立在创新观念和创新欲望的基础之上的。没有创新观念和创新欲望，一个人就不会去开发自己的创新潜能，也无意进行创新探索。调查中多数学生虽然表现出不满足于现状，但往往只是牢骚满腹、唉声叹气，缺乏行动的信心，也缺乏强烈的创新精神。

(2) 缺乏创新性思维能力。大学生创新思维能力总体评价为“较差”，表现在：缺乏深层次思考、另辟蹊径的自我总结和学习能力；考虑问题和处理问题的方法常常千篇一律，没有新意和突破。最明显的表现是缺乏新意的发言、作业、试卷、论文比比皆是。

(3) 缺乏创新的兴趣。兴趣是人对事物带有积极情绪色彩的认知活动倾向。兴趣是个体行动的巨大动力。调查显示，在兴趣的广度方面，认为自己“兴趣广泛”的学生只有19%；在兴趣的深度方面，68%的学生认为自己“对兴趣的投入程度不够”；在兴趣的稳定性方面，45.8%的学生回答“自己的兴趣是随着时间、环境、心情经常变化的”；在兴趣的效能方面，39%的学生“只是口头讲讲，很少采取具体行动”。

(4) 缺乏创新的毅力。毅力是人类自觉确定目标，并根据目标来支配、调节自己的行动，克服各种困难，坚持实现自己目标的心理过程，是能动性和个体积极性的集中体现。调查中发现，虽然大学生都能意识到毅力在创新活动中的重要性，但在实际中却往往虎头蛇尾、见异思迁，容易放弃追求。

(5) 缺乏创新所需的观察力。观察是个体预定目的主动了解事物的感知过程，是感知活动的高级形式。一切创新都是建立在观察基础之上的。在分析电话号码7414345有什么规律时，有56.9%的学生用了10秒以上的时间，仅有19%的学生用时5秒以内。43%的学生“走路时不注意周围的环境”，比“注意周围环境”的学生高出了12个百分点。调查的结果显示，在观察的速度和广度、观察的整体性和概括性、观察的计划性和灵活性等方面，大学生普遍存在不足。

2. 如何培养大学生的独立意识？

3. 帮助大学生培养合作意识的方法有哪些？

实训活动

一、实训目的

1. 认识问题意识的内涵。
2. 了解问题意识的价值。
3. 了解并掌握树立问题意识的途径。

二、实训内容

阅读以下案例，并回答问题。

有一年，诺贝尔奖获得者们到某城市演讲，每场演讲结束后，都会留出十分钟的时间让大家来提问。但非常遗憾的是，全场千人竟没有一个人提问。他们非常吃惊，感慨道：难道我的理论就那么完美无缺，一点问题都提不出了吗？后来，这件事在报纸上登了出来，引起了很多人的思考。

1. 以上案例反映了什么问题？你有什么感想？你认为什么是问题意识？

2. 如果你有幸去听一场讲座，你会提问吗？为什么？

3. 案例说明了什么道理？你认为问题意识有什么价值？

4. 你在课堂或生活中会经常有意识地发现问题吗？请举例说明。

模块三　训练创新思维

【教学目标】

要求在了解思维定式的含义、产生原因、表现形式和作用以及创新思维的科学含义的基础上，能够训练和培养学生的发散思维、联想思维、想象思维和灵感思维。

【教学内容】

1. 了解思维定式的含义、产生原因、表现形式和作用，培养自己的创新人格；
2. 认识创新思维的内涵、影响因素、特征和作用；
3. 训练学生的发散思维、联想思维、想象思维和灵感思维。

【教学方法】

课堂讲授、体验式教学、案例教学、课堂实训、量表测试、分组讨论和头脑风暴。

【案例导入】

两个推销人员到一个岛屿上推销鞋。一个推销员到了岛屿上之后，气得不得了，因为他发现这个岛屿上的每个人都赤脚。他气馁了，没有穿鞋的，怎么推销鞋？这个岛屿上的人是没有穿鞋习惯的。他马上给公司打报告，鞋不要运来了，这个岛上没有销路的，每个人都不穿鞋。

第二个推销员来了，他高兴得几乎昏过去了，这个岛屿上鞋的销售市场太大了，每个人都不穿鞋啊，要是一个人穿一双鞋，那真是不得了。他马上给公司打报告，赶快空运鞋。

第一个推销员认为没有人穿鞋就等于没有人买鞋。这个推销员的思维方式单一、思维固化。

第二个推销员认为没有人穿鞋就等于有很大的市场。这个推销员具有超前的思维能力，有创新思想。

可见，思维方式上的差异，会导致不同的结果或结局。

项目 1　打破思维定式

一、认识思维定式

思维是一种复杂的心理现象，是人的大脑的一种能力。思维定式又称习惯性思维，是指人们按习惯的、比较固定的思路去考虑问题、分析问题。思维惯性常常表现为这次这样解决了一个问题，下次遇到类似的问题或表面看起来相同的问题，不由自主地还是沿着上次思考的方向或次序去解决。思维定式阻碍了思维的开放性和灵活性发展，会造成思维僵化和呆板，使得人们不能灵活运用知识。从另一个角度讲，也可以说思维定式是思维的惯性或惰性，是人的思维能力的一种重要表现，是人通过不断的学习和实践累积下来的经验和自己独有的对世界、客观事物认识、认知的规律及途径。所以，思维定式具有明显的个体性。

下面测试你是否存在思维定式。

现在有一张九子图(见图 3-1)，把它想象成九个棋子摆成的一个正方形。要求用首尾相连的直线把这九个棋子连起来，请想想，一共用几笔才能完成？

注：首尾相连是指上一笔的尾巴与下一笔的开头是连起来的。要求用直线，不能画成曲线或其他线型。

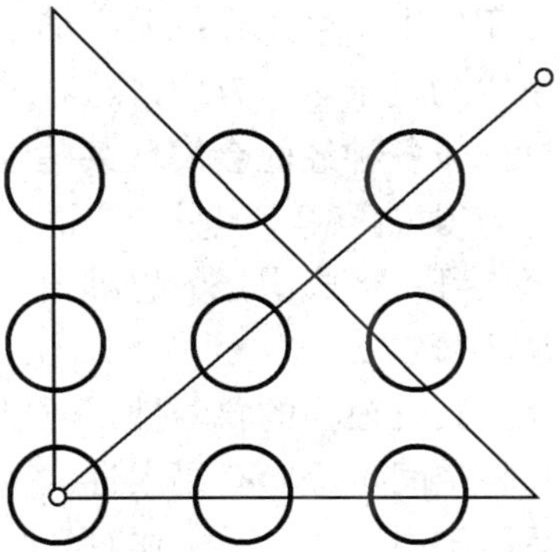

3-1　九子图连接

二、掌握思维定式的表现形式

思维定式有许多种表现，其中与创新思维、创新活动有关联并且影响较为普遍的主要有从众定式、经验定式、权威定式、书本定式。

(一) 从众定式

从众定式是指受日常接触的人们的行为模式、思考模式和解决问题的方法的影响，习惯性地模仿和参照别人的一种思维定式。它所表现出来的是一种趋同势态，是人们行为盲从的一种反应。这种思维定式在大多数情况下是具有积极意义的，使人们习惯性地适应周围环境，以便同所处的群体保持和谐的关系。例如，面对某事物的出现，当自己的看法与周围多数人的看法不同时，往往会对自己的判断产生怀疑，特别是在不能辨别的情况下，就会盲从地修正自己原有的想法，顺从多数人的意见。从众定式会使人陷入盲从和随波逐流的境地，使人的思想简单、僵化，不愿意独立思考。比如，在 16 世纪之前的 1800 多年的时间里，在西方国家，人们都盲目地接受了古希腊科学家亚里士多德的力学理论，即“物体降落的速度和物体的重量成正比”。为什么在如此长的时间里没人提出疑问，直到意大利科学家伽利略做了著名的“两个铁球同时着地”的实验之后，才意识到过去的错误呢？这说明从众定式在人们心里产生了重大作用，这种思维定式严重地束缚了人们的思想，禁锢了人们的创新性。它对人们的影响是无形的，有时甚至是决定性的。它还表现在人们极易受他人或周围环境的影响，从而导致思维的局限性和偏差性。在现实中，很多人面对新事物时往往仅凭固有的概念简单地处理，而放弃了认真思考的过程。

(二) 经验定式

经验指经历、体验，也泛指由实践得来的知识或技能，有时还指由历史证明了的结论。在通常情况下，“经验”是指感觉经验，即感性认知，是人们在实践过程中通过自己的肉体感官直接接触客观外界而获得的，是对各种事物的表面现象的初认识。

人类的经验来自生活、工作实践。从幼儿到成年，人们所看到的、所听到的、所感受到的各种现象和事件都进入头脑，从而构成了众多经验。在一般情况下，经验是我们处理日常问题的好帮手。只要具有某一方面的经验，那么在应付这一方面的问题时就能得心应手。特别在一些技术和管理方面的工作中，必须要有丰富的经验。比如，老司机比新司机能更好地应付各种路况，老会计比新会计能更熟练地处理复杂的账目。正因为如此，在有些企业的招聘广告上会有“限三年以上实际工作经验”的要求。

经验与创新思维之间的关系较为复杂。一方面，随着时间的推移，我们的经验具有不断增长、不断更新的特点，经过比较各种经验会发现某些经验的局限性，进而开阔眼界，增长见识，使我们的创新思维能力得以提高。但另一方面，经验有其稳定的一面，因而可能导致人们对经验过分依赖甚至崇拜，形成固定的思维模式，从而削弱头脑的想象力，造成创新思维能力的下降。这就是经验定式。

从思维的角度来说，因为经验具有很强的狭隘性，所以它会束缚思维的广度。狭隘性主要表现在三个方面：一是时间与空间对经验有局限性。也就是说，此地经验不一定适用于彼地，外国的经验也不一定适用于中国。二是主体对经验的拥有量具有有限性。也就是说，一个人的经历是有限的，不可能成为百事通、万事通，总有他不了解的地方。三是经验也可能会遇到意外不灵的地方，事物总是在发展的，“老革命也会遇到新问题”，如果用老经验处理新问题，则不可避免地要产生偏差和失误。

经验定式的形成主要受社会环境以及个人经历等多方面因素的影响。经验定式是人们的思想长期受所在社会环境的熏陶，潜移默化、日积月累形成的，这是一种最顽固的思维定式，通常人们很难清醒意识到它的存在，可以说它在人的头脑中是根深蒂固的。其实，人们在不断积累经验的同时，也不断地建立起扼杀创新性的思维定式。例如常说的“习惯成自然”“熟能生巧”等其实都是在不自觉地“固化”人们的思维，为思维的运动设立了一个个路标。在个人经历方面，经验定式是指个人对生活经历和往事的总结所形成的固定认识或看法。这种思维定式因人而异，很大程度上取决于个人的生活经历。在多数情况下，人的这种生活经验在认识新事物时都具有积极意义。人们常说的“某人办事老练，处理问题得心应手”就是指个人的经验在起作用。但是，在某些情况下，人生经验却又成了思维上的障碍。

(三) 权威定式

有人群的地方就会有权威，权威是任何时代、任何社会都实际存在的现象。人们对权威普遍怀有尊崇之情，这是可以理解的，然而这种尊崇可能会演变成神话和迷信。

在思维领域，不少人习惯于引证权威的观点，不假思索地以权威的是非为是非，一旦发现与权威相违背的观点或理论，便想当然地认为其必错无疑，并大张挞伐。这就是权威定式。

权威是后天建立起来的，并不是先天就有的。那么，权威定式是从何而来？权威定式的来源主要有两条途径：一是儿童在走向成年的过程中所接受的“教育权威”形成的；二是由于社会分工的不同和知识技能的差异所产生的。

对于儿童来说，家庭、学校和社会都是不可抗拒的外在力量。这些力量构成了一个个权威，这些权威用一系列规则(如必须先做完作业再看电视，看到老师应该敬礼，上课不准做小动作)来教育儿童。如果服从这些权威，儿童就能从中得到好处，而抗拒这些权威就要吃苦头。也就是奖励其正确的行为，惩罚其错误的行为。但划分正确和错误的标准是由成年人认定的。在有些场合，当后天教育与儿童的自然天性发生冲突的时候，儿童会以各种方式加以抵抗，但是往往以儿童的失败而告终，这从反面又教育了儿童——权威的力量是不可逾越的，只能无条件地遵从。于是，从反抗到不敢反抗，到不愿反抗，进一步到根本想不起来去反抗……如此久而久之，在儿童的思维模式里，由教育所造成的权威定式就这样最终确立下来。

形成权威定式的第二条途径是由深厚的专门知识形成的权威，即专业权威。一般来说，由于时间、精力和客观条件等方面的限制，个人在自己一生中通常只能在一个或少数几个专业领域拥有精深的知识，而对于其他大多数领域则知之甚少，甚至全然不知。即便像小说中的福尔摩斯那样聪明绝顶的人物，也只是具有“精深的”化学知识、“准确的”解剖学知识、“充分实用的”法律知识等，而他的政治知识“很浅薄”，对于文学、哲学和天文学则简直是“一窍不通”。由于专业知识的缺失，专家的意见往往被奉为最高标准。在多数情况下，人们按照专家的意见办事，能得到预想中的成功；如果不听从专家的意见，可能会招致或大或小的失败。如此久而久之，人们便习惯了以专家的意见为标准答案，在思维模式上形成了一道“权威专家”的、难以逾越的思维屏障。从本质上说，思维领域的权威定式其根源是个人的有限性。个人知识上的有限性，使我们崇奉博学者为权威；个人力量上的有限性，使我们崇奉强力者为权威。人们试图通过权威的力量把自身的有限性上升为无限性。

(四) 书本定式

书本定式从本质上说也是一种权威定式，是以书本为权威对象的权威定式。书是一种知识载体，是千百年来人类经验和体悟的结晶，是人类文明的标志。通过书本人类能够很方便地把观念、知识、思考的问题和价值体系广泛传播并传递给下一代人。

知识的传播与传承是人类社会得以快速发展的原因所在，但书本知识给我们带来好处的同时，也会带来一些麻烦。其原因有很多，其中一个重要原因是书本知识与客观现实之间有差距。书本知识是经过头脑的思维加工(选取、抽象、截取等)之后所形成的一般性的东西，它不可能把所考虑的问题、所发生的事统统写出来，所以它表示的是一种理性的状态，而不是直观的状态，于是就出现了理想状况与实际状况的差异。

我们生活在现实世界之中，尽管我们的头脑里有一个“理想化”的知识世界，但我们无法生活于其中。正如英国哲学家贝克莱所说，人们不能吃观念，不能喝思想，只能依靠物质性的东西而存活。所以把握这两个世界的不同乃是人生的第一要义。举例来说，甲、乙两地相距 10 公里，从甲地到乙地，是乘汽车快还是骑自行车快？一般而言，汽车的速度远远超过自行车的速度，这是众所周知的。但是，这个“常识”也有不灵验的时候。比如，在交通拥挤的早晨，骑自行车要比坐公交车快，因为上班高峰时交通拥挤，公交车总是在车流长龙中像蜗牛一样爬行。所以，“汽车的速度比自行车的速度快”只是理想状态的知识，是排除了具体条件之后所得出来的结论。但是我们无法在理想状态下乘汽车或者骑自行车，我们总是在一个具体的环境中乘车或骑车，届时究竟是汽车速度快还是自行车速度快，则是一个很难判断的问题。这就是书本世界与现实世界的差距。

因此，知识的关键不仅在于“知”和“行”，更在于知识与实践“知行合一”。知识就是力量，是人们常用的一句格言，但应该说得到合理应用的知识才是真正的力量，只有把知识正确地运用到社会、生活实践中，才能产生出力量，才能产生有价值的、积极的影响。

在知识经济发展势不可挡，知识爆炸、终身学习等社会新理念不断产生的今天，如何对待各类书本知识是现代人面临的重大问题。我们必须清晰地认识到，知识经济下的知识不是指知识的储存，而是指知识的整合与运用。

三、认识思维定式的作用

思维定式的作用通常有两方面，即适合思维定式和错觉思维定式。前者是指人们在思维过程中形成了某种定式，在条件不变时，能迅速地感知现实环境中的事物并做出正确的反应，可促进人们更好地适应环境，这可以称为思维定式的积极作用。后者是指人们由于意识不清或精神活动障碍，对现实环境中的事物感知错误，做出错误解释，这可以称为思维定式的消极作用。

(一) 思维定式的积极作用

思维定式对于解决问题具有极其重要的意义。在问题解决活动中，思维定式的作用是：根据面临的问题联想已经解决的类似问题，将新问题的特征与旧问题的特征进行比较，抓住新旧问题的共同特征，将已有的知识和经验与当前问题情境建立联系，利用处理旧问题的知识和经验处理新问题，或把新问题转化成一个已解决的熟悉问题，从而为新问题的解决做好积极的心理准备。具体地说，在问题解决中，思维定式主要包括以下三方面内容：

第一，定向是成功解题的前提。在解决问题时总要有一个明确的方向和清晰的目标，否则解题将会陷入盲目性。

第二，定向方法是实现目标的手段。广义的方法泛指一切用来解决问题的工具，也包括解题所用的知识。不同类型的问题总有相应的常规或特殊的解决方法。定向方法能使我们对症下药，它是解题思维的核心。

第三，定式解决问题是一个有目的、有计划的活动，必须有步骤地进行，并遵守规范化要求。

思维定式是一种按常规处理问题的思维方式。它可以省去许多摸索、试探的步骤，缩短思考时间，提高效率。在日常生活中，思维定式可以帮助我们解决每天碰到的大多数问题。

(二) 思维定式的消极作用

思维定式对解决问题既有积极的一面，也有消极的一面，它容易使我们产生思想上的惰性，养成一种呆板、机械、千篇一律的解题习惯。当新旧问题形似质异时，思维定式往往会使解题者步入误区。

大量事例表明，思维定式确实对问题解决具有较大的负面影响。当一个问题的条件发生质的变化时，思维定式会使解题者墨守成规，难以涌出新思维，做出新决策，造成知识和经验的负迁移。

根据唯物辨证法观点，不同的事物之间既有相似性，又有差异性。思维定式所强调的是事物间的相似性和不变性。在解决问题中，它是一种“以不变应万变”的思维策略。所以，当新问题相对于旧问题其相似性起主导作用时，由旧问题的求解所形成的思维定式往往有助于新问题的解决；而当新问题相对于旧问题其差异性起主导作用时，由旧问题的求解所形成的思维定式则往往有碍于新问题的解决。

从思维过程中大脑皮层的活动情况看，定式的影响是一种习惯性的神经联系，即前次的思维活动对后次的思维活动有指引性的影响。所以，当两次思维活动属于同类性质时，前次思维活动会对后次思维活动起正确的引导作用；当两次思维活动属于异类性质时，前次思维活动会对后次思维活动起错误的引导作用。

项目 2　了解创新思维

一、认识创新思维

创新思维也称创新性思维。美国心理学家科勒斯涅克认为：创新思维就是指发明或发现一种新方式用以处理某件事情或表达某种事物的思维过程。克雷奇在《心理学纲要》中写道：创新性思维或创见性解决问题，要求提出新的和发明性的解决方法。

创新思维是一种具有开创意义的思维活动，即开拓人类认识新领域、开创人类认识新成果的思维活动，它往往表现为发明新技术，形成新观念，提出新方案和决策，创建新理论等。创新思维不仅表现为做出完整的新发现和新发明，还表现为在思考的方法和技巧上在某些局部的结论和见解上具有新奇独到之处。创新思维是创新能力的核心因素和创新意识的主要内容，是创新活动的灵魂和发动机。

创新思维广泛存在于生产、教育、艺术及科学研究活动中。具有创新思维者可以想别人所未想、见别人所未见、做别人所未做的事，敢于突破原有的框架，或是从多种原有规范的交叉处着手，或是反向思考问题，从而取得创新性、突破性的成就。

创新思维的结果是实现了知识(即信息)的增值，它或者以新的知识(如观点、理论、发现)来增加知识的积累，从而增加了知识的数量(即信息量)；或者在方法上有所突破，对已有知识进行新的分解与组合，实现了知识(即信息)的新的功能，由此便实现了知识(即信息)的结构量的增加。所以从信息活动的角度看，创新思维是一种实现了知识(即信息)增值的思维活动。

总之，创新思维需要人们付出艰苦的脑力劳动。一项创新思维成果的取得，往往需要经过长期的探索、刻苦的钻研，甚至多次挫折，而创新思维能力也要经过长期的知识积累、智能训练、素质磨砺才能具备。创新思维过程还离不开推理、想象、联想、直觉等思维活动。所以，从主体活动的角度来看，创新思维又是一种需要人们付出较大代价、运用高超能力的思维活动。

(一) 影响创新思维的要素

受美国心理学家兼创新性研究员吉尔福德的影响，美国心理学家保罗•托伦斯提出了他认为对创新思维能力非常重要的四要素，即流畅性、灵活性、细致性和原创性。

1. 流畅性

流畅性是指在一个问题上产生大量想法或多个解决方案的能力。有两个标准可以轻松测量流畅性：时间和创意数量。测试人员可以设定“创意配额”，测量一次想出一定量的创意需要多长时间。此外，还可以测定一下在特定的时间内可以想出多少个创意。流畅性表示搜索以前的知识，尽可能多地推理出这个问题的解决方案的能力。例如，在画圈游戏中，参与者被要求用有意义的形状填充 20 个圆圈。完成任务的速度越快，表示思维越流畅。这个练习主要用来扫描参与者的知识量或记忆库存。专业人士和学生通常会画出洞孔、球、圆环、盘子、硬币、地球、月亮或杯子等。

2. 灵活性

灵活性是指基于不同概念产生各种创意的能力。与流畅性相类似，灵活性要求利用记忆和知识，仔细筛选任何相关的内容(比如画圈游戏中的圆形或球形)，且每个创意都是不同于其他创意的。在创新性课堂上进行的多次画圈游戏中，参与者往往会得出各种相似的概念，如棒球、足球、高尔夫球、篮球和气球。然而，当被要求绘制相似或相同的概念符号(比如不同类型的球体或圆形水果)时，人们表现出来的思维是有限的，不够灵活。只有在绘制代表不同概念和意义的各种形状时，才会激活最具灵活性的思维。在画圈游戏中，灵活性不仅表示人们可以想出大家都熟悉的各种圆形物体，还表示人们可以想出乍一看不像圆或球的物体，如大家很熟悉的钢笔或铅笔(从笔的顶部或底部来观看)、奶酪上的小圆洞、自行车或汽车的轮胎、眼镜、猪鼻子。与那些一目了然的圆圈或球体(如橘子或月亮)相比，钢笔、奶酪洞孔、眼镜、自行车和猪鼻子需要更快地转换思维方式的能力。这就要求人们既要看到微观细节，又要看到宏观大局。

【思考】

画圈游戏

将图 3-2 所示的所有圆圈加工成可以识别的图片。例如，你可以画一个和平标志、一张脸、一只足球、一个轮胎。

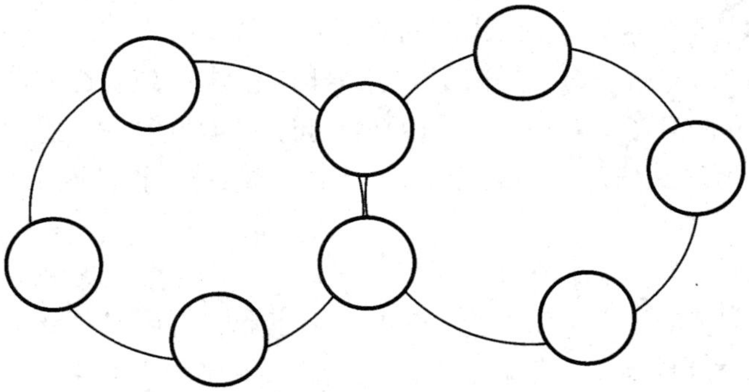

图 3-2　画圈游戏

3. 细致性

细致性就是应用更多细节来升华一个创意的能力。这种能力包括：添加其他创意，以扩展现有的创意；修饰和升华一个创意，让其变得更加完善；添加更多细节，使其更加完整。细致性还包括洞察他人忽略的细节，在他人停止探索的时候增添信息并形成更好的方案。例如，在画圈游戏中，可以画一个鸡蛋，因为它不仅是一个椭圆形物体，还是一个圆形物体——从上面垂直往下看的时候；一个煮熟了的鸡蛋，切开之后，露出圆形蛋黄，蛋黄之外是一圈蛋清；一个单面煎的荷包蛋，蛋黄是小圆圈，蛋清是大圆圈。发挥想象力，可以引出更多创意。比如多向自己提这样的问题：如果我这样做，结果会怎样？如果我那样做，结果又会怎样？这些都可以拓展我们的思路。

4. 原创性

原创性是产生独特或不寻常的想法，或者把事情置于不寻常的新情况下的能力。在课堂上，原创性通常是指某个人开发出其他人无法做到或目前没有人做到的某个问题的解决方案。在商业环境中，原创性是一个备受追捧的概念。“我认为真正的好创意，无论是天生的还是后天培养的，都必须具备一个特质——原创性！”多伊奇拉公司的前首席创意官马克·亨特如是说。他认为：“真正的创意会以不同的方式解决问题，并提出解决问题的原创方案。同样的道理，好的创意是让各个问题迅速得到解决的关键。”

在大学期间培养创新思维能力是十分重要的。企业管理者不但在寻找行业内的专家，也在寻找那些有潜力进行创新性工作的新人。在建筑、艺术、媒体、广告、视觉设计和产品设计等创意领域，创新思维能力更为重要。

(二) 创新思维的特征

与传统思维相比，创新思维具有以下鲜明特征。

第一，独创性或新颖性。创新思维所要解决的问题是没有现成答案的，不能用常规、传统的方式加以解决。它要求重新组织观念，以便产生某种新的、以前不存在的(至少以前在思维者头脑中是不存在的)东西。它是有创见性的，对社会或对思维者个人来说是新颖的、独特的。创新思维贵在创新，它或者在思路的选择上，或者在思考的技巧上，或者在思维的结论上，具有“前无古人”的独到之处，具有一定范围内的首创性、开拓性。因此，具有创新思维的人对事物必须具有浓厚的创新兴趣，在实际活动中善于打破常规思维，对“完善”的事物、平稳有序发展的事物进行重新认识，以求新的发现，这种发现就是一种独创，一种新的见解、新的发明和新的突破。

第二，极大的灵活性。创新思维并无现成的思维方法和程序可循，所以它的方式、方法、程序、途径等都没有固定的框架。进行创新思维活动的人在考虑问题时可以迅速地从一个思路转向另一个思路，从一种意境进入另一种意境，多方位地试探解决问题的办法，这样创新思维活动就表现出不同的结果或不同的方法、技巧。例如，面对一个处于世界经济趋于一体化、竞争日趋激烈的环境下的小企业的前途问题，企业的职业经理不能无动于衷或沿用老思路，否则只有死路一条。企业的职业经理必须考虑引进外资，联合办厂；或是改组企业的人力、财力、物力的配置结构，并进行技术革新；或是加强产品宣传，并在包装上下功夫；或是上述三者并用。企业的职业经理也可以考虑企业的转产，或者让某一大型企业兼并，成为大企业的一个分厂。这里的第一条思路是方法、技巧的创新，第二条思路是结果的创新，两种不同的创新都是创新思维在拯救该企业问题上的应用。创新思维的灵活性还表现为，人们在一定的原则界限内的自由选择、发挥等。一般来讲，原则的有效性体现在它的具体运用上，否则原则就变成了僵硬的教条。

第三，非拟化性(也称非逻辑性)创新思维活动是一种开放的、灵活多变的思维活动，它的发生伴随有“想象”“直觉”“灵感”之类的非逻辑、非规范思维活动，这些思维活动往往因人而异、因时而异、因问题和对象而异，所以创新思维活动具有极大的特殊性、随机性和技巧性，他人不可以完全模仿、模拟。

第四，联动性(即“由此及彼”的思维能力)。是指在发现一种现象后，立即纵深一步思考(纵向联动)或立即想到它的反面(逆向联动)或联想到特点与之相似、相关的事物(横向联动)。联动性最典型的例子就是牛顿看到苹果从树上落下进而发现了万有引力定律。另外列举一个医学发明的例子，哈佛医学院的施拉迪亚·森古普塔和他的癌症治疗研究团队希望找到一种理想的方法，在阻断肿瘤的血液供应后，还能将化疗药物输送到肿瘤。母子气球的结构让他受到启发，解决了药物输送的难题，终于开发出包含两层不同药物的纳米细胞。

第五，对象的潜在性。创新思维活动从现实的活动和客体出发，但它的指向不是现存的客体，而是一个潜在的、尚未被认识和实践的对象。例如，在改革浪潮席卷全球的今天，无论是发达国家还是发展中国家，都在寻求适合本国国情的改革之路。那么，这条路究竟怎么走，各国分别依据本国所面临的现实情况，进行创新性的思索和试验，所以，这条路至今还不太清晰，还是潜在的，或处在由潜在向现实的转变之中。所以创新思维的对象，或者是刚刚进入人们的实践范围，尚未被人们所认识的客体，人们只能猜测它的存在状况；或者是人们虽然有了一定的认识，但认识尚不完全，还需要从深度和广度上进一步认识的客体。这两类客体都具有潜在性。

第六，风险性。创新思维活动是一种探索未知的活动，受多种因素的限制和影响，如事物发展及其本质暴露的程度、客观实践的条件与水平、主体认识的水平与能力等。这就决定了创新思维并不能每次都能取得成功，甚至可能毫无成效或者做出错误的结论。对于科技人员来说，创新思维的失败会带来多方面消极影响，但如果惧怕风险而不进行创新思维活动，企业、社会和人类就无发展可言。

(三) 创新思维的作用

首先，创新思维可以不断地增加人们知识的总量，不断提高人们认识世界的水平。创新思维因其对象的潜在特征，表明它是向着未知或不完全熟知的领域进军，不断扩大着人们的认识范围，不断地把未被认识的东西变为可以认识和已经认识的东西。

其次，创新思维可以不断地提高人们的认识能力。创新思维的特征已表明，创新思维是一种高超的艺术，创新思维活动及过程中内在的能力是无法模仿的。这种能力的获得依赖于人们对历史和现状的深刻了解，依赖于敏锐的观察能力和分析能力，依赖于平时知识的积累和知识面的拓展。每一次创新思维过程就是一次锻炼思维能力的过程，要想认识未知世界，就要不断地探索前人没有采用过的思维方法、思考角度，就要寻求没有先例的办法和途径去正确、有效地观察问题，分析并解决问题，所以，认识能力的提高离不开创新思维。

最后，创新思维可以为实践开辟新的局面。具有创新思维的人不会满于现状，不会满于已有的知识和经验，总是力图探索客观世界中事物还未被认识的本质和规律，并以此为指导，进行开拓性的实践，开辟出实践活动的新领域。如果没有创新性的思维，人们停滞在已有的知识和经验上，人们的实践活动也只能留在原有的水平上，实践活动的领域将会非常狭小。

创新思维是未来人们思维活动的主要方式和内容。目前世界范围内的新技术革命，带来了生产的变革，全面的自动化把人从机械劳动和机器中解放了出来，从事着控制信息、编制程序的脑力劳动。人工智能技术的推广和应用，可以将人所从事的一些简单的、具有一定逻辑规则的思维活动，交给“人工智能”去完成，从而又一定程度地把人从简单脑力劳动中解放出来。这样，人将有充分的精力把自己的知识、智力用于创新性的思维活动，把人类的文明推向一个新的高度。

二、培养创新思维能力

创新思维能力是指一个人(创造主体)在一定的活动中取得新颖性成果的能力。大学生应该从以下两个方面培养创新思维能力。

(一) 掌握专业知识技能

人类的任何创造都离不开知识与技能，不同领域的知识技能会形成不同领域的创新能力。有关领域的知识技能，可以看作是一套解决某个特定问题或从事某项特定工作的途径。很显然，途径越多，产生新东西和形成新观念的办法就越多。

(二) 完善创造人格

所谓创造人格，也称为创造性人格，是指主体在后天学习活动中逐步养成，在创造活动中表现和发展起来，对促进人的成才和促进创造成果的产生起导向和决定作用的优良的理想、信念、意志、情感、情绪、道德等非智力素质的总和。

知道了创造性人格的内涵，大学生就可以对照自我，不断调整与完善人格。从神经科学的角度讲，创造就是脑神经网络的改变或重构。培养大学生的创新能力，最重要的一点就是构建一个丰富、可塑的大脑。从后天教育角度讲，发展创新能力就是在具备专业知识技能的同时，培养创造思维能力、掌握创新方法、完善创造人格。

项目3　拓展创新思维

一、了解发散思维

(一) 发散思维的含义

不少心理学家认为，发散思维是创造性思维最主要的特点，是测定创造力的主要标志之一。发散思维又称放射思维、辐射思维或扩散思维，是指大脑在思维时呈现的一种扩散状态的思维模式。它包含逆向思维、横向思维、换位思维、求同思维和求异思维等。

发散思维过程是从一个问题(信息)出发，突破原有的圈，充分发挥想象力，经不同的途径、方向，以新的视角去探索、重组眼前和记忆中的信息，产生出多种设想、答案，使问题得到圆满解决。

发散思维就像一棵树，如果说一件事情是树的主干，那么树的枝、叶、根茎等就是思维迁移的结果，迁移类比能力越强，枝、叶、根茎等就越茂盛。树生长所需的营养就是人本身在生活中积聚的见识和认知，这种积淀越深厚，迁移出来的深层认知就越正确，内涵也就越广阔。

(二) 发散思维的特征

美国著名心理学家吉尔福特说："发散思维是创新思维的核心，正是在发散思维中，我们看到了创造性思维的最明显的标志。"我们在日常生活中，总会遇到这样那样的复杂问题，如果不能在思维方式上有所突破，则很难想出解决问题最好的办法。发散思维就是一种提升我们解决问题能力的思维方式，有助于培养我们多方位、多角度、多方法思维的良好习惯。发散思维具有以下四个特征。

1. 发散思维的流畅性

发散思维的流畅性就是观念的自由发挥，指在尽可能短的时间内生成并表达出尽可能多的思维观念以及较快地适应、消化新的思想观念。

流畅性用来衡量思维发散的速度(单位时间的量)，可以看成发散思维"量"的指标，具体包括字、词的流畅性，图形的流畅性，观念的流畅性，联想的流畅性以及表达的流畅性。其中，字词的流畅性和表达的流畅性略显重要。

字词连贯流畅是语句流畅的前提。我们说，一个人的话不在于多，而在于词句连贯，意思明了。发散性思维的流畅性离不开字、词的流畅，因此，这也是我们日常要注意和培养的一个方面。而思维和语言又是一体两面的关系，思维藏于大脑中，语言外显于口齿中。有什么样的思维就会有什么样的语言，如果思维足够清楚，那么说出来的语言也会非常流畅。

作为当代大学生，要掌握自己的思维特点及语言风格，注意在沟通中练习临场思考和灵活反应的能力，注意与人沟通的效果和节奏，让自己的大脑以轻松的方式来应对互动和沟通。

2. 发散思维的变通性

发散思维的变通性是指提出设想或答案方向上所表现出的灵活程度，是打破人们头脑中某种自己设置的僵化的思维框架，按照新的方向来思索问题的过程。

变通性是发散思维"质"的指标，表现了发散思维的灵活性，是思维发散的关键。变通性是指知识运用上的灵活性，能够多层次、多视角地观察问题。

变通性代表着思维的继续，代表着一种内在毅力，代表着事物发展的希望。变通性需要借助横向类比、跨域转化、触类旁通等方法，使发散思维沿着不同的方向扩散，表现出极其丰富的多样性。在变通性方面，人与人之间的差异往往很大，思想僵化、性格偏执、作风生硬的人，不善变通，一般发散思维能力较低，而思想灵活、性格开朗、作风随和的人，善于变通，一般发散思维能力较强。

3. 发散思维的独特性

发散思维的独特性是指在发散思维中作出不同寻常、异于他人的新奇反应的能力。独特性是发散思维的本质，是思维发散的目的，表现发散思维的新奇成分。

独特性也可称为独创性、求异性，是创新思维的基本特征和标志。没有这个特征的思维活动，不属于创新思维。独特性是发散思维的最高目标，能形成与众不同的见解，让思维活动进入创新的高级阶段。

4. 发散思维的多感官性

发散思维不仅运用视觉思维和听觉思维，而且充分利用其他感官接收信息并对信息进行加工。发散思维还与情感有着密切的关系，如果思维者能够想办法激发兴趣，把信息感性化，给信息赋予感情色彩，那么发散思维的速度与效果就会得到提高。

在日常的学习生活中，我们要特别重视多感官训练，通过调动身体各个器官，体验视觉、听觉、嗅觉、触觉等感官刺激，减缓不正常张力变化，调整焦虑不安的情绪，全方位激发兴趣，全身心地为学习服务。

(三) 发散思维的作用

发散思维具有以下几方面的作用。

1. 核心性作用

发散思维在整个创新思维结构中有十分明显的核心作用。想象是人脑创新活动的源泉，联想使源泉汇合，而发散思维就为这个源泉的流淌提供了广阔的通道。发散思维从一个小点出发，冲破逻辑思维的惯性，让想象思维充分得到发挥，形成创造性想象。

2. 基础性作用

创新思维的许多技巧性方法都与发散思维有密切的关系，创新思维是以发散思维为基础解决问题的。著名的奥斯本智力激励法最重要的一条原则就是自由畅想，它要求参与者不受一切限制地去寻找解决问题的办法，这实际上就是鼓励参与者进行发散思维。

3. 保障性作用

发散思维的主要功能就是为随后的其他思维提供尽可能多的解题方案。这些方案不可能每一个都正确、有价值，但是一定要在数量上有足够的保证。如果没有发散思维提供大量可供选择的方案、设想，其他思维就没有依托。可见，发散思维在整个创新思维过程中，起着后勤保障的重要作用。

二、了解联想思维

(一) 联想思维的含义

在创新过程中联想思维运用概念的语义、属性的衍生、意义的相似性来激发创新思维，它是打开沉睡在头脑深处记忆的最简便和最适宜的钥匙。

所谓联想思维是指由某一事物联想到另一种事物而产生认识的心理过程，即由所感知或所思的事物、概念或现象的刺激而想到其他与之有关的事物、概念或现象的思维过程。有些事物、概念或现象往往伴随出现，或在某些方面表现出某种对应关系，这些事物、概念或现象由于反复出现，就会被人脑以一种特定的记忆模式接受，并以特定的记忆表象结构储存在大脑中，一旦以后再遇到其中的一个时，人的头脑会自动地搜寻过去已确定的联系，从而马上联想到不在现场或眼前没有发生的另外一些事物、概念或现象。联想的主要素材和触媒是表象。表象是对事物感知后留下的印象，即感知后的事物不在面前而在头脑中再现出来的形象。

(二) 联想思维的特征

与其他思维相比，联想思维具有以下几方面的特征。

1. 连续性

连续性本来是个物理概念，它是指流体在密闭导管中稳定流动，且流体没有增减或漏失时，单位时间通过导管每一截面的流体质量均相等的现象。联想思维的连续性主要是指由此及彼，连绵不断进行的思维方式。它可以是直接的，也可以是迂回曲折的联想链，而链的首尾两端往往毫不相干。由此可见，联想是开启人们思路、升华人们思想的关键，没有广泛而丰富的联想，就不可能促进科学技术的巨大飞跃。

2. 形象性

由于联想思维是想象思维的具体化，其基本的思维操作单元是表象，是一幅幅画面。所以，联想思维和想象思维一样显得十分生动，具有鲜明的形象。一般来说，联想思维经常通过生活场景或者生活经验来解决问题。

3. 概括性

培养和训练联想能力一般采用概念联想法来进行。概念是事物本质属性的反映，是人们经常使用的思维单元，而概念和概念之间的关系反映了客观事物之间的常见关系，这就为开展概念联想法创造了条件。一般来说，联想思维可以很快把联想到的思维结果呈现在联想者的眼前，而不顾及其细节，是一种整体把握的思维操作活动，因此可以说联想思维有很强的概括性。

(三) 联想思维的作用

联想思维在人们的创新活动中发挥着重要作用，主要表现在以下四个方面。

1. 在两个以上的思维对象之间建立联系

通过联想，可以在较短时间内在问题对象和某些思维对象间建立起联系来，这种联系，会帮助人们找到解决问题的方法。

2. 为其他思维方法提供一定的基础

联想思维一般不能直接产生有创新价值的新形象，但是，它往往能为产生新形象的想象思维提供一定的基础。

3. 活化创新思维的活动空间

联想思维有由此及彼、触类旁通的特性，常常把思维引向深处或更加广阔的方向，导致想象思维的形成，甚至灵感、直觉、顿悟的产生。

4. 有利于信息的储存和检索

思维操作系统的重要功能之一，就是把知识信息按一定的规则存储在信息存储系统，并在需要的时候再把其中有用的信息检索出来。联想思维就是思维操作系统的一种重要操作方式。

三、了解想象思维

(一) 想象的内涵与分类

想象是人在头脑里对已储存的表象进行加工改造形成新形象的心理过程，是一种特殊的思维形式，它能够突破时间和空间的束缚。想象对机体能起到调节作用。

想象按其是否有意识、有目的，可以分为无意想象和有意想象。

1. 无意想象

无意想象没有预定目的，是在某种刺激作用下不由自主产生的想象。例如，一位同学在教室里听讲，当老师讲到山脉和河流的时候，他想起了自己打算去旅游的事，不由得走了神，这就是一种无意想象。

梦是无意想象的一种极端例子。因为做梦是没有目的的，是不由意识支配的，比清醒状态下的无意想象更加随心所欲，其内容往往不合逻辑，脱离实际，甚至在现实生活中不可能发生。幻觉是在异常的精神状态下产生的无意想象。

2. 有意想象

有意想象是在一定目的、意图或任务影响下，进行的有意识想象。有意想象可以分为创造想象、再造想象和幻想。

1) 创造想象

创造想象是用已积累的知觉材料作为基础，使用许多形象材料，将其深化、组合，创造出新的形象来。在新作品创作、新产品创造时，人脑中构成的新形象都属于创造想象，创造想象具有首创性、独立性和新颖性等特点。

2) 再造想象

再造想象是根据语言描述或图表模型示意，在头脑中形成相应形象的过程。一般来说，再造想象有一定的创造性，但其创造性的水平较低。再造想象的形成要有充分的记忆表象作基础，表象越丰富，再造想象的内容就越丰富。

再造想象离不开词语思维的组织作用，它实际上是词语指导下进行的形象思维的过程。要培养和发展再造想象的能力，首先要扩大人们头脑中记忆表象的数量，充分贮备有关表象。同时，还要掌握好语言和各种标记符号的意义，只有这样，才能从语言描述和标记符号中激发想象。

3) 幻想

幻想是指和一个人的愿望相联系并指向未来的想象，幻想是对未来的憧憬，而不是对过去的回忆。科学幻想推动着人们进行科学探索，发现客观规律，为人类造福。例如，没有像鸟一样飞向天空的愿望，人们不会发明出飞机。对于一个人来说，他对未来的憧憬反映了他想成为一个什么样的人，过什么样的生活，这就是他的理想，为实现理想而奋斗，对他来说是一种动力，所以幻想并不是坏事。如果只有对未来的憧憬而没有实现这种愿望的努力，愿望就没有实现的可能，幻想就成了空想。空想对人的行为没有推动作用，因而是消极的。我们应该有理想、有抱负，并且让这种理想和抱负成为鼓舞我们刻苦工作、努力奋斗的动力。

(二) 想象思维的特征

与其他思维形式相比，想象思维具有形象性、概括性、超越性、自由灵活性、多元性和现实转换的可能性等特征。

1. 形象性

想象是在表象基础上发生的思维活动，而表象是由人的感知获得的，它是以形象的方式来描述的，表象具有形象性，想象当然也就具有形象性。想象的形象性总是以整体图景的方式呈现出来，因而想象的形象性也表明想象具有整体性。

2. 概括性

想象在表象的基础上，把原来并不相关的形象用重新组合的方式联系起来，强化或者弱化表象的某些方面，达到对外部事件的总体把握。表象是对感觉的形象概括，想象则是对表象的形象概括，因而想象具有概括性。

3. 超越性

想象思维可以超越原有记忆中的事物或表象范围形成新的事物或观念，这是人脑创造活动最重要的表现，也是人类创造发明的最集中体现。科学的发现和发明往往受想象超越性的驱动而出现，想象的超越性是创新的源泉。

4. 自由灵活性

想象从整体上构思虚拟图景，它所呈现的图景细节就一定是模糊的，想象中的各个局部的联系也一定是松散、富有弹性的，这就使得想象具有自由灵活性。人类的想象空间是无穷无尽的，科学的想象是自由的，艺术的想象也是自由的。

5. 多元性

想象的自由灵活性决定了想象常常是多元的，对于同一个思维客体进行想象的可能性也是多元的。想象提供了现象的多种解释，或者构想了事物发展趋势的多样可能性。对同样的现象作多种不同的想象和假说，是现代科学知识的一个重要特征。从不同角度去研究同一个问题，非但不会妨碍科学的发展，反而会促进科学的发展。

6. 现实转换的可能性

超现实的想象是人类智慧的表现，也是人类对自己理想生活境界的追求，寄托着人类的理想和希望。想象力在创新和解决问题过程中的作用和意义，是从想象向现实转换可能性的体现。想象力不仅可以引导我们发现新的事物，它也在激励我们努力把我们生活的世界引向更好的方向。我们想象的东西，具有向现实转换的可能性，想象力给我们的现实世界赋予了向各种方向发展的可能性。

(三) 想象思维的作用

想象思维在创新中发挥着重要作用，主要体现在以下几个方面。

1. 想象是创新的翅膀

想象的自由灵活性给予人类智慧极大活力，使得人的思维可以思接千载，视通万里，超越时空的限制，进入浩渺无际的境界。控制论的创始人诺伯特•维纳说过，对他来说，最有用的资质，乃是广泛持久的记忆力，以及犹如万花筒一般自由的想象力，这种想象力本身或多或少会向他提供极其复杂的思维活动的一系列可能的观点。

我们这个世界发展的无限可能性，是由人的自由想象力所决定的。想象力能扩展我们创新的空间，是我们得以自由翱翔的翅膀。

2. 想象是获得新概念、新理论、新发现的源泉

想象可以把毫不相干的表象联系起来，拼接为新的形象或事物；也可以把已有的知识进行虚构式加工，形成新的形象；还可以在虚拟的新形象的前提下，构想假说的理论和假说的方法。

在许多严格的创新理论中，都有一些超越现实世界的抽象概念。物理学中有理想气体、理想刚体，经济学中有完全市场竞争，化学中有纯金、纯银等概念。这些概念在现实世界是不存在的，也许永远都没有存在的可能，它们都是想象的产物。科学理论愈是抽象，它和经验世界的距离就显得越远，只有想象才能缩小理论和经验之间的距离。自由发挥人的想象力是发现科学理论的必由之路。

3. 想象是直觉和灵感产生的心理条件

直觉和灵感的产生都离不开想象。在创新的超逻辑思维方式中，想象是超逻辑思维的基础，想象中蕴藏着直觉和灵感的因素，没有想象力，很难获得对于某个领域的直觉和灵感。

想象为人类提供极其丰富多彩的可能世界，直觉和灵感则为我们选择这些可能世界准备了条件。人类通过自己辉煌的想象力，不断地探索自己的未来，人类又通过直觉和灵感，开辟最适合自己的可能世界——一个不断发展和创新的世界。

(四) 想象实验

想象实验和通常所说的实验不同，它是在创新活动中进行理性思维的一种特殊形式，是根据已知的科学原理进行实验设计，并在思想中展开和完成实验过程，借以探索客观事物发展规律的一种方法。爱因斯坦发现相对论过程中做得最多的就是想象实验。

四、了解灵感和灵感思维

(一) 灵感和灵感思维的含义

灵感指的是在文学、艺术、科学、技术等活动中，由于艰苦学习，长期实践，不断积累经验和知识而突然产生的富有创造性的思路。简而言之，灵感就是久思不解的困难问题突然在无意之中产生的一种顿悟，是人们大脑中产生的新想法。

灵感思维是人们在创造活动中突然出现某种新观点或新思想的心理状态，是人们根据对事物的理解、认识或某种启示，突然迸发出一种领悟或想法的思维方式。从生理学和心理学上来讲，灵感思维就是人类大脑皮质兴奋中心的神经细胞经过一段高度紧张的有意识的思维活动，突然在潜意识中接通了所需的信息，从而获得新思路和创意的过程。

灵感思维是创造性思维一种非常重要的表现方式，尤其是遇到复杂、困难、难以决断、创造性超强的问题时，灵感思维就显得尤为重要。灵感是一种绝佳的创造心理状态，无论在什么场合，只要有创造的意识，人们都会基于某些偶然的触动、启发或者感悟激发出灵感，进而进入创造状态。灵感与其他一切客观的意识现象和正常的心理现象一样，是人类大脑的一种正常机能。灵感是把原本零散、彼此互不关联的知识联系在一起的黏合剂，它可以调动大脑中已知的各种知识，把这些知识重新归纳、组合，产生全新的发现和创造。

(二) 灵感思维的基本特征

与其他思维相比较，灵感思维具有以下几个方面的特征。

1. 灵感思维的突发性特征

灵感思维不同于一般的由感性认识积累上升为理性认识的思维过程，它是一种突然迸发的感悟，通常是在不经意的情况下发生的。它何时发生或是由什么触发往往带有很大的偶然因素，是不可预期的。灵感思维在发生的时间和表现的状态上都具有突发性，它常常在人们最意料不到的时候发生，正如德国哲学家路德维希·安德列斯·费尔巴哈所说："热情和灵感不为意志所左右，是不由钟表调节的，是不会依照预订的日子和钟点迸发出来的。"灵感出现的形式也十分偶然，它究竟会以"顿悟"还是"渐悟"的方式出现，谁都无法预料，难以把握。创作者自身的精神状态、外界的环境气氛都有可能对灵感的产生造成影响。

灵感思维带来的效果也是意想不到的，它是认识上的突发和跃进，一旦发生，就如同突然打开了封闭的闸门，许多之前并未意识到或察觉到的信息和思绪瞬间涌现出来，成为灵感。灵感一旦触发，就会像一道光，瞬间照亮创作者的思路，使之顿悟、理解所思问题。

2. 灵感思维的被动性特征

灵感往往不受思维主体的控制，受什么东西启迪而触发或是何时会出现都不是创作者自己所能决定的，灵感的出现具有很大的偶然性。灵感思维与通常的自觉性思维不同，自觉性思维是人脑自觉的思维活动，是一种有意识地促成思想从感性认识向理性认识飞跃的过程，整个过程由思维主体自己掌握；相反，灵感的萌发不在意识范围之内，而是在潜意识中，不具有规律性，它的出现往往不受创作者的控制，因此很难被创作者所掌握。创作者自己无法决定何时产生灵感或如何产生灵感，在灵感面前，创作者往往处于被动的地位。

事实上，灵感的发生是创作者长期积累和反复思考的结果，对于单个的人或单一的事件来说，偶然性确实无时不在，无处不在。然而，所有偶然性的东西其实都同样处于历史的联系之中，处于历史形成的因果关系之中。

3. 灵感思维的模糊性特征

灵感思维是在突然间发生的，它是一种非逻辑性、非线性的自由发散的思维方式。人脑通过灵感思维获得的认识是跳跃式的，不可能像循序渐进的逻辑思维那样清晰和严密，有时在细节上还很粗糙，其整个过程不可避免的带有模糊性的特征。正因为模糊性，灵感才一度被认为是神秘的、不可知的。

4. 灵感思维的独创性特征

一般而言，人们难以用精确的语言对灵感的发生过程进行准确描述，只能采用模糊性的表达，有时甚至连创作者自己都无法说清灵感是怎样产生的，只知道灵感产生的结果。灵感将平常的心理定式和传统思维完全打破，有着特殊的表现能力，同时不可复制或模仿。凡是有灵感思维参与的艺术创造活动，都具有非线性的独创性，这是灵感思维的本质特征。灵感思维与一般思维的一大区别就在于所获得成果的新颖性和独创性，其中独创性是灵感思维独特的科学价值、艺术价值和社会价值。灵感思维常常可以捕捉到自觉性思维难以获得的独特的思想成果，有着超乎寻常的创造能力，能够创造出新的价值或提供新的解决方案。同时，灵感作为一种完全私人的思维方式，因为其突发性和不可控制性，所以也不可能被他人模仿，每个人都有自己独特的灵感经历。

(三) 灵感思维的培养

创新灵感的闪现从表面上看是偶然的，事实上其中蕴含着必然性。灵感思维是每个人都可能具有的思维活动，差别只在于每个人产生它的次数的多和少，作用的强和弱。经过一定的思维训练及有意识地培养，产生灵感的能力是会有所增强的。创作者需要发现自己的思维特点，把握自己获得灵感的特殊规律，有意识地调动灵感，取得创新灵感的主动权。

因为每个人的思维习惯不同，性格和气质不同，对环境的要求不同，所以获取灵感的方式也不同。法国思想家卢梭在思索时喜欢让脑袋沐浴在阳光之中；法国文学家家伏尔泰和巴尔扎克常借助咖啡来产生灵感；德国诗人席勒创作时喜欢闻烂苹果的气味；我国唐代诗人李白在饮酒时创作力旺盛，有“李白斗酒诗百篇”之说。

环境对灵感的产生之所以重要，是因为它会影响人们的心情，心情是否愉快，对思维的活跃十分重要。一个人在愉快欢乐的状态中，感到事事称心如意，这时大脑容易兴奋，反应灵活，感受能力强，容易接受外界信息的诱导，产生丰富的想象，因而灵感容易出现。反之，若一个人心灰意冷、意志消沉，消极的情绪会抑制大脑的活力，降低大脑的感受能力，思维、记忆力和想象力的发展都会受阻，主体对外界的信息无动于衷，在这种消极的精神状态下灵感就不太容易产生了。因此，作为创作者，应当学会寻找适合自己的思维方式，为自己营造最适宜产生灵感的环境，及时排解不良情绪，始终保持良好的精神状态，保持最佳的心态和创作激情。

模块小结

本模块主要介绍了思维定式和创新思维的内涵，重点阐述了如何训练和培养发散思维、联想思维、想象思维和灵感思维，力求通过对思维定式形式、创新思维的学习使大学生懂得如何打破思维定式、拓展思维的视角、开拓创新思路，学会找到思考的方向和通过思考得到问题的多种答案。

思维定式有许多种表现形式，其中与创新思维、创新活动有关联并且影响较为普遍的主要有从众定式、经验定式、权威定式、书本定式四种。

教学检测

“元宵”——当你看到这两个字时，脑海中反应的具体形象是什么样的呢？是否和图3-3一致？白色的、圆圆的、跟乒乓球一般大小。

现在引导大家做一个创新思维的练习：在保持元宵传统风味不变的前提下，我们能做哪些改变呢？要求从不同的角度去思考，比如体积、颜色、口味等，把你想到的写下来。

想完之后再判断一下，你的哪些设想是当前市场上没有的？能够商品化吗？

图 3-3　元宵

实训活动

美国普林斯顿创新才能研究公司总经理、心理学家尤金•劳德塞，根据几年来对善于思考、富有创新力的科学家、工程师和企业经理的个性和品质的研究，设计了下面这套简单的试验。试验者只要花费 10 分钟左右的时间，就能知道自己是否具有创新才能。如果试验者需要慎重考虑一下，适当延长试验时间也不会影响测试效果。试验时，在每一句话后面，用一个字母表示你的态度：同意的用 A，不同意的用 B，不确定或不知道的用 C。回答必须准确，诚实，不能猜测。

1. 我不盲目做事，干什么都有的放矢，用正确的步骤来解决每一个具体问题。
2. 只提出问题而不想答案，无疑是浪费时间。
3. 我无论解决什么问题，总是比别人困难。
4. 我认为合乎逻辑、循序渐进，是解决问题的较好方法。
5. 有时，我在小组里发表意见，似乎使一些人感到厌烦。
6. 我花费大量时间来考虑别人是怎样看待我的。
7. 做自认为正确的事情，比力求取得别人赞同重要得多。
8. 我不欣赏那些做事没有把握的人。
9. 我需要的刺激和兴趣比别人多。
10. 我知道如何在考试前，让自己保持心情镇静。
11. 我能坚持花费很长一段时间去解决难题。
12. 我有时对某件事情过于热心。
13. 我常常在无事可做的时候能想出好主意。
14. 我常常单凭直觉判断某件事情的“正确”或“错误”。
15. 在解决问题时，我分析问题较快，而对所收集的材料综合整理较慢。
16. 有时，我能突破自己去做我并不想做的事。
17. 我有收集东西的爱好。
18. 幻想促进了我许多重要计划的提出。
19. 我喜欢客观而又理性的人。
20. 如果让我在两种类型的工作中选择一种，我宁愿当一个实际工作者，而不愿当一个探索者。

21. 我能与我的同事或同行们很好地相处。

22. 我有较高的审美感。

23. 我比较看重名利和地位。

24. 我喜欢坚信自己结论的人。

25. 灵感与获得成功无关。

26. 为了和与我观点不一样的人成为朋友，我愿意改变自己的观点。

27. 我更大的兴趣在于提出新的建议，而不在于设法说服别人接受这些建议。

28. 我乐意独自一人整天深入思考。

29. 我不愿意做使我感到卑微的工作。

30. 评价资料时，我觉得资料的来源比其内容更为重要。

31. 我不喜欢不确定和不可预测的事。

32. 我喜欢埋头苦干的人。

33. 一个人的自尊比得到他人的敬慕更重要。

34. 我觉得那些力求完美的人是不明智的。

35. 我宁愿与大家一起努力工作，而不愿单独工作。

36. 我喜欢那种对别人产生影响的工作。

37. 在生活中，我经常碰到不能用“正确”或“错误”加以判断的问题。

38. 对我来说，“各得其所”“各在其位”是很重要的。

39. 那些使用生僻词语的作家，纯粹是为了炫耀自己。

40. 许多人之所以感到苦恼，是因为对事情太较真了。

41. 即使遇到困难、挫折和反对，我仍然能够对我的工作保持原来的积极状态和热情。

42. 想入非非的人是不切实际的。

43. 我对“我不知道的事”比“我知道的事”印象更深刻。

44. 我对“这可能是什么”比“这是什么”更感兴趣。

45. 我经常为自己在无意中说话伤人而闷闷不乐。

46. 即使没有回报，我也乐意为新颖的想法花费大量时间。

47. 我认为，“出主意无甚了不起”这种说法是中肯的。

48. 我不喜欢提出显得自己无知的问题。

49. 一旦任务在肩，即使受到挫折，我也要坚决完成。

50. 从下面描述人物性格的词语中，挑选出10个你认为最能说明你性格的词：

(1)精神饱满的；(2)有说服力的；(3)实事求是的；(4)虚心的；(5)观察敏锐的；(6)谨慎的；(7)束手束脚的；(8)足智多谋的；(9)自高自大的；(10)有主见的；(11)有献身精神的；(12)有独创性的；(13)性急的；(14)高效的；(15)乐意助人的；(16)坚强的；(17)老练的；(18)有克制力的；(19)热情的；(20)时髦的；(21)自信的；(22)不屈不挠的；(23)有远见的；(24)机灵的；(25)好奇的；(26)有组织力的；(27)铁石心肠的；(28)思路清晰的；(29)脾气温顺的；(30)可预言的；(31)拘泥形式的；(32)不拘礼节的；(33)有理解力的；(34)有朝气的；(35)严于律己的；(36)精干的；(37)讲实惠的；(38)感觉灵敏的；(39)无畏的；(40)严格的；(41)一丝不苟的；(42)谦逊的；(43)复杂的；(44)漫不经心的；(45)柔顺的；(46)创新的；(47)泰然

自若的；(48)渴求知识的；(49)实干的；(50)好交际的；(51)善良的；(52)孤独的；(53)不满足的；(54)易动感情的；

请参照下面这个计分表进行计分：

	A	B	C		A	B	C		A	B	C
(1)	0	1	2	(18)	3	0	–1	(35)	0	1	2
(2)	0	1	2	(19)	0	1	2	(36)	1	2	3
(3)	4	1	2	(20)	0	1	2	(37)	2	1	0
(4)	–2	1	3	(21)	0	1	2	(38)	0	1	2
(5)	2	1	0	(22)	3	0	–1	(39)	–1	0	2
(6)	–1	0	3	(23)	0	1	2	(40)	2	1	0
(7)	3	0	–1	(24)	–1	0	2	(41)	3	1	0
(8)	0	1	2	(25)	0	1	3	(42)	–1	0	2
(9)	3	0	1	(26)	–1	0	2	(43)	2	1	0
(10)	1	0	3	(27)	2	1	0	(44)	2	1	0
(11)	4	1	0	(28)	2	0	–1	(45)	–1	0	2
(12)	3	0	–1	(29)	0	1	2	(46)	3	2	0
(13)	2	1	0	(30)	–2	0	3	(47)	0	1	2
(14)	4	0	–2	(31)	0	1	2	(48)	0	1	3
(15)	–1	0	2	(32)	0	1	2	(49)	3	1	2
(16)	2	1	0	(33)	3	0	–1	(50)			
(17)	0	1	2	(34)	–1	0	2				

下列每个词语得 2 分：

精神饱满的、观察敏锐的、不屈不挠的、柔顺的、足智多谋的、有主见的、有献身精神的、有独创性的、感觉灵敏的、无畏的、创新的、好奇的、有朝气的、热情的、严于律己的。

下列每个词语得 1 分：

自信的、有远见的、不拘礼节的、一丝不苟的、虚心的、机灵的、坚强的。

其余词语得 0 分。

将分数累计起来，分数在 110～140 分，表示创新力非凡；在 85～109 分，表示创新力很强；在 56～84 分，表示创新力强；在 30～55 分，表示创新力一般；在 15～29 分，表示创新力弱；在 1～14 分，表示无创新力。

模块四　掌握创新方法

【教学目标】

要求在了解智力激励法、列举法、组合法、设问法、鱼骨图分析法等创新方法的科学内涵的基础上，能够自觉地应用它们解决现实中存在的问题，并进行创新。

【教学内容】

1. 了解智力激励法的科学内涵，运用智力激励法进行创新；

2. 了解缺点列举法、希望点列举法、特性列举法和成对列举法等列举法的科学内涵，运用各种列举法解决实际问题；

3. 了解组合法的科学内涵，运用形态分析法、信息交合法等组合法解决实际问题；

4. 掌握奥斯本的检核表法、5W2H 法和和田十二创造技法含义等设问法，运用它们解决实际问题；

5. 正确理解鱼骨图分析法的科学内涵，运用它们解决现实中的问题。

【教学方法】

案例教学、课堂讲授、头脑风暴、课堂实训和分组讨论。

【案例导入】

有一次，司马光跟小伙伴们在后院里玩耍，有个小孩爬到大缸上玩，失足掉到缸里的水中。其他孩子们一见出了事，都跑了，司马光却急中生智，从地上捡起一块大石头，使劲向水缸击去。水涌出来，小孩也得救了。

我们很熟悉的“司马光砸缸”就是非常知名的逆向思维案例。如果有人落水，常规的思维模式是“救人离水”，而司马光面对紧急险情，运用了逆向思维，果断地用石头把缸砸破，“让水离人”，救了小伙伴的性命。在学习、工作和生活中，我们经常会遇到从正面无法解决的问题，因而陷入思维的困境。如果能转换一下思维视角，“反其道而行之”，把事物的位量颠倒过来进行思考，从反面找出原因，问题可能会迎刃而解。

项目1　掌握智力激励法

一、了解智力激励法的内涵

(一) 智力激励法的内涵

智力激励法又叫头脑风暴法、自由思考法。智力激励法作为一种开发创造力的技法，是现代创造学的创始人、美国学者亚历克斯·奥斯本于 1938 年首次提出、1953 年正式发表的一种激发创新思维的方法，是世界上最早付诸实践的创新技法。其原意是指精神病患者头脑中短时间出现的思维紊乱现象，即病人会产生大量的胡思乱想。奥斯本借用这个概念来比喻思维高度活跃，打破常规而产生大量创造性设想的状况。因此，智力激励法是指针对某一特定问题，通过召开特殊的专题会议的形式，使不同专业与背景的人员互相交流、互相启迪、互相激励、互相修正、互相补充、集思广益，从而达到产生大量新设想并最终求得新创造、新构思的集体性发散技法。智力激励法经各国创造学研究者的实践和发展，已经形成了一个发明技法群，如奥斯本智力激励法、默写式智力激励法(“635”法)、卡片式智力激励法、三菱式智力激励法等。

智力激励法被广泛地运用于各行各业。在商业上，智力激励法得到了成功的运用与发展，并且在许多需要创造性思维的领域中得到了拓展。在教育领域，英国英特尔未来教育学家通过聚集成员自发提出的观点以产生一个新观点，使成员之间能够互相帮助，进行合作式学习，并且在学习的过程中取长补短、集思广益、共同进步，进而产生了一种新的教学法——头脑风暴教学法。

智力激励法是一种名副其实的集思广益法。集思广益并没有什么高深的道理，问题在于如何有效地做到集思广益。开会是一种集思广益的办法，但并不是所有形式的会议都能达到让人敞开思想、畅所欲言的效果。奥斯本的贡献就在于找到了一种能有效地实现信息刺激和信息增值的操作规程。智力激励法使每个参与者在决策的过程中思想相互冲击，迸发出火花，进而给出创造性的问题解决方案。智力激励法适合于那些比较简单、严格确定的问题(比如产品名称、广告口号、销售方法、产品的多样化研究等)以及需要大量构思、创意的行业(如广告业)。

(二) 智力激励法遵循的原则

智力激励法的原则在创新技法领域有很深远的影响，在发散性思维的九条技巧中有很多来自奥斯本的智力激励法原则。奥斯本的智力激励法在很多方面都是今天的创新思维理论和方法的原创。奥斯本认为，智力激励法的应用必须遵循下列几项原则。

1. 延迟评判

延迟评判要求：对于与会者所提出的任何一种设想和看法，不论其正确与否，也不论其是否符合自己的想法，一律不准提出怀疑和批评，更不允许抓别人发言中的“小辫子”；不仅不能对别人的意见评头品足，也不准对自己的发言作自我评判，即使是自己已确知自己原来的发言是错误的，也不允许在会议上作自我批评。

智力激励法之所以成功，其关键在于建立一个良好的、积极的环境，以激发人们的想象力。为鼓励人们发挥想象力，一定要避免对各种想法做出消极断言。因此，以下断言是应该延迟的：我们暂时不考虑这个创意；谁会这样做呢？这是个臭主意，我的主意比这好多了；我们早就试过这个主意了；这想法不符合我们的逻辑；成本太高，投资回报率又很低；这想法虽然不错，但是……这个想法肯定行不通；这主意太离谱了！主意虽好，但条件不成熟；这主意一点也不新鲜，简直是个馊主意。

在运用智力激励法的时候，不但要禁止否定性的批评，而且要禁止肯定性的颂扬，特别是那些夸大其词的溢美之言，如“您提出的这个方案就是解决这个问题的最佳方案！”“您老是这方面的权威，您的意见绝对正确！”等。类似这样的恭维话语同样会影响创造性的发挥，并且也会妨碍人们继续进行独立思考和寻求最佳设想的情绪。总之，应自觉地杜绝一切形式的评判。

奥斯本把这个原则的遵循比作驾驶，就像踩了油门的同时又踩下刹车，车是开动不了的，在激发观念的同时又来评价这些刚激发出来的观念，会阻止观念的进一步产生。观念不是不需要评价，而是应该在产生了许多观念之后再适时评价，无须产生一个评价一个。

2. 自由联想

自由联想原则要求与会者要敞开思想、独立思考，要敢于冲破传统逻辑和任何常规思想的限制与束缚，始终使自己的思想保持自由驰骋的状态。思考越狂越好，构想越奇越佳，因为有时看起来似乎非常荒唐的设想却是打开创造思路的线索。在会议上，主持人应创造一个宽松、活跃的氛围，使大家能海阔天空地想，无拘无束地谈，鼓励每一个与会者大胆地讲出自己的设想。

3. 数量产生质量

在会议有限的时间里，与会者提出的设想数量越多越好。因为数量越多，可行性办法出现的概率越大。国外调查统计资料表明，一个在同一时间内能比别人多提出两倍设想的人，最后产生的有实用价值的设想可能比别人高出十倍。因此，要激发与会者尽可能多地提出自己的设想。

因此，用智力激励法来激发思维的主持人会在会议过程中极力诱导与会者多出主意，并为多出主意营造良好的会议氛围。

4. 搭便车

与会者要善于吸收其他人提出的合理或创新的设想，巧妙利用他人的想法来开拓自己的思路，并在此基础之上提出更新、更奇的设想。这是一种观念共享的新思路，在先前观念或者原有观念的基础上，我们可以修改和丰富这些现成的东西来获得更好的东西。这不是剽窃观念，而是一种团队合作。

在上述四条原则中，奥斯本特别强调第一条原则的重要性。他认为，那种在会议上一有人提出办法来大家就评头论足的做法，必然会干扰和破坏提出新设想的有利环境和气氛，甚至会引起一种反作用，而暂时不加评论，不作评判，则能给人一种支持，一种鼓励。

正如奥斯本所指出的：当一些设想刚刚产生的时候，你就运用智能进行十分仔细的研究，这是不妥当的，因为它有碍于我们进行创造性思维。因此，只有当会议严格遵循延缓评判的原则时，这个会议才能称得上是名副其实的智力激励法会议。

二、实施智力激励法

(一) 智力激励法的应用程序

智力激励法一般以会议的形式进行，会议参加人数一般为5～10人，最好由不同专业或不同岗位的人员组成。会议要明确主题，要将会议主题提前通报给与会人员，让与会者有一定的准备。会议时间控制在1小时左右。设主持人1名，主持人要熟悉并掌握该技法的要点和操作要素，了解会议主题的现状和发展趋势。主持人只主持会议，对设想不作评论。设记录员1～2人，要求他们认真将与会者的每一个设想都完整地记录下来。同时，还要求参与者善于想象、善于归纳、善于表达。参与者要有一定的训练基础，懂得该会议提倡的原则和方法。在会前可进行柔化训练，即对缺乏创新锻炼者进行打破常规思考、转变思维角度的训练，以减少思维惯性，将与会者从单调、紧张的工作环境中解放出来，以饱满的创造热情投入激励设想活动中。

智力激励法力图通过一定的讨论程序与规则保证创造性讨论的有效性，因此，讨论程序成了智力激励法能否有效实施的关键因素。其实施步骤是：准备、热身、明确问题、畅谈、评价与发展。

1. 准备

在运用智力激励法创新之前，需要事先做好以下准备工作：

(1) 选择会议主持人。合适的会议主持人既应熟悉智力激励法的基本原理、原则、程序与方法，又应了解会议所要解决的问题，还应灵活地处理会议中出现的各种情况，使会议自始至终遵照有关规则在愉快热烈的气氛中进行。

(2) 确定会议主题。由主持者和问题提出者一起分析研究，明确会议所议论的主题。主题应具体单一，对涉及面广或包含因素过多的复杂问题应进行分解，使会议主题目标明确。

(3) 确定参加会议的人选。参加会议的人数一般为 5～10 人。与会人员的专业背景构成要合理，大多数人应对议题有较丰富的专业知识，同时也要有少数外行参加。与会者应关系和谐、相互尊重、平等议事，无上下高低之分，以利于消除各自的心理障碍。

(4) 提前下达会议通知。提前将议题的有关内容及背景通知参会人员，以便让他们在思想上有所准备，提前酝酿解决问题的设想。

2. 热身

热身往往用于描述运动员在体育比赛中上场参赛前要活动几分钟，以适应即将开始的竞技拼搏这一过程。智力激励会议安排与会者热身，其目的和作用与体育竞赛类似，使与会者尽快进入角色。热身活动所需要的时间可由主持人灵活确定。热身活动有多种方式，如看一段有关发明创造的录像，讲一个发明创造的故事，出几道脑筋急转弯之类的问题让与会者回答，使会场尽快形成热烈轻松的气氛，使大家尽快进入创造的“临战状态”。

3. 明确问题

这个阶段主要由主持人介绍要讨论的问题。介绍问题时应注意坚持简明扼要原则和启发性原则。简明扼要原则要求主持人只向与会者提供有关问题的最低数量信息，切忌将背景材料介绍过多，尤其不要将自己的初步设想和盘托出。因为介绍的材料过多或主持人说出个人的初步想法，不仅无助于激励大家的思维，反而容易形成条框，束缚与会者的思维。因此，主持人给出的只是对问题实质的简要解释。启发性原则是指介绍问题时要选择有利于激发大家兴趣、开拓大家思路的陈述方式。例如，针对革新一种加压工具问题，如果选择“请大家考虑一种机械加压工具的设计构思”这种表述方式，就容易把大家的思路局限在“机械加压”的技术领域。如果改为“请大家考虑一种提供压力的先进方案”，则会给大家更广阔的思考天地，除了机械加压之外，大家还可能会想到气压、液压、电磁等技术的应用。

4. 畅谈

在与会者产生各种想法和问题的解决办法之后，不需要讨论、分析各种想法的优缺点，而应进行畅谈。这是智力激励会议的最重要环节，是决定智力激励成功与否的关键阶段。其要点是想方设法营造一种高度激励的气氛，使与会者能突破种种思维障碍和心理约束，让思维自由驰骋，借助与会者之间的知识互补、信息互补和情绪鼓励，提出大量有价值的设想。畅谈阶段不需要与会者之间进行讨论，其时间由主持人灵活掌握，一般不超过 1 个小时。畅谈阶段要遵守下述规定：

(1) 不许私下交谈，始终保持会议只有一个中心，否则，会使与会者精力分散，并产生无形的评判作用。

(2) 不许以权威或集体意见的方式妨碍他人提出个人的设想。

(3) 设想表述力求简明、扼要，每次只谈一个设想，以保证此设想能获得充分扩散和激发的机会。

(4) 所提设想一律记录。

(5) 与会者不分职位高低，一律平等对待。

5. 评价与发展

畅谈结束后，会议主持者应组织专人对设想进行分类整理，并进行去粗取精的提炼工作。设想一般分为实用型和幻想型两类，前者是指目前技术工艺可以实现的设想，后者指目前技术工艺还不能完成的设想。对实用型设想，再用智力激励法进行论证，进行二次开发，进一步扩大设想的实现范围。对幻想型设想，再用智力激励法进行开发，通过进一步开发，就有可能将创意的萌芽转化为成熟的实用型设想。这是智力激励法的一个关键步骤，也是该方法质量高低的明显标志。如果已经获得解决问题的满意答案，智力激励会议就达到了预期的目的；倘若还有悬而未决的问题，则还可以召开下一轮智力激励会议。

(二) 智力激励法的适用范围

智力激励法的优点是每个人可以充分利用别人的设想，激发自己的灵感，或者结合几个人的设想，产生新的设想，所以与单独思考相比，容易得到数量众多的、有价值的设想。

商业生产领域最适用智力激励法。在产品创新、制度创新领域，对于涉及管理的问题、销售的问题，智力激励法常常会给人新观念。

表 4-1 列举了适合采用智力激励法解决的问题。

表 4-1　适合采用智力激励法解决的问题

问题类别	适合的理由	问题列举
产品的新观念，销售的新方法	需要从具有不同经验的人那里获得大量的主意	1. 陶瓷的新用途； 2. 商业专利的新市场； 3. 顾客新的衣着观念
排忧解难和计划	急需获取大量的主意，需要知道许多可能的原因	1. 实行一个新计划可能出现的问题； 2. 各单位或者公司将来的需要
管理的问题	需要各相关单位人员毫无顾忌地抒发意见	1. 改进工作的安全措施； 2. 减轻库藏的损失

续表

问题类别	适合的理由	问题列举
程序改造的问题	可以将各种不同建议叠加综合	1. 各种价值的分析与联系； 2. 如何改造大宗邮件的寄法
改变加工品的性能，排除已有设施的运行障碍	激发不同想法，寻找最有效办法	1. 如何使核桃仁不被弄碎； 2. 如何扫除大跨度电线的积雪
社会问题	需要综合社会相关人员的利益	1. 小区垃圾如何处理； 2. 城市居民养狗该如何管理

项目 2　掌握列举法

列举法是一种借助对一具体事物的特定对象(如特点、优缺点等)从逻辑上进行分析并将其本质内容全面罗列出来的手段，针对列出的项目一一提出改进措施的方法。特性列举法是由美国创造学家克劳福德教授归纳、总结出来的一种发明技法。他提出用一个词来描述产品的一个特性，这些词分为名词(部件、材料、制造方法等)，形容词(形状、颜色、状态等)，动词(功能、作用等)三大类。然后，逐一思考每个词的替代、修改、取消、补充。只要某一特性得到改进，其整体性能就可能出现质的飞跃。按照列举的对象不同，我们可以把列举法分为缺点列举法、希望点列举法、特性列举法等。

一、缺点列举法

(一) 缺点列举法的内涵

缺点列举法是指抓住事物的缺点进行分析，以确定发明目的和创造技法的一种方法。缺点列举法的特点是简便易行，它直接从社会需要的功能、审美、经济等角度出发，研究对象的缺陷，提出改进方案。此方法主要围绕着原事物的缺陷加以改进，一般不改变原事物的本质与总体，属于被动型方法。该法一方面用于老产品的改造上，另一方面用在对不成熟的新设想、新产品的完善上。另外，该法还可用于企业的经营管理等方面。

(二) 缺点列举法的原则

在运用缺点列举法的过程中应注意以下原则：

(1) 敢于质疑。

(2) 调查研究。

(3) 做好记录随时备查。

(三) 缺点列举法的操作步骤

运用缺点列举法没有严格的程序，其操作步骤如下：

第一步，确定某一改进、革新的对象。

第二步，尽量列举这一对象的缺点，需要时可召开智力激励会议，也可进行广泛的调查研究、对比分析或征求意见。

第三步，将缺点归纳整理成卡片，以便于归类。

第四步，针对每一缺点逐条分析，挑出主要的、对产品影响大的缺点，并将缺点排序。

第五步，分析形成主要缺点的原因。

第六步，针对缺点，研究其改进方案或优化方法发明出新的产品。

一般来说，操作进行到第三步，产品的缺点已列举清楚，缺点列举法的使用就完成了。

例如，对现有的雨衣作缺点列举：

(1) 夏天穿胶布雨衣闷热不透风；

(2) 塑料雨衣冬季变硬变脆，容易坏；

(3) 穿雨衣骑自行车上下车不方便；

(4) 风雨大时，脸部淋雨使人睁不开眼，影响安全；

(5) 雨衣下摆贴身，雨水顺此而下弄湿裤腿与鞋；

(6) 胶布色彩太单调，无装饰感等。

针对这些缺点可提出许多改进方案：采用新材料使塑料雨衣不脆不硬；在雨帽上加一副防雨眼镜或眼罩；增加色彩，分别设计男、女、老、少不同样式的雨衣；在雨衣下摆增设充气软质塑料管，以防弄湿裤腿等。

(四) 缺点列举法的具体内容

在具体运用缺点列举法进行创造发明时，可以个人进行思考，也可以集体进行研究，还可以借助调查等。

1. 会议法

会议法即召开缺点列举会。缺点列举会是一种专挑某事物毛病的定向分析会。召开缺点列举会是充分揭露事物缺点的有效方法。一般采用智力激励法召开缺点列举会，其最大特点就是可以互相启发，产生连锁反应。会议由5～10人参加，一次会议时间一般为1～2小时。出席对象应为该产品的使用者、经销者、生产者、管理人员及设计者等。会前由主管部门针对某项事物，选择一个需要改进的主题，会议的主题宜小不宜大，与会者围绕此产品尽量列举各种缺点，愈多愈好。会后将所提缺点分类整理，供专门人员研究并给出改进方案。会议上，可以采用口头发言的奥斯本智力激励法，也可以采用卡片式智力激励法(即每人发一张卡片，分别写上各自发现的该事物的缺点，再依次定向传递作补充)。

2. 征集用户意见法

征集用户意见法是指对于已投放市场的产品，通过销售、售后服务等渠道，采用适当的形式，让用户充分提意见。用户提出的意见有的是生产设计人员想不到的，对于改进企业产品或提出产品的概念有参考价值。这里的适当形式可以是印制用户调查表，将其随产品发给用户，也可以是电话调查、登门调查，还可以是通过媒体采用有奖征求改进意见等。

3. 对照比较法

俗话说“不怕不识货，就怕货比货”。对照比较法就是将同类产品集中在一起，从比较中找缺点，找到可以改进之处。用这种方法开发的新产品起点高，步子大，容易一举成名。

对于改进革新产品，将所研讨的对象与目前市场上最先进的同类产品就各种技术参数、性能、功能、质量、价格、外观、包装等进行分析比较，从而找出自身的缺点，取各家之优点设计出超过同类产品、具有竞争力的新型产品。例如，日本的机床工业就是使用对照比较法发展起来的。

事实表明，发现同类产品的共同缺点比发现产品单独存在的某一缺点更有创造价值。例如，有人发现洗衣机存在着病毒交叉感染的缺点，这对提出“防病毒型洗衣机”的新概念具有重要的作用，从而促进了新一代洗衣机的诞生。

在列举缺点的过程中，既要列举那些显而易见的缺点，更要善于发现那些潜在的、不易被觉察到的缺点。例如，在进行手机研发时，人们往往重视手机的外形、颜色、清晰度、功率、功能等，但有的厂家十分注重手机微波对人体的伤害，从而开发出低辐射手机，深受消费者的欢迎。

缺点列举法可以直接从社会需要的功能、审美、经济等角度出发研究对象的缺点，提出切实有效的改进方案，因而简便易行，常常会取得很好的效果。然而，缺点列举法大多围绕原来事物的缺陷加以改进，通常不触动原来事物的本质，因而它属于被动型创造方法，一般只适用于对老产品的改造或用于不成熟的新设想、新发明，使其趋于完善。

二、希望点列举法

(一) 希望点列举法的内涵

希望点列举法提出的希望有些是从缺点直接转化而来的，如对事物某方面的不满转变为对此改进的希望。与缺点列举法相比，希望点列举法能从正面、积极的因素出发考虑问题，不受现有事物的约束，可以把整个旧事物看成缺点，易产生大的突破，能够在更大程度上开阔思考问题的空间。希望点列举法也可以通过列举事物希望具有的特征，从而寻找创造目标和方向的方法。希望点列举法按发明者的意愿提出各种新的设想，不受现有物品的限制。因此，它是一种积极的主动型思路。

(二) 希望点列举法的具体内容

希望点列举法通常有以下四种：

1. 观察联想法

许多创新发明都是通过设计者在日常生活中的观察联想获得的。设计者在平时的生活和工作中注意观察，对遇到的问题不轻易放弃，努力寻找解决问题的方案，最终就会产生新的设想、新的发明。

2. 书面收集法

书面收集法是根据预先确定的目标，设计一个卡片或者记录表，将其发给消费者，请他们写明各种希望得到的功能，越多越好，然后收集、整理并分析。这种方法的优点是便于记录和保存，而且信息量大，从中可发现好的希望点，成本也不高。

3. 会议法

课题组召开会议，邀请不同背景的人士参加，由主持人介绍产品开发的课题内容，鼓励所有参与会议的人发表意见，各尽所能，然后收集、整理，分类并分析，这就是我们常说的会议法。这种方法的优点是各位与会人士可以提出具有创新性和可操作性的希望点，但这需要有很强的组织能力，成本也比较高。

4. 访问法

访问法是指通过访谈，询问用户对相关产品的功能要求，找出用户最迫切的希望点，然后反馈、整理、研发创新。访问法可以帮助企业发现一些其他方法不易察觉的细节，通过这些细节形成好的希望点。

希望点列举法的目的是为用户创造更多的功能，解决用户的更多生活需求，它是以用户为中心的设计理念的又一体现。通过书面收集法、会议法和访谈法等汇集用户的更多希望点，如果要满足用户的每一个可行的希望点，则意味着在产品中要增加一个或者几个细节。也就是说，希望点的实现在产品中就体现为出现更多、更丰富的细节。因此，如何选择、取舍这些希望点，如何协调这些希望点所带来的细节，是细节设计的一个重要难题。

(三) 希望点列举法的操作步骤

(1) 激发和收集人们的希望点。

这里所说的“希望点”是指创造性强且科学、可行的希望。所以，在提希望点时要注意可能性和科学性，不要像科学幻想那样脱离现实。

(2) 仔细研究、鉴别人们的希望，以形成希望点。

希望总是很多，但能不能形成创造新产品的希望点，就需要分析和鉴别。表面希望与内心希望的鉴别，要能透过表面希望，发现内心的真正希望，要能鉴别现实希望和潜在希望。

(3) 以“希望点”为依据，创造新产品，以满足人们的希望。

对可能实现的希望形成的希望点进行科学分析，制订创造新产品的具体方案，积极、主动地发挥想象力和创造力，创造功能和属性满足人们需求的新产品。

【思考】

请你从功能、原理、结构、制造、使用、维护、价格、时尚、美感等角度思考，对家用电饭锅提出有价值的希望点，列出家用电饭锅的创新设想。

三、特性列举法

(一) 特性列举法的内涵

特性列举法也称属性列举法，它是由美国内布拉斯加大学罗伯特·克劳福德(Robert Crawford)教授提出的一种著名的创意思维策略，既适用于个人，也适用于群体。事物的每个属性都可以被分开加以增进或改变，一般事物都是从已有事物中加以改造产生的。克劳福德认为：“所谓创造，就是掌握呈现在自己眼前的事物的属性，并把它置换到其他事物上。”该方法首先分门别类地将事物与课题特性或属性全面地罗列出来，然后在所列举的各项目下面试用可取而代之的各种属性，从中引出具有独特性的方案，再进行讨论和评价，最后找出具有可行性的创新设想或创新措施。

一般来说，有些产品的创新可以整体进行(如水笔、口杯、闹钟等)，但有些产品就无法进行整体性的创新构思，而必须在一个个部件或性能特征进行创新构思后，才能最终形成一个总的构思方案。例如，对于汽车就无法进行整体创新构思，而必须就每一个部件、功能特性进行一步一步的分析、列举，然后就每一个部件或功能特性进行创新，最终才能形成新的汽车整体构思。可以这样说，有些产品是“问题愈缩小愈能产生创造性构思”。实际上，许多发明是将多个创造方案进行组合才形成的。

(二) 特性列举法的实施步骤

(1) 选择一个比较明确的课题，课题宜小不宜大。如果课题较大，则应将其分解成若干小课题。

(2) 根据发明或创新对象的现状，列举出其属性(一般从名词属性、形容词属性、动词属性三个方面来列举)，分析有关功能和作用的性质，特别是那些使事物具有存在意义的功能。

(3) 针对列举出的每个属性分别进行提问，思考改进，提出创造性设想和方案。

(4) 对方案进行评价、讨论，使产品能符合人们的需要。

【思考】

运用特性列举法对圆珠笔进行特性分析，简述改进想法。

项目 3　掌握组合法

一、认识组合法的科学内涵

(一) 组合的含义

组合是一个多义的概念。辞海中，“组合”被解释为“组织成整体”；数学中，“组合”是指从 m 个不同的元素中任取 $n(n\leqslant m)$个元素并成一组；逻辑学中有组合逻辑、组合运算等。我们这里所说的“组合”，是指把多项貌似不相关的事物、思想或观念的部分或全部，通过想象加以连接，进行有机地变革、重组，使之成为彼此不可分割的、新颖的、有价值的整体。组合的最基本要求是：整体的各组成事物之间必须建立某种紧密关系，使之成为一个新生事物。

(二) 组合的类型

组合的类型多种多样。庄寿强在《普通创造学》一书中，根据参与组合的组合因子的性质、主次以及组合的方式，将组合类型大体分为 4 类。我们在此基础上，增加一类综合性组合，将组合类型分类 5 类。

1. 同类组合

同类组合也称同物组合，就是将若干相同的事物进行自组。比如，双层公共汽车、情侣伞、情侣衫、双向拉链、双色笔或多色笔、子母灯、霓虹灯、双层文具盒、多级火箭等，都是同类组合。同类组合的模式是 $a+a=N$。简单的事物可以自组，复杂的事物也可以自组。

在同类组合中，参与组合的对象一般是两个或两个以上的同一事物；组合后与组合前相比，参与组合的事物，其基本原理和基本结构一般没有发生根本性的变化。同类组合是在保持事物原有的功能或原有意义的前提下，通过数量的增加以弥补功能的不足或求取新的功能和意义，而这种新的功能和意义是事物单独存在时所不具有的。

同类组合的方法简单、实用，将其应用于工业和生活产品的创新中，常常可以产生意想不到的效果。

2. 异类组合

异类组合是指将两种或两种以上的不同领域的事物、思想或观念进行组合，以产生有价值的新整体。异类组合的模式是 $a+b=N$。例如，维生素、糖果两者都是客观存在的事物，但是雅客 v9 将二者融合，变成了“维生素糖果”；超声波灭菌法与激光灭菌法组合，利用“声光效应”几乎能杀灭水中的全部细菌；等等。

异类组合有三个特点：第一，被组合的事物来自不同的方面、领域，它们之间一般无明显的主次关系；第二，组合过程中，参与组合的事物从意义、原理、构造、成分、功能等方面可以互补和相互渗透，产生 $1+1>2$ 的价值，整体变化显著；第三，异类组合实质上是一种异类求同，因此创新性较强。

3. 主体附加组合

主体附加组合又称添加组合、主体内插式组合，是指以某一特定的事物为主体，通过补充、置换或插入新的事物，而得到新的有价值的整体。例如，最初的洗衣机只有搓洗功能，之后增加了喷淋、甩干装置，使洗衣机有了漂洗和烘干功能；电风扇开始也只有简单的吹风功能，后来逐渐增加了控制摇头、定时、变换风量等功能；手机一开始叫“大哥大”，只有通话功能，现在附加了短信、上网、照相等多种功能。

在主体附加组合中，主体事物的性能基本上保持不变，附加物只对主体事物起补充、完善或充分利用主体事物功能的作用。附加物可以是已有的事物，也可以是为主体设计的附加事物。例如，在文化衫上印上旅游景点的标志和名字，就变成了具有纪念意义的旅游商品；同样，一本著作有了作者的亲笔签名，其意义也会不同。

主体附加组合有时非常简单，人们只要稍加动脑和动手就能实现。只要附加物选择得当，同样可以产生巨大的效益。例如，智能手机就是安装了开放式操作系统的手机，它不仅是现在人们追求的时尚产品，也是未来手机发展的方向。

在运用主体附加组合时，首先要确定主体附加的目的。可以先全面分析主体的缺点，然后围绕这些缺点提出解决方案，再通过增加附加物来达到改善主体事物功能的目的。其次，根据附加目的确定附加物。主体附加组合的创新性在很大程度上取决于对附加物的选择是否别开生面，能否使主体产生新的功能和价值，以增强其实用性，从而增强其竞争力。

4. 重组组合

重组组合简称重组，是指在同一个事物的不同层次上分解原来的事物或组合，然后以新的方式重新组合起来。重组组合只改变事物内部各组成部分之间的相互位置，从而优化事物的性能，它能引起事物属性的变化。

重组组合有三个特点：第一，重组组合是在同一事物上施行的；第二，在重组组合过程中，一般不增加新的内容；第三，重组组合主要是改变事物内部各组成部分之间的相互位置。

在进行重组组合时，首先要分析研究对象的现有结构特点。其次，要列举现有结构的缺点，考虑能否通过重组克服这些缺点。最后，确定选择什么样的重组方式，包括变位重组、变形重组、模块重组等。

5. 综合性组合

综合性组合是对大量先进事物、思想、观念等实行融合并用，从而形成新的有价值的整体。综合性组合是各类组合的集大成者，是一种更高层次的组合，具有系统性、完整性、全面性和严密性的特点。牛顿说过：我是站在巨人的肩膀上。这绝不是谦虚，牛顿定律不是其匠心独运，而是综合了天文学家开普勒的天体力学知识和物理学家伽利略的力学知识所提出来的。在管理领域，企业采用多种方法对资金、物流、人力资源等进行有效管理。项目管理、ERP(企业资源计划)和 CRM(客户关系管理)、ISO 质量管理体系标准等管理方法综合并存，从而创造出有自己特色的管理方法和模式，如 ABC 管理模式和海尔管理模式。

二、掌握组合类其他创新方法

(一) 焦点法

1. 焦点法的含义

焦点法是将要解决的问题作为焦点事物，任意选择几个偶然事物做刺激物，通过焦点事物和偶然事物的组合，获得新设想、新方案的创新方法。这种创新方法充分地运用了联想机制，简单易学，富于想象力。应用这种方法，能在较短时间内获得较多的新颖构思。

焦点法根据综合性组合的原理，以一个预定事物为中心或焦点，依次与罗列的各事物构成联想点，寻求组合创新。焦点法依据特定的事物寻求各种创新构思的方法，从而使产生的创新设想更加具体化。

2. 焦点法的实施步骤

(1) 选择焦点事物，确定目标。

(2) 任意挑选若干个与焦点事物无关的偶然事物。

(3) 列举偶然事物的特征，将焦点事物与偶然事物的特征一一结合，得到多种组合方案。

(4) 充分运用想象，对每种组合提出创新设想。

(5) 评价所有的创新设想，筛选出最佳方案。

(二) 二元坐标法

1. 二元坐标法的含义

二元坐标法就是建立平面二元直角坐标系，把不同的信息(联想元素)分别列在二元坐标上，按序轮番地进行两两组合，然后选出有意义的组合物的创新方法。二元坐标法在实践中具有简单、实用的特点。

2. 二元坐标法的实施步骤

(1) 提出联想元素。

(2) 建立坐标体系。

(3) 完成组合联想图。

(4) 处理设想。

项目 4　掌握设问法

设问法具体是指围绕现有的事物或想要开发的新事物提出各种问题，通过一系列的提问，发现其存在的问题或者不能满足消费者需求的地方，从而找到需要变革创新的方面，开发出新产品的一种创新技法。下面重点介绍奥斯本检核表法、5W2H 法、和田十二法三种设问法。

一、掌握奥斯本检核表法

(一) 奥斯本检核表法的科学内涵

1. 奥斯本检核表法的主要含义

奥斯本检核表法是针对某种特定要求制订的检核表，主要用于新产品的研制开发。奥斯本检核表法是指以该技法的发明者奥斯本命名，引导主体在创造过程中对照 9 个方面的问题进行思考，以便启迪思路，开拓思维想象的空间，促进人们产生新设想、新方案的方法。主体主要面对的 9 个方面的问题是：能否他用；能否借用；能否改变；能否扩大；能否缩小；能否代替；能否调整；能否颠倒；能否组合。

奥斯本检核表法是一种产生创意的方法。在众多的创造技法中，这种方法是一种效果比较理想的技法。由于它突出的效果，被誉为“创造技法之母”。人们运用这种方法，产生了很多杰出的创意。

2. 奥斯本检核表的基本形式

奥斯本检核表实际上是一张人为制订的、从多个不同的角度来启迪思路的分类提问表，对各个不同的创造对象及不同的创造目标，都可以列出解决问题应思考的方方面面，以便按拟订的问题来开展全面、周密、多方位的思考，从而完善地解决问题。奥斯本检核表共有 9 类 75 个问题(见表 4-2)，它的实质就是从 9 个方面的 75 个角度启发人们提出问题和思考问题，使思路沿着正向、侧向、逆向及合向发散开来。因此它的侧重点是提出思考问题的角度而不是步骤，它的核心是启发和发挥联想的力量。

表 4-2　奥斯本检核表的检核项目

序号	检核类别	检 核 内 容
1	能否他用	① 有无新的用途；② 是否有新的使用方法；③ 可否改变现有的使用方法
2	能否借用	④ 有无类似的东西；⑤ 利用类比能否产生新观念；⑥ 过去有无类似的问题；⑦ 可否模仿；⑧ 能否超过
3	能否改变	⑨ 可否增加些什么；⑩ 可否附加些什么；⑪ 可否增加使用时间；⑫ 可否增加频率；⑬ 可否增加尺寸；⑭ 可否增加强度；⑮ 可否提高性能；⑯ 可否增加新成分；⑰ 可否加倍；⑱ 可否扩大若干倍；⑲ 可否放大；⑳ 可否夸大
4	能否扩大	㉑ 可否减少些什么；㉒ 可否密集；㉓ 可否压缩；㉔ 可否浓缩；㉕ 可否聚合；㉖ 可否微型化；㉗ 可否缩短；㉘ 可否变窄；㉙ 可否去掉；㉚ 可否分割；㉛ 可否减轻；㉜ 可否变成流线型

续表

序号	检核类别	检核内容
5	能否缩小	㉝ 可否改变功能；㉞ 可否改变颜色；㉟ 可否改变形状；㊱ 可否改变运动；㊲ 可否改变气味；㊳ 可否改变音响；㊴ 可否改变外形；㊵ 是否还有其他改变的可能性
6	能否代替	㊶ 可否代替；㊷ 用什么代替；㊸ 还有什么别的排列；㊹ 还有什么别的成分；㊺ 还有什么别的材料；㊻ 还有什么别的过程；㊼ 还有什么别的能源；㊽ 还有什么别的颜色；㊾ 还有什么别的音响；㊿ 还有什么别的照明
7	能否调整	51 可否变换；52 有无可互换的成分；53 可否变换模式；54 可否变换布置顺序；55 可否变换操作工序；56 可否变换因果关系；57 可否变换速度或频率；58 可否变换工作规范
8	能否颠倒	59 可否颠倒；60 是否颠倒正负；61 可否正反颠倒；62 可否头尾颠倒；63 可否上下颠倒；64 可否颠倒位置；65 可否颠倒作用
9	能否组合	66 可否重新组合；67 可否尝试混合；68 可否尝试合成；69 可否尝试配合；70 可否尝试协调；71 可否尝试配套；72 可否把物体组合；73 可否把目的组合；74 可否把特性组合；75 可否把观念组合

(二) 奥斯本检核表的运用

在创造过程中，根据需求可以将奥斯本检核表 9 个方面的问题作为一个方法使用，逐项提问思考，也可以将其中一条单独使用。

例如以手电筒为对象，运用奥斯本检核表进行检核，如表 4-3 所示。

表 4-3　手电筒的创新思路

序号	检核类别	创造性设想
1	能否他用	其他用途：探照灯、信号灯、装饰灯
2	能否借用	增加功能：加大反光罩，增加灯泡亮度
3	能否改变	改一改：改灯罩，改小电珠和用彩色电珠等
4	能否扩大	延长使用寿命：使用节电、降压开关
5	能否缩小	缩小体积：1 号电池→2 号电池→5 号电池→7 号电池→纽扣电池
6	能否代替	代用：用发光二极管代替小电珠
7	能否调整	换型号：两节电池直排、横排，改变式样
8	能否颠倒	反过来想：不用干电池的手电筒，用磁电机发电
9	能否组合	与其他组合：带手电的收音机、带手电的钟等

二、掌握 5W2H 法

(一) 5W2H 法的科学内涵

5W2H 法是一种多路思维、创新思维方法，是对目标计划进行分解和决策的思维程序。5W2H 法又称七问分析法，是第二次世界大战期间美国陆军兵器修理部首创，如图

4-1 所示。5W2H 法简单、方便，易于理解、使用，富有启发意义，广泛用于企业管理和技术活动，对决策和执行性的活动措施非常有帮助，也有助于人们弥补考虑问题的疏漏。

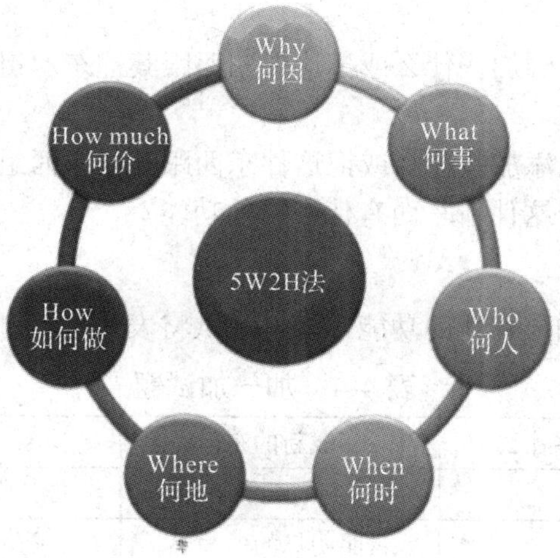

图 4-1　5W2H 法

运用 5W2H 法分析问题时，先将 7 个问题列出，得到回答后，再考虑列出一些小问题，又得到回答后，便可进行取消、合并、重排和简化工作，对问题进行综合分析研究，从而产生更新的创造性设想或决策。这种问话和思考方法，可使思考的内容深化、科学化，进而获得启发式的创新。

(二) 5W2H 法的内容阐释

发明者用 5 个以 W 开头的英语单词和 2 个以 H 开头的英语单词进行设问，发现解决问题的线索，寻找创新思路，然后进行设计构思，从而达到解决问题或实现发明创造的目的，这就是 5W2H 法。

(1) What——是什么？目的是什么？做什么工作？

(2) Why——为什么要做？可不可以不做？有没有替代方案？

(3) Who——谁？由谁来做？

(4) When——何时？什么时间做？什么时机最适宜？

(5) Where——何处？在哪里做？

(6) How ——怎么做？如何提高效率？如何实施？方法是什么？

(7) How Much——多少？做到什么程度？数量如何？质量水平如何？费用产出如何？

因为是用 5 个以 W 开头的英语单词和 2 个以 H 开头的英语单词进行设问，启迪思路，指导创新实践活动，所以被称为 5W2H 法。如果再加上做了哪些选择(Which)，就是 6W2H 法。

三、掌握和田十二法

“和田十二法”源自上海市闸北区和田路小学学生的发明创造活动。该小学从 1979 年起就着手学生的创造力的培养。全校学生创造的科技作品有的已被实际应用，有的已转化为商品。上海的有关专家把小学生们在发明创造活动中所采用的技法总结概括出 12 种，因此称为“和田十二法”，又称“十二种聪明办法”。

和田十二法的具体内容如下：

(一) 加一加

解释：在这件东西上添加些什么或把这件东西跟其他东西组合在一起，以达到我们想达到的目的。

思路：在这件东西上添加些什么或把这件东西跟其他东西组合在一起，行不行？加一加后会变成什么新东西？这件新东西有什么新的功能？

【试一试】

生活中常见的东西如果有新的功能，多好！试将表 4-4 所列东西“加一加”。

表 4-4　加一加试题

一件东西	添加些什么	变成新的东西	有了新的功能
奶瓶			能让母亲直接知道牛奶的温度
		带照明灯的书写笔	野外晚间也能方便地书写

(二) 减一减

解释：在某件东西上减去部分东西或在操作过程中减少次数，以达到我们想要达到的目的。

思路：能在某件东西上减去什么部分吗？能把某样东西的重量减轻一点吗？能在操作过程中减少次数吗？这些从形态上、重量上、过程中的“减一减”能产生什么好的效果吗？

【试一试】

生活中常见的东西如果使用起来更便利，多好！试将表 4-5 所列东西“减一减”。

表 4-5　减一减试题

原来	减些什么	变成新的东西	有了新的功能
扇子		无柄扇子	可以方便地放进小包里

(三) 扩一扩

解释：把某件东西放大、扩展，以达到我们想要达到的目的。

思路：这东西如果放大、扩展(声音扩大、面积扩大、距离扩大……)，它的功能与用途会有哪些变化？这件东西除了大家熟知的用途外，还可以扩展出哪些用途？

【试一试】

生活中常见的东西如果有新的功能，多好！试将表 4-6 所列东西“扩一扩”。

表 4-6　扩一扩试题

一件东西	扩了些什么	变成新的东西	有了新的功能
普通望远镜		天文望远镜	可以观察月亮、宇宙空间
小提琴		大提琴	
气球			

(四) 缩一缩

解释：把某件东西压缩、折叠、缩小，以达到我们想要达到的目的。

思路：把某件东西压缩、折叠、缩小，它的功能、用途会发生什么变化？

【试一试】

生活中常见的东西如果有新的功能，多好！试将表 4-7 所列东西“缩一缩”。

表 4-7　缩一缩试题

一件东西	缩小了什么	变成新的东西	有了新的功能
电视		掌上电视	
		折叠自行车	方便携带

(五) 变一变

解释：改变一下事物的形状、颜色、音响、气味、位置、方向或改变一下事情的次序或操作的顺序，以达到我们想达到的目的。

思路：改变一下事物的形状、颜色、音响、气味、位置、方向会产生什么结果？改变一下事情的次序或操作的顺序，又会产生什么结果？

【试一试】

生活中常见的东西总有不太满意之处，如能稍做改变，克服原来的缺点，多好！试将表 4-8 所列东西“变一变”。

表 4-8　变一变试题

一件东西	不太满意	变一变，新东西	克服了原来的缺点
黑芯铅笔	只能画出黑色		
商品很好	包装没有吸引力		
1+2+…+100	连加费时费脑	改变计算方式	

(六) 改一改

解释：把某件东西的一部分或缺点、不足之处一一减去，以达到我们想达到的目的。

思路：某件东西在使用过程中，还有哪些缺点或不足？把这些缺点或不足排一排，再分析一下，看看哪个缺点是主要的或必须马上解决的，怎样改进才能克服或尽量减少缺点，给人们带来方便。

【试一试】

生活中常见的东西总有不太满意之处，如能稍做改变，克服原来的缺点，多好！试将表 4-9 所列东西“改一改”。

表 4-9　改一改试题

一件东西	不太满意	改一改，新东西	克服了原来的缺点
蜡烛	点燃后容易倒下		
雨伞	雨天乘车要滴水		

(七) 联一联

解释：把某件事情的起因和结果结合起来思考，以达到我们想达到的目的。

思路：某件事情的结果跟它的起因有什么联系？能从中找到解决问题的办法吗？把两样或几样事物联系起来，会发现什么规律？把几件东西联在一起，或几件事情联系起来，能帮助我们解决什么问题？

【试一试】

生活中经常遇到不方便的事情，如果能够联系起因和结果将不便变为方便，多好！试将表 4-10 所列问题“联一联”。

表 4-4　联一联试题

目的	现象	联想和判断	解决问题或达到目的
喝茶时，避免茶叶总是喝进嘴里	淘米箩淘米，水流出而米未流出		
预防小偷用万能钥匙开门行窃	每个人的指纹都是独一无二的		
	磁铁能吸铁		
			集装箱可以方便地装运许多东西

(八) 仿一仿

解释：根据某些事物的形状、结构或学习它的某些原理、方法，以达到我们想达到的目的。

思路：有什么事物可以让自己模仿、学习一下？模仿它的某些形状、结构或学习它的某些原理、方法，会有什么良好的效果？这样会创造出什么新的东西？

【试一试】

生活中的很多东西常常有它独特的功能，试将表 4-11 所列东西“仿一仿”。

表 4-11　仿一仿试题

原来的东西	具有的独特功能	仿一仿，造出新的东西	实现仿一仿的目标
蝙蝠的飞行	回声定位找目标	雷达	
跳跃的袋鼠		越野汽车	
		美工刀	可把用钝部位去掉
		听诊器	

(九) 代一代

解释：用一件东西代替另一件东西，以达到我们想达到的目的。

思路：有什么东西能代替另一件东西吗？如用别的材料、零件、方法等代替。

【试一试】

生活中经常遇到不同的问题，找到问题的关键，然后寻找替代品，问题也许就会迎刃而解。试将表 4-12 所列问题“代一代”。

表 4-12　代一代试题

遇到的问题	问题的关键	用什么代替	解决问题
想喝水，没有水杯	能盛水的工具		
		笔记本电脑	
		空调	

(十) 搬一搬

解释：把这件东西搬到别的地方或将某一个想法、道理，某一项技术搬到别的场合或地方，以达到我们想达到的目的。

思路：把这件东西搬到别的地方，还能有什么用处吗？或将某一个想法、道理，某一项技术搬到别的场合或地方，能派上别的用处吗？

【试一试】

生活中常见的东西，搬到别处也可能发挥新的效益。遇到问题的时候，也可以尝试用搬一搬的方法来解决问题。试将表 4-13 所列东西“搬一搬”。

表 4-13　搬一搬试题

一件东西	原有的功能	搬到别的地方	发挥新的效益
		潜水艇	做成潜望镜，在水下看清水上
			研究电脑病毒“疫苗”软件
显示器		电话	可视电话

(十一) 反一反

解释：把一件东西的正反、里外、上下、左右、前后、横竖颠倒一下思考，以达到我们想达到的目的。

思路：如果把一件东西的正反、里外、上下、左右、前后、横竖颠倒一下，会有什么结果？如果把平时习惯的思考方向逆反过来，能解决什么问题？

【试一试】

生活中遇到的问题，常规思路不能解决时，运用反一反的思路，问题可能会迎刃而解。试将表 4-14 所列问题“反一反”。

表 4-14　反一反试题

遇到的问题	常规操作思路	反一反的思路	解决问题的具体操作
削苹果又快又好	水果刀绕着苹果削		水果削皮机
			吸尘机
走迷宫游戏	从进口到出口	从出口到进口	
没有拔瓶塞工具		把瓶塞推进酒瓶	

(十二) 定一定

解释：为了解决某一问题或改进某一件东西，为了提高学习、工作效率，防止可能发生的事故或疏漏，为了生活得更美满，我们做出了某些规定来达到我们想达到的目的。

思路：为了解决某一问题或改进某一件东西，为了提高学习、工作效率，防止可能发生的事故或疏漏，为了生活得更美满，需要定出什么吗？这个规定的作用究竟是什么？

【试一试】

生活中遇到的问题，尝试找出产生问题的关键因素，制定规则并解决问题。试将表 4-15 所列问题“定一定”。

表 4-15　定一定试题

遇到的问题	问题的关键	定一定规则	解决问题
读写姿势差	没有提示		
		秦始皇统一文字	

项目 5　掌握鱼骨图分析法

一、认识鱼骨图分析法的科学内涵

(一) 鱼骨图分析法的内涵

1953 年，日本质量管理专家石川馨提出了一种极为方便又有效的原因和对策分析法——鱼骨图分析法。鱼骨图分析法是一种发现和梳理问题“根本原因”或探寻“对策”的方法，它也称为因果图分析法。这种方法最突出的特点是简捷实用、深入直观。鱼骨图分析法有助于说明各个原因之间如何相互影响以及各个可能的原因是如何随时间而依次出现的。

鱼骨图的基本结构如图 4-2 所示。鱼骨图顾名思义像鱼的骨架，头尾间用粗线连接，犹如脊椎骨。在鱼尾填上问题或现状，鱼头代表了结果或目标，脊椎呈现的是达成过程的所有步骤与影响因素。每想到一个因素，就用一根鱼刺表达，把能想到的因素用不同的鱼刺标出，之后再逐项细化，分别对每个因素进行分析。用鱼刺分支表示每个主因相关的元素，还可以继续三级、四级分叉找出相关元素。如此地反复推敲后，一张鱼骨图就有了大体框架。针对每个分支、分叉，填制解决方案。最后，把所需工作以及遗留问题进行归类。这样可以很容易地发现，哪些是困扰当前我们所关心问题的主要因素，该如何去面对与解决，哪些可以马上解决，需要调动哪些资源，等等。

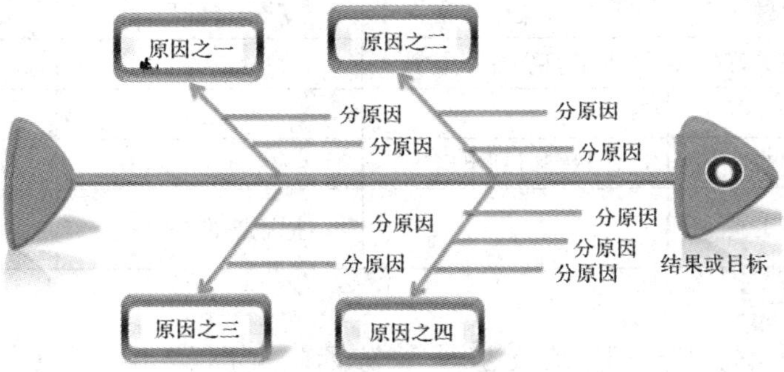

图 4-2　鱼骨图的基本结构

鱼骨图分析法也经常用在生产中，用来形象地表示生产车间的流程，如图 4-3 所示。在这些看上去有些像鱼骨的图示中，问题或后果一般都标在“鱼头”处，在鱼骨上长出鱼刺，上面按出现机会多寡列出产生生产问题的可能原因。另外，鱼骨图分析法十分倡导头脑风暴，它是一种通过大家集思广益、发挥团体智慧，从各种不同角度找出问题所有原因或构成要素的会议方法。

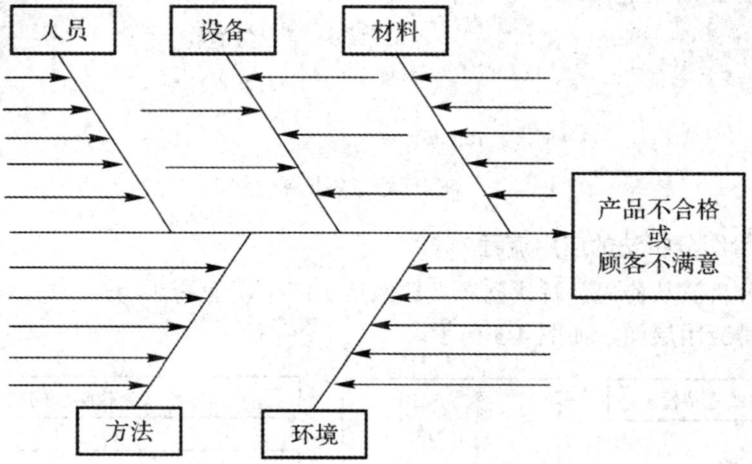

图 4-3 用鱼骨图表示的生产车间的流程

(二) 鱼骨图分析法的类型

根据用途的不同，常用的鱼骨图分析法可以分为以下三种类型。

1. 原因型鱼骨图分析法

原因型鱼骨图分析法最为常用，它将某一问题或现象进行分解，从若干方面(或方向)来寻找原因。比如提问：小孩子不愿读书，为何缺乏阅读兴趣？为何北京会产生如此严重的雾霾天气？为什么生产作业人员工作效率低？为什么客户对服务质量不满意？这一类鱼骨图中鱼头画在右边，鱼头处是一个“为什么”的问题，特性值通常以“为什么……”来写，各鱼刺是一个大要因，鱼刺上的小刺是小要因。

2. 对策型鱼骨图分析法

对策型鱼骨图分析法列举出了要改善某一现状或达到某一目标可能或需要的若干方面的对策。比如探求：如何改善北京的雾霾天气？如何改善城市道路拥堵的交通状况？如何提高和增强食品的安全性？如何提升客户对企业服务质量的满意度？对策型鱼骨图中的鱼头画在左边，鱼头处是一个“如何”的问题，特性值通常以“如何提高 / 改善……”来写，各鱼刺是一个大对策，鱼刺上的小刺是小对策。

3. 整理问题型鱼骨图分析法

整理问题型鱼骨图分析法中各要素与鱼头的特性值间不存在原因关系，而是一种结构构成关系，其结构如图 4-4 所示。

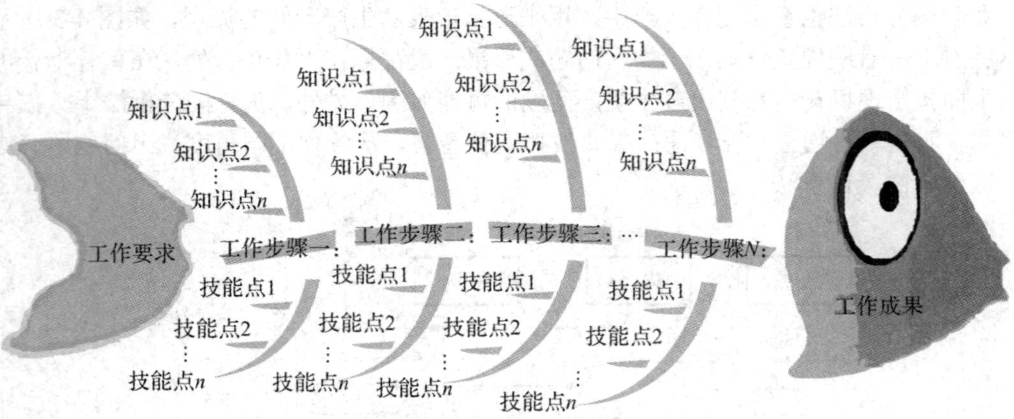

图 4-4　整理问题型鱼骨图的基本结构

(三) 鱼骨图分析法的应用流程

鱼骨图分析法从构思到解决问题主要经历了三个层面的活动，一是思维层面，二是方法层面，三是应用层面，如图 4-5 所示。

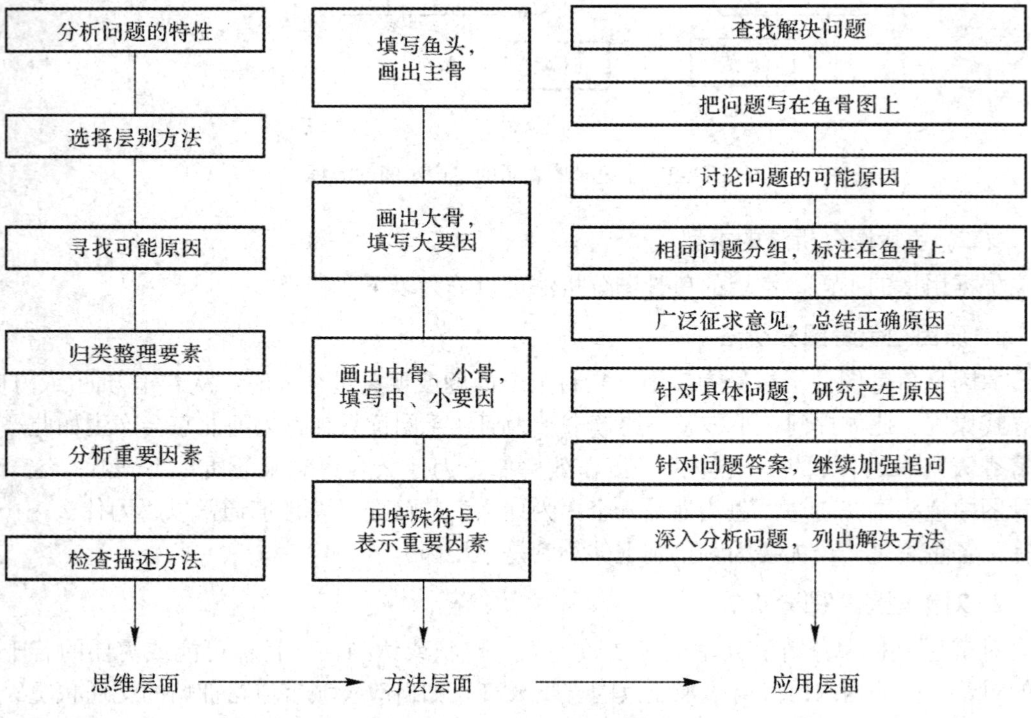

图 4-5　鱼骨图分析法的应用流程

思维层面上，在成立了专家分析队伍后，分析人员针对当前面临的具体问题，讨论问题特性，思考众多可能原因并将其归类整理，分析出其中比较重要的影响因素，为初步分析后的绘制鱼骨图做准备。

方法层面上，首先搭出鱼骨框架，填鱼头，画主骨，接着依次画出大骨、中骨、小骨。

应用层面上，确定问题后根据思维层面初步分析出的主要因素标出大骨，再广泛征求意见，依次逐条发问影响这些大方面的主要原因，而后根据方法层面的绘图过程，逐条填充中骨和小骨上的内容，针对每一次的问题答案都继续加强追问，这样经过几轮分析，最后用特殊符号标识出其中相对最重要的因素。根据找到的重要因素，可以再一次利用鱼头向左的鱼骨图以同样的应用流程列出解决方案。

二、运用鱼骨图分析法

鱼骨图分析法是一个非定量的工具，它可以帮助我们辨识导致问题或情况的所有原因，并从中找到根本原因，分析出导致问题的各原因之间的相互关系，以便我们采取补救措施，正确行动。

(一) 鱼骨图的制作及使用步骤

1. 鱼骨图的制作

以原因型鱼骨图的制作过程为例，制作鱼骨图分为两个步骤：分析问题原因／结构，绘制鱼骨图。

(1) 分析问题原因／结构。

① 针对问题点，选择分层方法(如人、机、料、法、环等)；② 按头脑风暴分别对各层别找出所有可能原因(因素)；③ 将找出的各要素进行归类、整理，明确其从属关系；④ 分析选取重要因素；⑤ 检查各要素的描述方法，确保语法简明、意思明确。

要点：① 确定大要因(大骨)时，现场作业一般从“人、机、料、法、环”着手，管理类问题一般从“人、事、时、地、物”着手，应视具体情况而定；② 大要因必须用中性词描述(不说明好坏)，中、小要因必须使用价值判断(如……不良)；③ 脑力激荡时，应尽可能多而全地找出所有可能原因，而不仅限于自己能完全掌控或正在执行的内容，对人的原因，宜从行动而非思想态度面着手分析；④ 中要因跟特性值、小要因跟中要因间有直接的原因问题关系，小要因应分析至可以直接出对策为止；⑤ 如果某种原因可同时归属于两种或两种以上因素，则以关联性最强者为准(必要时考虑“三现主义”，即现时到现场看现物，通过相对条件的比较，找出相关性最强的要因归类)；⑥ 选取重要原因时，不要超过 7 项，且应标识在最末端原因处。

(2) 绘制鱼骨图。

① 填写鱼头(按为什么不好的方式描述)，画出主骨；② 画出大骨，填写大要因；③ 画出中骨、小骨，填写中、小要因；④ 用特殊符号标识重要因素。

要点：绘图时，应保证大骨与主骨成 60° 夹角，中骨与主骨平行。

2. 鱼骨图的使用步骤

① 查找要解决的问题；② 把问题写在鱼头上；③ 召集人员共同讨论问题出现的可能原因，尽可能多地找出问题；④ 把相同的问题分组，在鱼骨上标出；⑤ 根据不同问题征求大家的意见，总结出正确的原因；⑥ 针对每个问题，研究其产生的原因；⑦ 针对问题的答案再问“为什么”，至少深入五个层次(连续问五个问题)；⑧ 当深入第五个层次后，认为无法继续进行时，列出这些问题的原因，而后列出尽可能多的解决方法。

(二) 鱼骨图分析法过程分解

鱼骨图分析法可分为 7 个步骤，如图 4-6 所示。

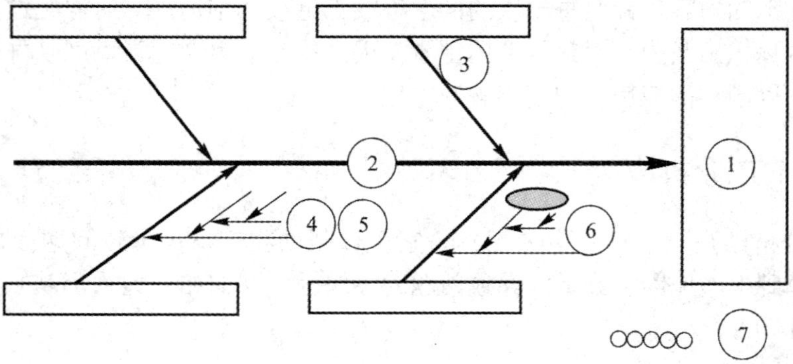

图 4-6　鱼骨图分析法过程分解

1. 定题的特性

简单地说，特性就是“产生的结果”或“想要改善的状况”。首先，对参与分析的成员讲解目的，认清、阐明当前需要解决的议题，发问常以“为什么会出现这种状况”和“如何改善这种状况”开始，并就此特性大家达成一致意见，如图 4-7 所示。

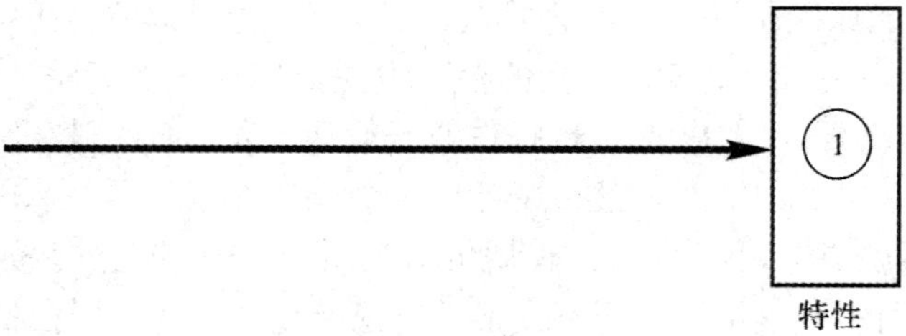

图 4-7　鱼骨图分解之一

2. 标特性，画主骨

特性写在左端或右端后，接下来以一条箭头指向特性的横线作为主骨，用来连接产生问题的几大主要因素，主骨用粗线画，加箭头标志，如图 4-8 所示。

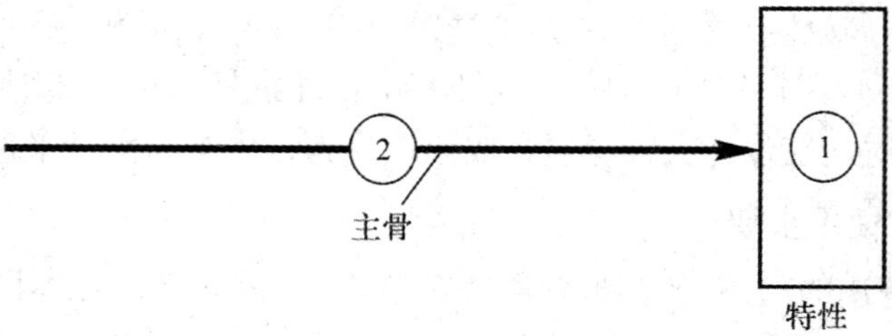

图 4-8　鱼骨图分解之二

3. 画大骨和填写大要因

像鱼的主刺一样用依次排列的箭头代表鱼骨图中的大骨。所谓大骨，表示产生问题的几大方面的因素，在大骨上填写大要因。一般大骨上分类书写 3～6 个要因为宜，如图 4-9 所示。

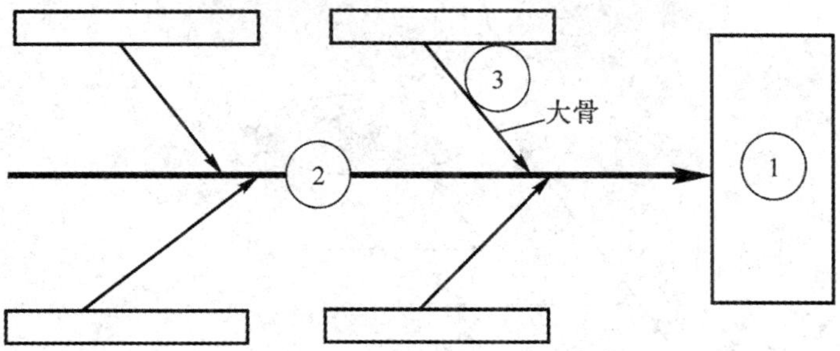

图 4-9 鱼骨图分解之三

4. 画中骨、小骨、孙骨

中骨是围绕大骨以“为什么”进行提问而得到的原因，小骨要围绕中骨“为什么会那样”来写，而孙骨要更进一步来追查小骨“为什么会那样”。因此为追查这一类问题更本质的原因，要彻底地追究问题，所标出的鱼骨也依次排低辈分，一般探求到曾孙骨级别，如图 4-10 所示。

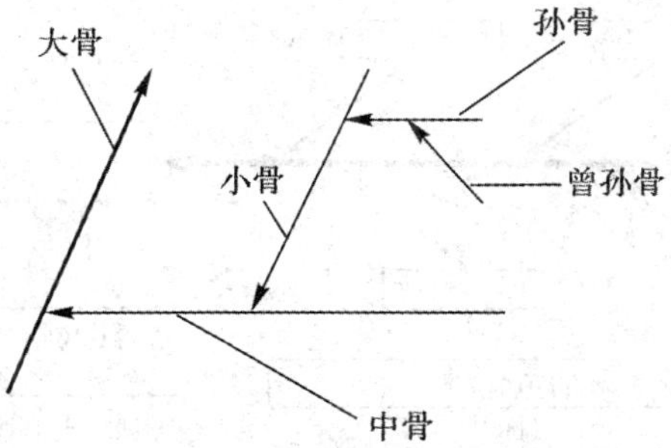

图 4-10　鱼骨图分解之四

5. 记录中骨、小骨、孙骨的要因

记录中骨、小骨、孙骨的要因时，以摸索探寻的话语表达比较好，最好采用主谓形式的短语来描述要因。比如，我们发现产生某个技术问题的原因出在软管上，那么不能直接把“软管”作为要因记录在鱼骨图中，而应简明扼要地说明软管为什么是导致这个问题产生的原因，由于软管长度太长不合规以致问题发生，因此，记录要因时这个原因要写成短语“软管长”。类似地，如“涂料飞溅”“注意不足”等形式的短语都是符合要因记录写法规范的。另外，分析人员在记录要因时一定要注意结合实际，围绕客观事实系统地整理要因。

6. 深究要因

考虑对特性影响的大小和对策实现的可能性，深究根本要因(不一定是最后的要因)。追查要因的时候，要由全员讨论决定。将深究出影响最大的要因称为主要因，即产生问题的主要原因。将找到的各个主要原因汇总分析，共同商议解决方案，如图 4-11 所示。

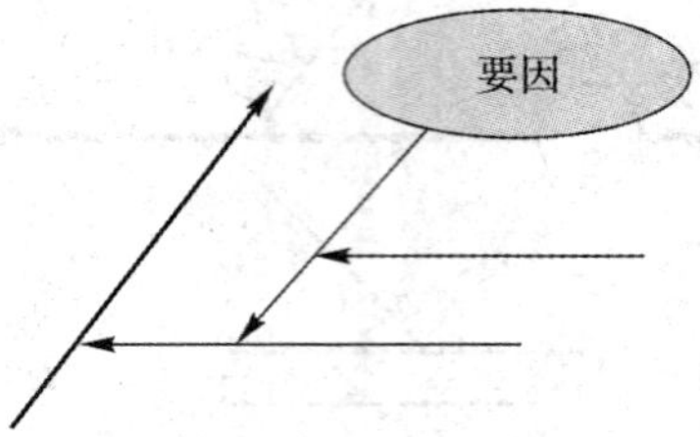

图 4-11 鱼骨图分解之五

7. 记录关联事宜

(1) 在制成的鱼骨图栏下标注名称，如图 4-12 所示。

(2) 标注制图日期。

(3) 标注制图姓名。

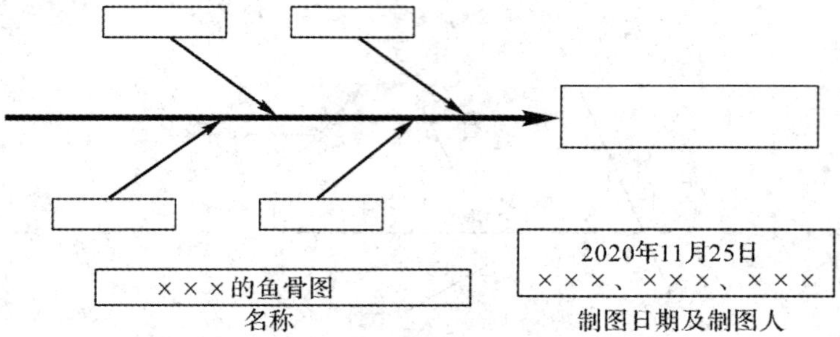

图 4-12　鱼骨图分解之六

模块小结

本模块主要介绍了智力激励法、列举法、组合法、设问法、鱼骨图分析法五种创新方法，重点阐述了五种创新方法在创新过程中的应用，力求启发和培养大学生的创新思维。

运用智力激励法，大学生可创新性地提出解决问题的设想；运用列举法，可找到创新的切入点与突破口；运用组合法，有助于大学生进行创新实践；运用鱼骨图分析法，可解决实际问题。本模块旨在使大学生懂得创新方法能够使人突破思维定式，使思维发散化，同时使人敢于对事物提出疑义和新的观点，对原有的事物产生新的创造意识，使事物的性能得到提升。

教学检测

1. 运用头脑风暴法，想想如何通过人的运动给手机充电。

2. 借助 5W2H 法，为下列方案制订行动计划。

(1) 发明覆盖屋顶的保证屋内冬暖夏凉的建筑材料。

(2) 邀请一位同学外出旅游。

(3) 设计别具一格的班级晚会。

(4) 向新生推销生活用品。

3. 现在市面上的纱窗品种很多，但是纱门却很少，原因是很多纱窗款式不适合做纱门，于是出现了挑好纱窗却找不到一款好的纱门的现象。最早的纱门一般都是买一张网，然后用木条钉起来，后来发展到用铝合金来制作纱门。当纱窗发展到卷轴、磁性模式并试图用于纱门的时候，人们发现进出成了一个很严重的问题。为了解决这个大问题，很多纱窗公司开始研究这些问题，于是折叠纱门诞生了，之后为了解决拆洗问题及老人、小孩的进出问题，DIY 的易拆洗纱门和无下轨链条纱门也应运而生。纱门经过这几年的不断改进和完善，已经非常成熟了，注重生活品质的人们也慢慢开始接受了。

分析在“纱窗—纱门—折叠纱门—易拆洗纱门—无下轨链条纱门—无下轨折叠纱门”的每一次演变过程中，蕴含的技术矛盾和相对应的创新原理。

实训活动

(1) 选定课题，以贴近学生为宜。

(2) 让学生自由组合成 5~15 人的团队。

(3) 选择会议主持人。

(4) 提前下达研究内容。

(5) 由主持人召集准备好的学生自由畅谈，其间要遵循头脑风暴的原则。

(6) 选择评价，收集设想进行评比，以调动学生的积极性。

模块五　认识创业

【教学目标】

掌握创业的科学内涵、基本特征、创业的类型和大学生创业的常见模式；熟悉创业的一般过程；体会创业精神的基本内涵。

【教学内容】

1. 掌握创业的科学内涵、基本特征、创业的类型和大学生创业的常见模式；
2. 熟悉创业的一般过程；
3. 体会创业精神的基本内涵。

【教学方法】

案例教学、课堂讲授和分组讨论等。

【案例导入】

马化腾、马明哲和马云“三马”的创业故事使赵同学深深的陶醉，她希望创业成功，对创业充满向往。但是，对于什么是创业以及怎么创业，她并不十分了解，因此，她希望通过这门课程的学习，对创业有一个更加科学和全面的了解。

张同学出生于河北省保定市易县半山区。她从小就有一个梦想，就是让家乡的“驴肉火烧”闻名世界。因此，读大学时她选择的是食品专业。但是，对于创业的过程，她并不十分清楚，她希望通过这门课程的学习知道应该怎么创业。

赵同学、张同学可能代表了我们千千万万个大学生，你是否和这两位一样，对创业既充满憧憬，又迷茫困惑呢？

项目 1　认识创业的内涵

一、掌握创业的基本内涵

(一) 创业的内涵

“创业”一词，在《现代汉语词典》中解释为“创办事业”。它由“创”和“业”两个字组成。所谓“创”，就是开始(做)，也可以理解为创办、创新、创建；而“业”就是事业，也可以理解为职业、行业、学业等。

从广义上来讲，创业是指任何群体或个人在事业、职业中的创新行为。换而言之，所有主动的并带有一定风险性质的、重新配置并运用社会资源进行社会实践的主体活动，都可以视之为创业。

从狭义上来讲，创业是指创办一个全新的企业或事业。本书中所讲的创业主要是从狭义上理解的。下面我们重点从以下三个方面对创业的狭义内涵进行解读：

第一，创业是一种创造就业机会、缓解就业压力的有效途径。大学毕业生群体作为社会上最具有活力和创造力的一个群体，具有较高的文化素质和技能水平，有较强的自主意识，蕴涵着巨大的创造潜力，最有可能成为创造型人才。自主创业不仅有利于毕业生寻求更加广阔的就业途径，解决自己的就业问题，而且可以给别人提供新就业机会和新的就业岗位。

第二，创业是一种创造物质财富、实现人生价值的重要手段。大学毕业生的自主创业在为社会创造了巨大的物质财富的同时，也实现了自己的人生价值。

欧阳晓玲，1999 年全国表彰的十佳“中国杰出青年农民”代表。四川林校毕业后，她主动放弃了机关工作，落户农村，经过 5 年艰辛努力，筹资创办了“永川市园艺植物研究所”，如今年创收上百万元，为两个村 1000 多户农民和下岗职工提供了就业机会，同时带动了周围 5000 多名群众学习生产技术。面对自己走过的路，欧阳晓玲感慨道：“青春无悔，只有在需要你的地方才能体现自己的价值！”

第三，创业体现了一种独立自主、自强不息的创新精神。“创新是一个民族活的灵魂，是一个国家兴旺发达的不竭动力”，创业正是创新精神的充分体现。面对商海的沉浮，只有那些鹰击长空、开拓进取，真正具有独立创新精神的领航者才能在市场的激烈竞争中立于不败之地。

(二) 创业的基本特征

特征是一个事物区别于另一个事物的显著标志，创业与一般的就业相比，主要呈现以下几个特征：

1. 创业是一个创造新事物的过程

创业本身就是一个创造新事物的历史过程，这个“新”对于创业者来说，可以是历史中和现实实践中任何人都没有做过的事情，也可以是创业者自己以前没有做过的事情。但是，无论是哪种“新”，都必须有其价值。这种“价值”就其对象来说，不仅是针对创业者本身，同样也是对其开发的相关项目而言的；就其范围来说，它既是指创造的物质财富的价值，又是指创造的精神财富的价值。

2. 创业是一个艰辛的探索过程

陈毅在《梅岭三章》的首篇中开门见山地写道：“断头今日意如何？创业艰难百战多。”的确，缔造中华人民共和国作为一项伟大的事业，是一个极其艰难和复杂的历史过程，许多仁人志士为之抛头颅，洒热血，前仆后继，才换来了我们今天的“人间遍种自由花”。政治创业如此，经济创业也不例外，它同样需要创业者贡献出自己必要的甚至是一生的劳动时间，才有可能获得成功。“宝剑锋从磨砺出，梅花香自苦寒来”，勤奋、吃苦、执着和奉献构成了几乎所有创业者的共同特征。

3. 创业需要承担必然的风险

1775 年，法国著名的经济学家 Richard Cantillon 首次将创业者与人们经济活动中需要承担的必然风险紧密地联系在一起，他指出：“创业即代表着承担风险。”创业风险的存在程度依不同领域而定，一般来说，风险主要来源于财务方面、精神方面、社会方面和家庭方面等。

4. 创业给予创业者一定回报

对于创业者而言，金钱的回报无疑会使其十分欣喜，但是，金钱的回报并非衡量其是否成功的唯一尺度，最重要的回报可能是由此获得的自由和精神的满足。

(三) 创业类型

根据不同的标准，可以把创业分为不同的类型。下面根据创业的内涵以及对市场和个人的影响程度对创业进行分类。

1. 根据创业的内涵划分

根据创业的内涵不同，创业可分为文化创业和经济创业两种。

(1) 文化创业。

文化创业是指以传播思想文化和发展教育为主要目的的创业行为。如孔子整理古代书籍，创办儒学，传播和弘扬古代文化的行为就属于文化创业。

(2) 经济创业。

经济创业是指以获取经济利益为主要目的的创业行为。现在我们在市场经济条件下的创业大部分隶属于经济创业。

有一点需要说明，尽管在理论上我们根据创业的内涵不同，将创业划分为文化创业和经济创业，但是在复杂的市场经济条件下这两种创业并没有严格的界限，经济创业中往往夹杂着文化创业，文化创业中也常常包含着经济创业。

2. 根据对市场和个人的影响程度划分

根据对市场和个人的影响程度不同，创业可分为以下四种类型。

(1) 复制型创业。

复制型创业是指复制原有公司企业的经营管理模式的一种创业形式。这种公司企业的创新成分十分低，缺乏创业精神。如张三原系某市李氏烧烤店的员工，工作 4 年后，自己在本市的另一处自行创立了一家和李氏烧烤店相似的张氏烧烤店。

(2) 模仿型创业。

模仿型创业是指模仿原有公司企业的经营管理和发展模式的一种创业形式。它与复制型创业一样，创新成分不高，但是对于创业者来说却具有很大的冒险成分。如小王在棉纺厂工作 3 年后，认为自己所在的工厂并没有多大的发展前景，于是在做了一番市场考察后，决定和好友李某开设一家当下流行的网络购物店。

(3) 安定型创业。

与模仿型创业相比，安定型创业虽然为市场创造了新的价值，但对于创业者来说并不需要冒更大的风险，做的仍然是自己相对比较熟悉的工作。安定型创业的主要特点是强调创业精神的实现而非新组织的创造。公司企业内部创业即属于安定型创业，如种子研发中心的某小团队在完成一项新产品育种后，继续在该研发中心培育另一新品种。

(4) 冒险型创业。

与上述三种类型的创业相比较，冒险型创业是一种难度极高的创业类型，需要冒更大的风险，但成功的回报率也大得惊人。这种类型的创业对创业者创业精神的发挥、创业时机的选择、创业策略的研究与拟定、经营模式的设计、创业过程的管理等有较高的要求。

二、了解创业的基本要素

世界创业教育之父杰弗里·蒂蒙斯在1999年出版的《新企业的创建》一书中提出了一个创业管理模型——蒂蒙斯模型。在这个模型中，蒂蒙斯指出了创业的三个关键要素，即创业机会、创业资源和创业团队。三个要素中绝对的平衡是不存在的，但企业要保持发展，必须追求一种动态的平衡。保持平衡的观念展望企业未来时，创业者必须思量的问题是：目前的团队是否能领导公司未来的成长、资源状况；下一阶段成功面临的陷阱是什么。

(一) 创业机会

创业机会是指创业者可以利用的商业机会。创业机会的识别和评价是整个创业过程的核心。在蒂蒙斯模型中，创业机会是创业的起点，尤其创业初期，相比创业团队和创业资源，创业机会更重要。据调研，创业机会是影响创业公司成功最大的因素，这个比例可以占到42%，其次才是创业团队、创业资源等因素。例如，目前全民视频直播之所以能够盛行，正是依靠Wi-Fi、4G网络和智能手机的普及，人们从文字和图片社交转型到视频社交的门槛降低了。而腾讯公司早期曾花重金推出“微视”的视频直播模式，却因为技术条件不成熟、时机未到而失败。

(二) 创业资源

创业资源是指新创企业在创造价值的过程中需要的特殊财产，包括有形和无形的资产。它是新创企业创立和运营的必要条件，主要表现形式为创业人才、创业资本、创业技术和营销渠道等。在创业初期，创业机会相对重要，而在企业发展后期，如何开发和获取更广阔领域的资源成为企业制胜的关键。

(三) 创业团队

创业团队是指创业初期(包括企业成立前和成立早期)，由一群才能互补、责任共担、愿为共同的创业目标而奋斗的人所组成的特殊群体。蒂蒙斯模型中，创业团队位于模型的底部，它的稳定性直接决定了整个模型也就是创业过程的稳定性。

在创业活动中，创业机会是创业过程的起点和核心，创业团队是创业实践得以有效执行的主要动力，创业资源是创业得以成功的必要保障，三个要素缺一不可。成功的创业活动必须对创业机会、创业资源和创业团队三者进行最适当的匹配，并且还要随着企业的发展以及环境的变化不断进行动态平衡。

三、了解创业的常见模式

模式是指某种事物的标准形式或使人可以照着做的标准样式。对于创业来讲，创业无固定的准则，创业模式也并非仅有一种。下面列举几种常用模式，请大家根据实际情况选择适合自己的创业模式。

(一)“网上自有黄金屋”——互联网创业模式

互联网的出现开启了一个崭新的信息时代，这个时代在广泛深刻地改变着我们的生活与行为方式，同时，也为我们提供了一种全新的创业模式。互联网创业不同于传统的创业模式，它不需要雄厚的资金支持，也未必需要丰富的创业经验，所以深受大学生的喜爱。

1. 互联网创业模式的类型

目前互联网创业模式主要有两种类型：

(1) 网上开店，即在网上注册成立网络商店。

(2) 网上加盟，即以某个电子商务网站门店的形式经营，利用母体网站的货源和销售渠道。像淘宝、阿里巴巴等知名网站，拥有较为完善的交易系统、交易规则、支付方式和成熟稳定的客户群，加盟这些网站，可谓“近水楼台先得月”。

2. 互联网创业模式的优点

互联网创业模式具有以下优点：

(1) 门槛低、成本少、风险低、方式灵活，特别适合微小型创业者。

(2) 目前，互联网创业还得到了政府部门的重视与支持，在政策和服务上给予了诸多的优惠和帮助。

(二)“鱼和熊掌或可兼得”——兼职创业模式

孟子曰：“鱼，我所欲也，熊掌，亦我所欲也，二者不可得兼，舍鱼而取熊掌者也。”但就创业而言，我们可以尝试一种鱼与熊掌兼得的方式——兼职创业。

1. 兼职创业模式的类型

兼职创业是在已有的工作基础上进行二次工作。兼职创业虽是二次工作，也是选择一个创业项目来起步、操作。一般的项目规模都比较小，但这个再小的项目也是个独立运作的创业项目。目前兼职创业模式主要有以下四种类型：

(1) 爱好型兼职，即把 8 小时正职中没有用到的爱好、特长在兼职中发挥出来，在固定工作(学习)与个人爱好之间“切换频道”，兴趣与工作(学习)的结合，不仅可以调整工作(学习)心态，还可以发现和开辟新的发展空间。

(2) 自由型兼职，相当于“自己当老板”，自己灵活支配时间，自主安排工作量和工作进度。这种个性自由的工作方式，非常适合那些有一技之长、不愿受人约束、个性较强的职业人。

(3) 项目型兼职，即围绕一个独立项目展开工作，双方约定完成项目期间的报酬、工作方式等，项目结束了，工作也就结束了。这类兼职人员选择雇主有较大的灵活性，可以同时与多个雇主或多个劳动市场建立联系，获得更多的项目工作。

(4) 短工型兼职，就是小时工，以小时为工作“单元”，按小时计算收入，从业者可对工作和休息时间做灵活安排。这类兼职人员可根据市场需求的变化和个人情况来安排工作的“淡季”或“旺季”，还可以在有限的时间内身兼数职。

2. 兼职创业模式的优点

一般来说，大学生兼职创业可以分为两个阶段。一是大学生上学期间兼职创业。通过兼职创业可以获得创业的基本经验，甚至可以获得创业的第一桶金。大学生在校兼职创业的途径有多种，如家教、礼仪、导游、服务生、促销员和翻译、校对等。二是参加工作后利用工作的闲暇时间兼职创业。

对于大学生来讲，兼职创业模式具有以下优点：

(1) 兼职创业可以利用现有的资源、人脉等，比较容易进入。

(2) 兼职创业一般采用小投入的方式，所需资金量小，风险较小。

(3) 兼职创业可以为以后的创业打下基础，积累经验。

但兼职创业需要在几条战线上同时作战，对创业者的精力、体力和耐力都是极大的考验，因此，我们需要在做好本职工作的同时，量力而行，切忌舍本逐末，丢了西瓜拾芝麻，得不偿失。

(三) “站在巨人的肩膀上”——加盟创业模式

牛顿曾说：“我能看得更远一些，那是因为我站在巨人的肩膀上。”对于初涉商海的大学生来讲，加盟创业就如同站在了巨人的肩膀上。

加盟创业以其分享品牌、分享经营、分享资源等诸多优势而逐渐成为备受青睐的创业新方式。加盟创业是采用加盟的方式进行创业，一般的方式是加盟开店。也就是说，加盟商(受许人)与连锁总部(特许人)之间是一种契约关系。根据契约，连锁总部向加盟商提供一种独特的商业经营特许权，并给予人员训练、结构组织、经营管理、商品采购等方面的指导和帮助，加盟商要向连锁总部支付相应的费用。

1. 加盟创业的步骤

对初次尝试加盟创业的大学生而言，加盟创业需经过以下步骤：

(1) 选准行业，找对品牌；

(2) 查看直营店业绩；

(3) 查看是否具有完善的加盟机制；

(4) 查看是否具有健全的培训体系；

(5) 对总部与加盟店进行实地考察；

(6) 仔细阅读合同文本；

(7) 提升创业能力。

2. 加盟创业模式的优点

目前，连锁加盟有直营、委托加盟、特许经营等形式，投资金额根据商品种类、店铺要求、技术设备的不同从几千元至上百万元不等，可满足不同需求的创业者。加盟创业最大的优点是利益共享，风险共担。创业者只需支付一定的加盟费，就能借用加盟商的品牌优势，利用现成的商品和市场资源，并能长期得到总部提供的专业指导和配套服务等，而不必摸着石头过河，从而大大降低了创业风险。

初次创业的大学生选择加盟创业时，一定要提防以下几种加盟陷阱：第一，投资行业的“钱”景不佳；第二，加盟总部的经营管理经验和知识不足；第三，加盟总部过于强势，合约对加盟者限制较多；第四，加盟总部的财务结构不健全，加盟总部缺乏应变能力；第五，过分依赖加盟体系，认为加盟大品牌一定能够赚到钱。

(四)“众人划桨开大船”——团队创业模式

在经济全球化的今天，创业已经告别个人英雄主义时代，团队创业渐入佳境。团队创业具有将资本、人力化零为整的优势。一个由研发、技术、市场、融资等各方面组成的优势互补的创业团队，更有可能获得创业的成功。

据调查显示，新企业尤其是成长导向型新企业，通常都是由两个或以上创始人组成的创业团队创办的。

1. 团队组建的基本原则

团队组建有以下四条基本原则：

第一，互补原则。组建创业团队时，最重要的是要考虑团队成员相互之间在知识、技能、经验等方面上的互补性，充分发挥个人的知识和经验优势。

第二，目标明确原则。目标必须明确，这样才能使团队成员清楚地认识到共同的奋斗方向是什么。

第三，精简高效原则。为了减少创业期的运作成本，创业团队人员构成应在保证企业高效运作的前提下尽量精简。

第四，动态开放原则。创业过程是一个充满了不确定性的过程，团队中可能因为能力、观念等多种原因不断有人离开，同时有人加入。因此，应注意保持团队的动态性和开放性，使真正完美匹配的人员能被吸纳到创业团队中来。

2. 创业团队的类型

依据创业团队组成者的不同，创业团队可分为星状创业团队、网状创业团队和虚拟星状创业团队三种。

(1) 星状创业团队：一般在团队中有一个核心人物充当了领队的角色。这种团队在形成之前，一般是核心人物有了创业的想法，然后根据自己的设想进行创业团队的组建，核心人物有权威性、主导性。

(2) 网状创业团队：创业团队成员一般在创业之前都有密切的关系，比如同学、亲友、同事、朋友等，创业初期，各个成员基本上扮演的是协作者或伙伴的角色。

(3) 虚拟星状创业团队：由网状创业团队演化而来，基本上是前两种的中间形态。在团队中，有一个核心成员，但是核心成员地位的确立是团队成员协商的结果。

(五)“从‘小’做起”——工作室型创业模式

目前，一种新的创业模式——工作室型创业模式正在全国各地悄然兴起。“录音工作室”“形象设计室”“摄影工作室”“服装设计室”等如雨后春笋般不断涌现。据有关调查显示，大学生选择工作室型创业模式的比例较高，约占所有创业模式的90%以上。这种模式对创业者要求不高，而且创业行业多集中在科技含量较低的服务业。

1. 工作室型创业模式的优点

工作室型创业模式主要是指个人或几个人创办的“小”企业。其优点是：可以涉及的行业多，选择自由灵活；创业者可以抓住各种消费群体的特点来确定行业，在各个领域进行创业；启动资金少，大大降低了创业风险。

工作室型创业的手续简便，只要在当地工商局办理登记即可，而且也没有办公场地等费用支出，有的甚至在家即可投入生产。但是，工作室型创业对创业者有较高的要求——必须拥有较新的创意或较强的专业技能，因为大部分工作室都是以大脑或技术为产品，性价比是其在市场上克敌制胜的法宝。

2. 工作室型创业的注意事项

(1) 刚开始必须通过各种关系，主动开展业务，同一些有需求的客户联系，才有可能将自己的产品销售出去。

(2) 工作室型创业模式只是个人低成本创业的最简单模式，由于风险小、投入少而适合普通的创业人群，但是任何创业行为都会存在一定风险，在创业前应进行系统分析以及针对性的知识补充、能力培训等，以提高创业的成功概率。

(六) “致富金点子”——概念创业模式

美国视算科技公司前董事长艾德·麦克肯说：“我觉得我真正擅长的是当时我有了一个点子，然后和一个真正的企业家一起去做，在形成小团队后，愈做愈大，一路发展下去。”这种凭借点子或创意的方式形成的创业模式，即概念创业模式。如大卫·克罗克“会飞的邮件”的离奇想法变成了今天人们普遍熟知的电子邮件；贝利把旧报纸当作礼品出售给跟报纸出版日期同一天出生的人，从而改变了旧报纸只能被当作垃圾的命运；弗雷德·史密斯凭着“隔夜传递”的想法，得到风险投资者的支持，创办了“联邦快递”。当然，这些创业概念必须标新立异，至少在打算进入的行业或领域是个创举，只有这样才能抢占市场先机，才能吸引风险投资者的眼球。同时，这些超常规的想法还必须具有可操作性，而非天方夜谭。

1. 认识概念创业模式

概念创业由于涉及创意、想法等，因此在创业者看来，会有些虚无缥缈，甚至认为无从入手。其实，概念创业只是一种全新的提法，而作为创业模式，早就在许多创业成功的案例中存在着。

2. 概念创业的步骤

点子和创意如同散沙一样，如何从浩瀚的沙海中提取到“金子”，实现由点子、创意到现实的转变，使其成为财富，还要经历一个过程。

第一，严谨分析。创业者应先对创业点子进行冷静而细致的分析，了解清楚自己的创意是否独具匠心，有没有强大的市场需求，是否具有可操作性，然后在此基础上确定自己的创业计划。

第二，多方咨询。任何梦想的实现都需要实实在在的实施，并且需要依靠许多外部条件。因此，概念创业者行动前最好多方咨询，听听各方的意见和建议。

第三，积极行动。概念创业不等于幻想，要求创业者一步一个脚印、扎扎实实地去努力。这是最难的，也是最可贵的。

项目 2　熟悉创业过程

企业的成长是一个连续过程，很难严格地区分各个阶段，为了便于理解，我们将创业过程划分为四个阶段，即捕捉创业机会、创建新企业、形成管理体系和发展新创企业。

一、了解创业的过程

(一) 捕捉创业机会

捕捉创业机会是创业过程的起点。我们无论从事何种创业活动，都应重视对机会的捕捉，因为它在创业活动中起着举足轻重的作用。国家产业政策的调整，新技术的出现，人口和家庭结构的变化，人的物质、精神的需求变化等都可能带来商业机会。作为创业者，应该具有敏感的嗅觉，能够及时准确地捕捉创业机会。

创业机会的捕捉可以分为两个方面：一方面，创业机会的把握离不开对宏观环境的分析；另一方面，创业机会的捕捉也需要对行业状况和已有资源进行分析，只有这样才能做到有的放矢，根据掌握的资源选择行业，确定项目和业务范围。

(二) 创建新企业

创业者在完成创业环境分析、发现创业机会、确定事业内容后，就开始着手创建新企业。企业的创建需要进行大量的准备工作，其中创业计划、创业融资和注册登记尤为关键。

一个别出心裁的创意、一个稍纵即逝的点子、一件意想不到的突发事件都有可能成为创业的契机，但创业的关键是看这些“创意”“点子”和“事件”能否形成一个周密的创业计划。创业计划是对创建企业的基本思想的阐述以及相关事项的总体安排，通常以创业计划书的形式呈现。

创业计划不仅是创业者对创业思想及具体事宜的归纳和整理，而且是风险投资者选择项目的依据，直接影响新创企业的融资。尽管可供选择的融资渠道和融资方式很多，但是获得资金上的支持绝不是一件容易的事情，资金往往成为新创企业的“瓶颈”。因此，创业融资在企业的创建过程中至关重要。

当创业者完成创业计划并获得融资后，就可以按照法定的程序进行注册登记。该部分包括确定企业的组织形式、设计企业名称系统、向工商行政管理机关提出企业登记注册申请、领取“企业法人营业执照”等内容。

(三) 形成管理体系

完成注册登记意味着新创企业在法律上得到认可，宣告企业法人的正式成立。通常，新创企业在创立之初受业务量、资金、场地、人员等客观条件的限制，不可能像大企业那样拥有系统的管理机构，各个部门的职能划分并不严格，创业者团队的分工也不明确。但是，随着业务量的上升和人员的增加，形成系统的管理体系就成为当务之急。管理体系的形成是企业成长的一个重要前提。尽管不同规模、不同行业的企业情况有所区别，但是管理体系应该包括财务控制、营销管理、人力资源管理和技术管理等内容。

由于新创企业规模小，资金实力薄弱，营运资金周转量低，因此加强内部财务控制对新创企业的成长至关重要。财务控制不仅要求创业者具备基本的财务控制知识，还要求财务会计人员具有良好的业务素质与职业道德，并在企业内部建立严格规范的内部财务控制体系。

新创企业的成长离不开市场对企业所提供产品或服务的认可。相对于老企业而言，新创企业在行业内属于后发者。因此，能否在短期内通过营销管理在市场上占有一席之地，直接关系到创业的成败。寻找目标市场、研制开发产品、确定价格和销售渠道、整合销售手段等构成了营销管理的主要内容。

在各类经营资源中，人是唯一具有能动性的资源，因此新创企业的成长离不开人力资源管理，重点还在于如何维持和发展创业团队。如果创业团队能够团结一致、锐意进取，就能够为企业成长提供良好的人才保证；反之，如果创业团队缺乏凝聚力，势必引起管理混乱，导致团队成员各自为政、分道扬镳，严重者甚至反目为仇。

新创企业的一个重要特点在于技术创新，因此技术管理成为管理体系中不可缺少的环节。新创企业为了能够形成和维持核心竞争力，有必要强化技术管理，其主要包括科研团队的形成、科研经费的取得、科学技术情报的获取等内容。

(四) 发展新创企业

新创企业在市场上的地位相对稳定后，可能会因为市场需求的变化或者竞争对手的超越，逐渐丧失原有的在技术、服务、管理等方面的优势，难有更大的市场突破。于是，寻求新的发展空间就成为企业发展的必由之路。

新创企业的扩张既包括新市场(如地区市场、国内市场和国际市场)的开拓，也包括业务的多元化发展；既包括企业规模的扩大，也包括管理水平的提升。新创企业扩张的方式多种多样，既可以通过企业内创业来实现，也可以通过并购获得技术和资源，突破市场壁垒。

企业之间的竞争可以分为许多层次，如价格、产品、技术、品牌、知识以及企业文化等。可以说，企业走向成熟的标志是能够形成一定的品牌，在品牌、知识和企业文化等方面形成竞争优势，而不是单纯依靠价格、产品和技术来赢得市场。

二、了解创办企业的流程

自主创业可采用的市场主体类型主要有：个体工商户、个人独资企业、合伙企业、农民专业合作社和有限责任公司等。创办不同类型的市场主体，需要准备的材料和办理流程不同。

根据我国法律规定，新办企业必须经市场监督管理部门核准登记，发给营业执照并获得有关部门颁发的经营许可证(如卫生、环保、特种行业许可证等)。

大学生确定了自己的企业类型后，在开业之前，需要给自己的企业办理“户口”，也就是需要给它一个明确的法律地位。只有拥有了“正式户口”——领取了营业执照，才可以开展各项法定的经营业务。

(一) 注册成立个体工商户需要的材料和办理流程

1. 需要的材料

注册成立个体工商户需要准备的材料主要有：经营者签署的个体工商户注册登记申请书；经营者身份证明；《个体工商户名称预先核准通知书》(设立申请前已经办理名称预先核准的须提交)；经营场所证明等。

注意事项如下：

第一，委托代理办理的，还应当提交经营者签署的委托代理人证明及委托代理人身份证明。

第二，申请登记的经营范围中有法律、行政法规和国务院决定规定必须在登记前报经批准项目的，应当提交有关许可证明书或者批准文件。

第三，申请登记为家庭经营的，以主持经营者作为经营者登记，由全体参加经营家庭成员在个体工商户开业登记申请书的经营者签名栏中签字予以确认，提交居民户口本或者结婚证复印件作为家庭成员亲属关系证明，同时提交其他参加经营家庭成员的身份复印件。

第四，提交国家市场监督管理总局规定的其他文件。

2. 办理流程

注册成立个体工商户的办理流程如下：

第一步，申请，主要包括：申请人或者委托的代理人可以直接到经营场所所在登记机关登记；登记机关委托其下属工商所办理个体工商户登记的，到经营场所所在地工商所登记；申请人或者其委托的代理人通过邮寄、传真、电子数据交换、电子邮件等方式提交申请的，应当发给提供申请人或者其代理人的联络方式及通信地址；对登记机关予以受理的申请，申请人应当自收到受理通知之日起 5 日内，提交与传真、电子数据交换、电子邮件内容一致的申请材料原件。

第二步，受理，主要包括：申请材料齐全、符合法定形式的，登记机关应当受理；申请材料不齐全、不符合法定形式的，登记机关应当当场告知申请人需要补正的全部内容；申请人按照要求提交全部补正材料的，登记机关应当受理；申请材料存在可以当场更正错误的，登记机关应当允许申请人当场更正；登记机关受理登记申请，除当场予以登记的外，应当发给申请人受理通知书；申请事项依法不属于个体工商户登记范畴的，登记机关应当及时决定不予受理，并向申请人说明理由等。

第三步，审查和决定，主要包括：登记机关对决定予以受理的登记申请，根据情况分别作出是否准予登记的决定，并发给申请人准予登记通知书；申请人提交材料齐全、符合法定形式的，登记机关应当当场予以登记，并发给申请人予以登记通知书；根据法定条件和程序，需要对申请材料的实质性内容进行核实的，登记机关应当指派两名以上工作人员进行核查，并填写申请材料《核查情况报告书》；登记机关应当自受理登记申请之日起 15 日内作出是否予以登记的决定；对于以邮寄、传真、电子数据交换、电子邮件等方式提出申请并经登记机关受理的，登记机关应当自受理登记申请之日起 15 日内作出是否予以登记的决定；登记机关作出予以登记决定的，应当发给申请人个体商户登记通知书，并在 10 日内发给申请人营业执照；不予登记的，应当发给申请人个体工商户登记申请驳回通知书等。

(二) 创办个人独资企业需要的材料和办理流程

1. 需要的材料

创办个人独资企业需要准备的材料主要有：投资人签署的《个人独资企业登记(备案)申请书》；投资人身份证明；企业住所证明；《名称预先核准通知书》(设立申请前已经办理名称预先核准的须提交)等。

注意事项如下：

第一，投资人委托代理人的，应当提交投资人的委托书原件和代理人的身份证明或资格证明复印件(核对原件)。

第二，从事法律、行政法规规定须报经有关部门审批的业务的，应当提交有关部门的批准文件。

第三，提交国家市场监督管理总局规定的其他文件。

2. 办理流程

创办个人独资企业的办理流程如下：

第一步，申请，主要由投资人或其他委托人的代理人向个人独资企业所在地登记机关申请设立登记。

第二步，受理、审查和决定，具体为登记机关应当在收到全部文件之日起 15 日内作出核准登记或者不予登记的决定。予以核准的，发给营业执照；不予核准的，发给企业登记驳回通知书。

(三) 创办合伙企业需要的材料和办理流程

1. 需要的材料

创办合伙企业需要准备的材料主要有：全体合伙人签署的《合伙企业登记(备案)申请书》；全体合伙人的主体资格证明或者自然人的身份证明；全体合伙人指定代表或者共同委托代理人的委托书；全体合伙人签署的委托协议；全体合伙人签署的对各合伙人缴付出资的确认书；主要经营场所证明；《名称预先核准通知书》(设立申请前已经办理名称预先核准的须提交)；全体合伙人签署的委托执行事务合伙人的委托书；执行事务合伙人是法人或其他组织的，还应当提交其委派代表的委托书和身份证明复印件(核对原件)；以非货币形式出资的，应当提交全体合伙人签署的协商作价确认书或者经全体合伙人委托的法定评估机构出具的评估作价证明等。

注意事项如下：

第一，法律、行政法规规定或者国务院规定设立合伙企业须经批准的，或者从事法律、行政法规或国务院规定在登记前须经批准的经营项目，须提交有关批准文件。

第二，法律、行政法规规定设立特殊的普通合伙企业需要提交合伙人的职业资格证明的，须提交相应证明。

第三，提交国家市场监督管理总局规定的其他文件。

2. 办理流程

创办合伙企业的办理流程如下：

第一步，申请，主要包括由全体合伙人指定的代表或者共同委托的代理人向企业登记机关申请设立登记。

第二步，受理、审查和决定，主要包括申请人提交的登记材料齐全、符合法定形式、企业登记机关能够当场登记的，应予以当场登记，发给合伙人企业营业执照。特别注意的是：除前款规定情形外，企业登记机关应当自受理申请之日起 20 日内作出是否登记的决定，予以登记的，发给企业合伙营业执照，不予登记的，应当给予书面答复并说明理由等。

(四) 创办农民专业合作社需要的材料和办理流程

1. 需要的材料

创办农民专业合作社需要准备的材料主要有:《农民专业合作社登记(备案)申请书》;全体设立签名,盖章的设立大会纪要;全体设立人签名,盖章的章程;法定代表人,理事的任职文件和身份证明;载明成员的姓名或者名称、出资方式、出资额以及成员出资总额、全体出资成员签名、盖章予以确认的出资清单;载明成员的姓名或者名称、居民身份证号码或者登记证书号码和住所的成员名册,以及成员身份证明;能够证明农民专业合作社对其住所享有使用权的住所使用证明;全民设立人指定代表或者委托代理人的证明;《名称预先核准通知书》(设立申请前已经办理名称预先核准的须提交)等。

注意事项如下:

第一,农民专业合作社的业务范围有属于法律、行政法规或者国务院规定在登记前经批准的项目的,应当提交有关批准文件。

第二,提交法律、行政法规规定的其他文件。

2. 办理流程

创办农民专业合作社的办理流程如下:

第一步,申请,主要由全体设立人制定的代表或者委托的代理人向登记机关申请设立登记。

第二步,受理、审查和决定,主要包括申请人提交的登记申报材料齐全、符合法定形式、登记机关能够当场登记的,应予以当场登记,发给营业执照。特别注意的是:除前款规定情形外,登记机关应当自受理申请之日起 20 日内作出是否登记的决定,予以登记的,发给营业执照,不予登记的,应当给予书面答复并说明理由。

项目 3　培育创业精神

一、认识创业者的内涵

"创业者"一词由经济学家理查德·坎蒂隆于 1755 年首次引入经济学。1800 年,经济学家让·巴蒂斯特·萨伊首次给出了创业者的定义,他将创业者描述为将经济资源从生产率较低的区域转移到生产率较高区域的人,并认为创业者是经济活动过程中的代理人。著名经济学家熊彼特则认为创业者应为创新者。综上所述,创业者是指某一个能够发现某种信息、资源、机会或掌握某种技术,利用或借用相应的平台或载体,将其发现的信息、资源、机会或掌握的某种技术,以一定的方式,转化、创造成更多的财富、价值,并实现某种追求或目标过程的人。

目前,很多研究者都认为虽然创业者普遍具有较强的性格特点,但创业者是可以培养的,创业思维和能力都可以通过学习获得。创业教育更注重的是创业能力和创业精神的培养,这种能力和精神无论对于创业者还是非创业者来说,都是一种重要的面对生活和工作的态度和能力。

二、了解创业精神

创业精神是指在创业者的主观世界中，那些具有开创性的思想、观念、个性、意志、作风和品质等。

(一) 创业精神的内涵

创业精神的内涵包括以下三个层次：

(1) 哲学层次的创业思想和创业观念，是人们对于创业的理性认识。

(2) 心理学层次的创业个性和创业意志，是人们创业的心理基础。

(3) 行为学层次的创业作风和创业品质，是人们创业的行为模式。

(二) 创业精神的“三个主题”

第一个主题是对机会的追求。创业精神追求的是环境的趋势和变化，而且往往是尚未被人们注意的趋势和变化。

第二个主题是创新。创业精神包含了变革、革新、转换和引入新方法——新产品、新服务或者是做生意的新方式。

第三个主题是增长。创业者追求增长，他们不满足于停留在小规模或现有的规模上，创业者希望自己的企业能够尽可能地增长，员工能够拼命工作。因为他们在不断寻找新趋势和机会，不断地创新，不断地推出新产品和新的经营方式。

(三) 创业精神的基本特征

创业精神具有以下几个特征：

(1) 高度的综合性。创业精神是由多种精神特质综合作用而成的。诸如创新精神、拼搏精神、进取精神、合作精神等都是形成创业精神的特质精神。

(2) 三维整体性。无论是创业精神的产生、形成和内化，还是创业精神的外显、展现和外化，都是由哲学层次的创业思想和创业观念，心理学层次的创业个性和创业意志，行为学层次的创业作风和创业品质三个层面所构成的整体，缺少其中任何一个层面，都无法构成创业精神。

(3) 超越历史的先进性。创业精神的最终体现就是开创前无古人的事业，创业精神本身必然具有超越历史的先进性，想前人之不敢想、做前人之不敢做。

(4) 鲜明的时代特征。不同时代的人们面对着不同的物质生活和精神生活条件，创业精神的物质基础和精神营养各不相同，创业精神的具体内涵也就不同。创业精神对创业实践有重要意义，它是创业理想产生的原动力，是创业成功的重要保证。

(四) 创业精神剖析

创业精神的主要含义为创新，也就是创业者通过创新的手段，将资源更有效地利用，为市场创造出新的价值。虽然创业常常是以开创新公司的方式产生，但创业精神不一定只存在于新企业。一些成熟的组织，只要创新活动仍然旺盛，该组织依然具备创业精神。

“创业精神”类似一种能够持续创新成长的生命力，一般可分为个体的创业精神及组织的创业精神。所谓个体的创业精神，指的是以个人力量，在个人愿景引导下，从事创新活动，并进而创造一个新企业；而组织的创业精神则指在已存在的一个组织内部，以群体力量追求共同愿景，从事组织创新活动，进而创造组织的新面貌。

“创业”是创业者依自己的想法及努力工作来开创一个新企业，包括新公司的成立、组织中新单位的成立，以及提供新产品或新服务，以实现创业者的理想。只要创业者具备求新、求变、求发展的心态，以创造新价值的方式为新企业创造利润，那么我们就能说这一过程中充满了创业精神。

创业精神所关注的在于“是否创造新的价值”，而不在于设立新公司，因此创业管理的关键在于创业过程能否“将新事物带入现存的市场活动中”，包括新产品或服务、新的管理制度、新的流程等。创业精神指的是一种追求机会的行为，这些机会还不存在于资源应用的范围，但未来有可能创造资源应用的新价值。因此我们可以说，创业精神是促成新企业形成、发展和成长的原动力。

模块小结

本模块主要介绍了创业的基本内涵、特征和必备要素，重点阐述了创业过程以及培育创业精神的方法，力求大学生熟悉创业过程，了解企业创业流程，更好地培养创业精神。

创业从广义来讲，是指任何群体和个人在事业、职业中的创新行为；从狭义来讲，创业是指创办一个全新的企业或事业。目前大学生创业的常见模式有互联网创业模式、兼职创业模式、加盟创业模式、团队创业模式、工作室型创业模式、概念创业模式等。大学生可根据自身情况选择适合自己的创业模式。

创业者是可以培养的，创业思维和能力都可以通过学习获得。创业教育更注重的是创业能力和创业精神的培育，这种能力和精神无论对于创业者还是非创业者来说，都是一种重要的面对生活和工作的态度和能力。

教学检测

1. 请在本地访问 1 或 2 名创业成功人士，做一份《典型创业人物访谈报告》，系统地了解一下创业的一般过程。

典型创业人物访谈报告

一、访谈目的

通过这次访谈来了解一些成功人士的奋斗历程，从中能够得到一些经验，使得我们对生活有一个正确的生活态度和价值观，对未来的就业有一个正确的认识!

二、访谈提纲

访谈人物：赵先生。

访谈人：齐同学。

研究现象：研究赵先生创业路程上应对挫折和困难的心态。

三、 访谈进程

1. 请您谈谈对大学生自主创业的看法。

答：总体上我是支持的，原因有以下几点：① 国家及相关地区政策的鼓励与支持。② 严峻的就业形势，再加上去年的经济危机使就业更难。③ 能创造更多的就业岗位，并为社会创造价值。

虽然有很好的外部条件，但对创业者要求是很高的。① 创业者要有好的眼光，瞄准好市场，发现好产品。② 创业者要有好的思维方式、好的营销模式。③ 创业者要具备相关技能与胆识。

2. 您认为创业成功需要具备哪些条件？

答：最主要的就是要有好的市场，这就需要有好的眼光与准确的市场调研，可以说具备好的市场是成功的先决条件。其次是需要具备创业所需的资金与经验，而这些因素是可以通过其他途径去实现或弥补的。

3. 您认为一个人还是一个团队创业更有利？团队创业有什么优势？什么类型的团队更好？

答：这个问题不是绝对的，各有千秋吧！个人的话，想咋干咋干，没那么多的约束和矛盾，但力量单一，思路相对窄些；团队可以优势互补，思路广阔，但同时易分化，出问题时会相互推脱。对一个优秀的团队而言，任何困难都不是问题，我认为有一个明确核心领导人的团队会更好，这样会有一个明确的方向。

4. 您认为我们在创业中遇到的困难及对应的措施是什么？

答：创业时首先遇到的问题是团队的组建。一个优秀的团队是创业的一个保障，如何组建一个这样的团队，是首要的问题，也是难题，我们可以根据自己在校期间建立的人际关系，加强彼此熟悉，可以吸纳各专业优秀成员的加入，从而降低成本，高效地组建一个团队。

其次应该是资金问题。我们可以通过多种方式，如贷款、创业基金的支持等来解决资金问题。

最后是市场销售问题。若产品卖不出去，怎么办？这时要重新做一次市场调研并制订相应的销售策略。

5. 您认为一个公司的董事长起到了什么作用？应该具备怎样的能力？

答：董事长负责公司的整体运营及重大决策，他的决策直接关系到整个企业的存亡。其应该具有前瞻的眼光及有魄力的胆识与广阔的胸襟，更重要的是能够对全体员工和社会负责，极具挑战性与使命感。

6. 您认为我们大学生应怎样管理好公司？

答：从小处着眼，低成本，简单、高效地运营公司(尤其是在创建前期)。没必要设立很复杂的管理层，前期应该勤奋节约，艰苦奋斗。每个人既是领导者又是打工者，分配好各自工作的职责，另外团队一定要有一个核心领袖，能够在关键时刻迅速、准确地做出决策。

四、访谈总结

通过此次访谈，了解了一些创业成功人士的创业历程和正确的创业心态，明确了创业成功需要具备的重要条件和团队创业的优势，熟悉了创业过程中有可能遇到的困难及相对应的措施，掌握了管理企业的方法。

创新创业是时代赋予大学生的使命，也是对大学生的内在要求。当代大学生作为创新创业的生力军，应绽放自我、展现风采，培育创业精神，积极展开创业实践，服务国家经济建设。

2. 创业的基本特征是什么？你如何理解创业？

3. 创业的基本要素有哪些？

实 训 活 动

一、实训目的

通过整体把握全国、本地区和本校大学生的创业特点，更好地理解创业，使大学生从创业成功者身上学习经验，从创业失败者身上吸取教训。

二、实训内容

以小组为单位，对全国、本地区和本校的大学生创业状况开展调查，人数不限。具体步骤如下：

(1) 通过就业创业网站、网络搜索、走访调查、电话或亲自访谈等多种形式，开展调查。

(2) 统计调研数据并填表。

调查维度	调查项目	创业人数、创业状况及其主要特点
宏观	全国大学生近两年创业状况	
中观	本地区大学生近两年创业状况	
微观	本校大学生近两年创业状况	
	所在院系或专业近两年创业状况	

(3) 总结与研讨。

① 通过三个维度的调查，总结全国、本地区及本校近两年创业状况的特点，并说明呈现此特点的原因。

② 你打算如何开展创业实践活动？

模块六　评估创业者

【教学目标】

使学生在对企业有一个基本了解的基础之上，能够客观地评价自己能否创业，以及如何提高自己的创业能力和素质。

【教学内容】

(1) 企业的内涵和类型；

(2) 创业者素质及要求；

(3) 评估创业潜质。

【教学方法】

理论讲解、团队教学、情景教学、小组讨论。

【案例导入】

性格腼腆的大二学生高某，一心想创业，但是，朋友们都说她不具备创业的素质。可是，她又不甘心放弃，她希望通过创业课程的学习，了解创业到底需要哪些素质。

被同学誉为“假小子”的女生赵某，从小就有一股不服输的闯劲，她坚信自己的创业梦想一定能够实现，但是，那些创业失败的经历也叫她心有余悸。因此，她对自己是否真正具备创业的素质也不清楚。

上述案例中的高、赵两位同学可能代表了一批人，你是否也像她们一样既想创业，又担心自己不具备创业的素质呢？你了解创业应该具备哪些素质吗？

项目1　认识企业的内涵和类型

“创业”中的这个“业”指的是企业，那么，什么是企业呢？

一、企业的内涵

现代汉语中“企业”一词源自日语。与其他一些社会科学领域常用的基本词汇一样，它是在日本明治维新后，大规模引进西方文化与制度的过程中翻译而来的汉字词汇，而戊戌变法之后，这些汉字词汇由日语被大量引进现代汉语。(与“企业”一词在用法上相关与相似的，还有“业务”一词)

在计划经济时期，“企业”是与“事业单位”平行使用的常用词语，《辞海》(1978 年版)中将“企业”解释为“从事生产、流通或服务活动的独立核算经济单位”；“事业单位”则解释为“受国家机关领导，不实行经济核算的单位”。

随着市场经济的到来，创业的含义逐步演变，它一般是指以盈利为目的，运用各种生产要素(土地、劳动力、资本、技术和企业家才能等)，向市场提供商品或服务，实行自主经营、自负盈亏、独立核算的法人或其他社会经济组织。

二、企业的基本特征

我们从以下五方面对企业的基本特征进行解读。

1. 组织性

企业不同于个人、家庭，它是一种有名称、组织机构、规章制度的正式组织。而且，它不同于靠血缘、亲缘、地缘或神缘组成的家族宗法、同乡组织，而是由企业所有者和员工主要通过契约关系自由地(至少在形式上)组合而成的一种开放的社会组织。

2. 经济性

企业作为一种社会组织，不同于行政、军事、政党、社团组织，也不同于教育、科研、文艺、体育、医卫、慈善等组织；其本质上主要是经济组织，以经济活动为中心，实行全面的经济核算，追求并致力于不断提高经济效益；它也不同于政府和国际组织对宏观经济活动进行调控监管的机构，它是直接从事经济活动的实体，和消费者同属于微观经济单位。

3. 商品性

企业作为经济组织，又不同于自给自足的自然经济组织，而是商品经济组织、商品生产者或经营者、市场主体，其经济活动是面向、围绕市场进行的。企业的产出(产品、服务)和投入(资源、要素)是商品，企业自身(企业的有形、无形资产)也是商品，企业产权可以有偿转让，因此企业是“生产商品的商品”。

4. 营利性

企业作为商品经济组织，不同于城乡个体户的小商品经济组织，它是市场经济的单位“细胞”，是单个的职能资本的运作实体，以赢取利润为直接、基本目的，利用生产、经营某种商品的手段，通过资本经营，追求资本增值和利润最大化。

5. 独立性

企业是一种在法律和经济上都具有独立性的组织，作为一个整体，它对外、在社会上完全独立，依法独立享有民事权利，独立承担民事义务、民事责任。它与其他自然人、法人在法律地位上完全平等，没有行政级别、行政隶属关系。它不同于民事法律上不独立的非法人单位，也不同于经济(财产、财务)上不能完全独立的其他社会组织，它拥有独立的、边界清晰的产权，具有完全的经济行为能力和独立的经济利益，实行独立的经济核算，能够自决、自治、自律、自立，实行自我约束、自我激励、自我改造、自我积累、自我发展。

三、企业的运行

一般来说，在企业运行的过程中，会发生三种关系，即商品流、现金流和信息流。

1. 商品流

商品流是指从市场购买商品(设备、原料等)，并向市场销售商品(产品、服务等)的活动。

2. 现金流

现金流是指资金支付(原材料费用、设备费用、维修费用、租金等)和资金流入(销售收入、回款等)的活动。

3. 信息流

信息流是指企业与供应商、顾客之间的信息交流与沟通。

四、企业的类型

依据不同的标准，企业有以下分类：

(1) 按投资人的出资方式和责任形式，可分为个人独资企业、合伙企业、公司制企业。公司制企业又有有限责任公司和股份有限公司之分。

(2) 按投资者的地区，可分为内资企业、外资企业和港、澳、台商投资企业。

(3) 按所有制结构，可分为全民所有制企业、集体所有制企业及私营企业与外资企业。

(4) 按股东对公司所负责任，可分为有限责任公司、股份有限公司。

(5) 按信用等级，可分为人合公司、资合公司、人合兼资合公司。

(6) 按公司地位类型，可分为母公司、子公司。

(7) 按企业规模，可分为特大型企业、大型企业、中型企业、小型企业和微型企业。

(8) 按企业健康程度，可分为相对比较健康的随机应变型企业、军队型企业、韧力调节型企业和相对不健康的消极进取型企业、时停时进型企业、过度膨胀型企业、过度管理型企业。

项目2 了解创业者素质及要求

一、创业的目的

不少创业者迎接挑战的直接动力为利润、独立性和个人成就感，以下几点是许多创业者最初创业的目的：

(1) 在工作中发挥独立自主性，创造个人价值；

(2) 追随自己的工作节奏；

(3) 投入社会主义建设，把握自己的命运；

(4) 赢得尊重、威望和利润，为社会创造价值；

(5) 感受创造与贡献的乐趣。

二、创业者面临的内部挑战

1. 筹集创业资金难

兵马未动，粮草先行。创业资金就是创业者的“粮草”，没有粮草，就无法赢得挑战。如何筹集创业资金，是大多数创业者，尤其是草根创业者最为头疼的问题。

2. 缺失自由

创业要付出更多的时间，许多人在创业初期，为了让自己的企业存活下来，每天起早贪黑甚至通宵达旦。没有假期，没有节日，即使是生病也不例外。

一旦开始创业，为了企业生存，对于一些不擅长的事情，必须深入学习、努力去做。在企业创立之初，需要具备不同职业角色的素质，既是老板，也是员工、会计、业务员，甚至是办公室设计员，几乎所有的工作都需要以最少的人力、最低的成本来完成。

3. 学习企业管理

创业者必须掌握系统的企业管理知识，努力提高自己的领导力、沟通力和执行力。如果想创业，建议读一读企业管理、财务、纳税、消费行为、营销、法律等方面的书籍。

4. 缺乏专业知识

以前的人创业时，如果不懂的知识很多，还可以一步一步地慢慢摸索着进行，但现在任何一个领域创业的人都非常地多，市场不会为你预留太多时间补习专业知识，你可能由于判断力、行动力不足而“出局”。专业知识的缺乏，即便未在初期向你展现困境，也会影响创业团队的长期发展。

5. 缺乏社会经验

刚毕业的大学生创业者都或多或少地缺乏企业运营经验，因此在校时积累相关知识，积极参与实习，创业过程中注重积累经验并根据实际需要不断学习，将是其创业的必经之路。

6. 承受心理压力

每一位创业者都需要明白自己创业的动机，一旦创业，你将变得非常忙碌，同龄人在交友、旅行的时候，你可能每天过着“家—公司—客户”的三点一线生活。创业者需要承受孤独，更需要正确对待成功与失败，提升心理素质，缓解工作压力。

据不完全统计，我国初次创业的成功率在 3%左右，二次、三次创业的成功率相对较高。在带领企业一步步走向成功的过程中，可能会经历许多失败，每一位创业者需要提前做好心理准备。

三、创业者面临的外部挑战

1. 无法应对市场变化

市场的变化就像一条曲折蜿蜒的道路，企业则像一辆汽车，如果不能随着道路的发展走向及时改变方向，而是一直朝着一个方向前行，将慢慢远离市场。这个道理很浅显，但是，很多企业往往在所谓的战略坚持中远离了“道路”，远离了市场，也远离了消费者。这是创业者应该注意的。

2. 团队合作不佳

比尔•盖茨说：“团队合作是企业成功的保证，不重视团队合作的企业是无法取得成功的。”从一个连续 13 年蝉联世界首富榜第一位的成功企业家身上，我们无疑可以感受到团队合作的重要性。刚刚踏出校门的大学生往往具有鲜明的个性，而且缺乏包容与合作精神，容易因为琐事而产生矛盾。这是首次创业时应该注意的。

3. 来自竞争对手的挑战

竞争，是市场经济的游戏规则，这是每个创业者都必须面对的。如何与竞争对手竞争与合作，以赢得更大的市场，这是每个创业者必须考虑的。

4. 意外灾害

创业面临的意外灾害主要有水灾、火灾、地震、疫情、偷盗等，这就需要创业者必须“居安思危，防微杜渐”，提前采取措施。

四、创业的动机

无论是个人还是团队，要想成功创办企业，都需要具备强烈的创业愿望和坚定的创业动机。创业动机是指引起和维持个体从事创业活动，并使活动朝向某些目标的内部动力。它是鼓励和引导个体为实现创业成功而行动的内在力量，即“我为什么要去创办企业”与“我未来企业的发展目标是什么”。一般来说，动机越强烈，目标越明确，创业的成功率就越高。

大学生创业是适宜的创业环境与做好创业准备的大学生相结合的产物。大学生创业的动机有一定的特殊性，归纳起来主要有以下四种：

1) 生存的需要

首先，由于经济的原因，许多家庭越来越难以负担昂贵的学费，国家的助学贷款、奖学金制度也不能完全解决问题。在沉重的经济负担之下，为了顺利完成学业，这部分学生中的一部分人只好利用课余时间打工来维持正常的学习和生活。在打工的过程中，一部分具有创业素质的人发现商机并且把握它，开始走上了创业的道路。

其次，当前我国高校学生中大多数是独生子女，培养他们的独立性已经成为当务之急。目前已经有一部分学生开始独立承担自己的学习、生活费用，他们中也产生了一定数量的创业先行者。这部分创业者通常都以学习为主要目的，多从事一些需要投入时间、精力较少的行业，对经济回报要求较低。

2) 积累的需要

按照奥尔德弗(Alderfer)的 ERG 理论，人的需求分为生存、相互关系和成长。这三种需求并不一定严格地按照由低向高的顺序发展，可以越级。当代大学生随着年龄的增长，对于相互关系和成长的需要会逐渐强烈。一部分大学生为了增加自己的实践经验、丰富自己的社会阅历，或者为了自己以后的发展或实现自己的某个目标做好经济上的准备，在条件成熟的情况下也会利用课余时间走上创业的道路。这种类型的创业者往往以锻炼为目的，承受失败的能力较强；同时由于压力较小，失败和半途而废的比例也比较高。

3) 自我实现的需要

心理学研究表明：25～29 岁是创造力最为活跃的时期，这个年龄段的青年正处于创造能力的觉醒时期，对创新充满了渴望和憧憬。他们思维活跃、创新意识强烈，同时所受的约束和束缚较少，按照 ERG 理论，对成长的需要也更为强烈。另外，由于大学生所处环境的特殊性，他们往往更容易接触一些新的发明和学术上的新成果，或者他们中的一部分人本身拥有具有自主知识产权的科研成果。为了能早日实现自己的目标，他们中的一部分人改变了自己关于成功的观念，也开始了自己的创业生涯。

4. 就业的需要

当前，我国的大学生就业形势相当严峻，一方面表现为需求不足，另一方面表现为大学毕业生的工资待遇降低。在这种情况下，一部分大学生也开始了创业。

影响创业动机的因素有多种，主要有以下几种：

1) 层次需求因素

层次需求不同，创业动机也会产生差异。在“基本需求”的驱使下，创业者会为了财富、尊严而创业。在一定层面上，积累了财富往往会相应地获得自我满足和他人尊重，因此，创造财富是绝大部分创业者的直接目标；而“成长需求”则能够在很大程度上解释王俊峰的创业意图：“不服气”是一种不能实现自我的反思，“活出自我”是自我实现后的满足。

2) 社会环境因素

近年来，随着创业热情的升温，我国相继出台了不少优惠措施，比如建立专项基金、提供小额贷款等。不可否认的是，我国创业宏观政策环境还存在种种不利因素。调查结果显示，85%的学生认为“缺乏资金”是大学生创业所面临的最大困难；“没有好项目”所占比重为 33.3%；“家里不支持”所占比重最低，仅为 7.5%。因此，应从法规和政策、组织保障、文化氛围的营造等方面全方位地改善大学生创业的社会环境。

3) 地域因素

据调查分析，应届大学毕业生自主创业者主要分布在东部和沿海发达地区与中、西部中等发达地区。经济的成熟或是高速发展的地区更能提供自主创业所需要的新的商机与发展点。其中，中、西部中等发达地区的学生最具有创业的热情，毕业生创业者中该地区的数量是最多的。而无论是哪一个地区的毕业生，家乡对于他们都具有特殊的吸引力。

4) 创业教育的影响

国外创业教育搞得有声有色且成效卓著。首先来看美国，麻省理工学院 1999 年的一项统计显示，该校的毕业生已经创办了 4000 多家公司；斯坦福大学则是另外一个典型，美国硅谷 60%～70%的企业是斯坦福大学学生和教师创办的。这些不断出现的创业企业不仅提供了大量的工作机会，提升了社会民众的创业激情，而且为美国经济的发展注入了活力。据统计，在美国有 2000 多万个中小企业，占全国企业总数的 98.8%，创造了全国 50%以上的国内生产总值，提供的就业机会则占到了服务业的 60%。总之，创业是美国经济不断增长的强大武器。其次来看日本，日本的中小企业占企业总数的 99%，中小企业从业人员占总从业人数的 78%，产值所占 GDP 的比例达到了 50%以上。再来看欧盟，中小企业的数量更是占到了 99.82%，创造的就业机会和产值也分别达到了 70%和 55%，中小企业被誉为“创造就业岗位的机器”。

创业教育的重要性在于，通过创业教育改变人们的传统意识与观念，使人们养成创业精神，产生创业意识，具备创业能力，从而将创业作为一种人生态度。人们尤其是大学生群体所接受的创业教育在程度上影响了他们创业动机的产生。

事实证明，接受的创业教育越系统全面，一个人的创业能力越高，创业的勇气与决心越大，选择创业道路的可能性也就越大。

五、创业者素质及要求

创业者素质是有利于创业者获得创业成功的素质，是一种潜在的创业潜质。创业者素质主要受到家庭环境和社会环境的共同影响。创业者应具备的素质和要求有很多，主要有以下几种。

(一) 良好的心理素质

创业是艰难的，在创业的过程中难免遇到这样或那样的苦恼、挫折、压力，甚至失败。这就要求创业者必须具备承受挫折、迎接挑战的心理素质。创业难，守业更难；即使成功创业之后，还要苦心经营，更需要良好的心理素质。

那么如何培养良好的心理素质呢?

1. 学会克制自己的情绪

在我们身边总会有不如意的事情，有时难免激发我们的不满。其实，这个时候，我们就需要冷静思考与处理。譬如钉子的故事：从前，有个脾气很坏的小男孩。一天，父亲给了他一大包钉子，要求他每发一次脾气都必须用铁锤在后院的栅栏上钉一颗钉子。第一天，小男孩在栅栏上钉了 37 颗钉子。过了几个星期，由于学会了控制自己的脾气，小男孩每天在栅栏上钉钉子的数目逐渐减少了。他发现控制自己的坏脾气比往栅栏上钉钉子要容易多了……最后，小男孩变得不爱发脾气了。他把自己的转变告诉了父亲。他父亲又建议说："如果你能坚持一整天不发脾气，就从栅栏上拔下一颗钉子。"经过一段时间，小男孩终于把栅栏上所有的钉子都拔掉了。父亲来到栅栏边，对小男孩说："儿子，你做得很好。但是，你看钉子在栅栏上留下那么多小孔，栅栏再也不是原来的样子了。当你向别人发过脾气之后，就会在别人的心灵上留下疤痕。就好比用刀子刺向了某人的身体，然后再拔出来。无论你说多少次对不起，那伤口都会永远存在。所以，口头上的伤害与肉体的伤害没什么两样。"从这个故事当中我们应该明白一个道理，无论对错来源于谁，我们都应该冷静地去面对。学会克制自己的情绪，做自己情绪的主人，这是自我心理素质磨炼必不可少的一个环节。

2. 要正确地认识自己和肯定自己

一个人自卑的来源有这么几个方面，一是缺乏成功的体验；二是缺乏客观公正的评估；三是自我评估偏颇。要抛弃自卑，首先要战胜自我，而战胜自我的前提是了解自己，即所谓的"知己知彼，百战百胜"。为自己树立一个目标，要有坚定的信念，相信自己的能力，但同时也要对自己有一个科学、合理的评估。"给自己一个吻"——重下决心。这个方法来自艾琳·C·卡瑟拉的《全力以赴》。无论何时，当你失败了、做错了，不要责骂自己。要肯定自己已经做出的努力。

3. 克服自己的惰性

不要光想不做，人的惰性往往像"千里之堤毁于蚁穴"那样可怕！无论是什么样的技巧或者方法，一定要克服自己的惰性。比如这样一个技巧——"我只要一步就好"。这个技巧与"机械启动技巧"一样，是用来突破惰性的。比如，开始做一件事，你无论如何都不想做，可是又不得不做。你可以给自己一个承诺：与其放弃，不如做 15 分钟，15 分钟后再决定要不要继续下去。结果，当你做了 15 分钟后，往往会觉得要继续做多一个 15 分钟并不是太难。同理，在生活中，有时我们遇到一些困难，觉得很难过去。这时告诉自己，只要一步就好。将精力专注于每一天的生活，不要忧虑明天。这样，一天，然后，又是一天，日子就在眼前滑过了。这个技巧来自《心力学》。进一步地应用，这个技巧包含了一种自我超越的观念。所谓进步一点点，不是与别人比，而是与自己比。

4. 按照良好心理素质的几个标准审视自己的不足

马斯洛认为良好的心理素质表现在以下几个方面：

(1) 具有充分的适应力；

(2) 能充分地了解自己，并对自己的能力做出适度的评价；

(3) 生活的目标切合实际；

(4) 不脱离现实环境；

(5) 能保持人格的完整与和谐；

(6) 善于从经验中学习；

(7) 能保持良好的人际关系；

(8) 能适度地发泄情绪和控制情绪；

(9) 在不违背集体利益的前提下，能有限度地发挥个性；

(10) 在不违背社会规范的前提下，能恰当地满足个人的基本需求。

经常在这几个方面审视自己的不足，提升及锻炼自己！

5. 多与人打交道，磨炼自己

“读万卷书不如行万里路，行万里路不如阅人无数”。只有我们真正去实践了，才能够取得实质有效的成果！很多人害怕和陌生人接触、交往，这就是心理闭塞、素质欠缺的一种表现。我们应该打开心扉接受这个世界的美好与不美好，只有这样才能够做到取其精华、去其糟粕，知道哪些人值得交往，无形当中也会培养出良好的交际沟通能力和面对陌生环境的良好的心理素质。

(二) 良好的身体素质

创业是艰苦繁难的，创业者工作繁忙、时间长、压力大，如果身体素质不好，必然力不从心，难以承受创业重任。因此一定要有良好的身体素质。

(三) 创业知识

广义的创业知识是指对创业实践过程具有意义的个体的知识系统及其结构，主要包括专业知识、经营管理知识、综合性知识等。只有系统地掌握了有关学科的基本理论和技能，才能为今后的创业打下坚实的基础。

狭义的创业知识是指有关创业过程、步骤、方式等本身所运用到的具体知识。比如大学生创业时机的选择、创业机遇的寻找以及怎样编写创业计划书，如何开办小型企业，如何进行 T 商注册，如何向银行贷款等。

创业知识能够体现创业者的文化素质，文化素质越高，创业成功的概率也越高。

创业知识主要包括专业知识、经营管理知识和综合性知识。

专业知识是从事某一专业或职业所必须具备的知识，一般是与专业、职业能力结合在一起发挥作用的。

经营管理知识是从事经营管理工作必须具备的知识。

综合性知识是发挥社会关系运筹作用的多种专门知识，包括政策、法规、工商、税务、金融、保险、人际交往、公共关系等方面的知识。

在创业知识的构成中，经营管理知识、综合性知识与经营管理能力和综合性能力一样，具有内部资源配置和社会关系运筹的特征，并与经营管理能力和综合性能力结合在一起，共同发挥作用。

(四) 决策、执行与沟通能力

1. 决策能力

企业经营管理者的决策能力主要由下述几个方面构成：

(1) 开放的提炼能力。开放的提炼能力是指企业经营管理者能以开放的态度，准确和迅速地提炼出解决问题的各种方案的能力。

它包括两个基本要素：第一，企业经营管理者要以开放和包容的思想及态度获取尽可能广泛的决策方案，特别是不要局限于传统的解决办法之中。要善于“借外脑” 来帮助判定决策方案。第二，对各种决策方案要进行提炼，以把握各种方案的本质和核心，正确地评估每个方案的条件及效果，分析各个方案实施的可能性。

(2) 准确的预测能力。决策与预测是密不可分的，企业经营管理者要具备卓越的决策能力，首先应具备准确的预测能力。预测是决策的基础，决策是预测的延续，正确的决策必须要有准确的预测，如果没有准确的预测，将会导致决策失误。

预测的目的是为企业的决策提供准确的资料、信息和数据，在正确预测的基础上，选择符合企业发展的满意方案。

(3) 准确的决断能力。准确的决断能力即企业经营管理者要能从众多的决策方案中选取满意方案的能力，以及危急时刻或紧要关头当机立断的能力。这种能力是经营管理者进行科学决策的关键能力，误选、漏选会给企业带来重大损失或使企业与成功失之交臂。对此，企业经营管理者必须把握以下几个主要标准：一是所取方案的实施条件要具备。若条件不具备，则要弄清获得该条件的代价。二是所取方案要与企业的宗旨和决策目标相符。若不符，则不可取。三是所取方案要能被决策方案的受益人及相关利益人所接受。四是所取方案要能被决策方案的执行者所接受。好的决策方案只有执行和实施后才能达到最终目的，因此要注意决策方案的可接受性。五是正确评估决策方案的风险。有些企业经营管理者在选取决策方案时只看到“乐观”的一面，而没有考虑到环境的可能变化，这种“乐观”往往给企业造成重大损失。

培养决策能力时应注意以下几点：

(1) 克服从众心理。从众心理是指个体对社会的认识和态度常常受到群体对社会的认识和态度的左右。从众行为者的意识深处考虑的是自己的行为能否为大众所接受，追寻的是一种安全感。从众行为者认为群体的规范、他人的行为是正确的时候，就会表现出遵从；当他认为群体的规范、他人的行为并不合适，而自己又没有勇气反抗时，就会被动地表现为依从。从众心理重的人容易接受暗示，他们依赖性强，无主见，人云亦云，容易迷信权威和名人，常说违心的话，办违心的事。决策能力强的人，能摆脱从众心理的束缚，做到思想解放、冲破世俗，不拘常规、大胆探索，因此他们能独具慧眼，发现一般人不能发现的问题，捕捉到更多的成才机遇。

(2) 增强自信心。拥有自信心是具有决策能力者明显的心理特征。增强自信心首先要有迎难而上的胆量。温斯顿•邱吉尔说："一个人绝对不可在遇到危险时，背过身去试图逃避。若是这样做，只会使危险加倍。但是如果立刻面对它毫不退缩，危险便会减半。决不要逃避任何事物，决不！"其次，要变被动思维为积极思维。"凡事预则立，不预则废"，平时若善动脑筋，关键时自然就敢作决定。再次，要培养自己的责任感和义务感，跳出个人的小天地，如此你的自信才能坚实可靠。另外，平时注意选择与那些有自信心、敢作敢为的人交往，时间长了，必然会受到积极的影响。

(3) 决策勿求十全十美，注意把握大局。若做事务求十全十美，不想有任何挫折或失误，那只能作茧自缚。如能识大体，把握大局，权衡出利弊得失，当机立断，就能尽快达到自己理想的目标。持之以恒，决策能力和水平就会很快提高。

2. 执行能力

执行能力指的是贯彻战略意图、完成预定目标的操作能力。它是企业竞争力的核心，是把企业战略、规划转化成为效益、成果的关键。

一个企业是一个组织、一个完整的肌体，执行能力也应该是一个系统、组织和团队的执行能力。执行能力是企业管理成败的关键。只要企业有好的管理模式、管理制度，好的带头人，充分调动全体员工的积极性，执行能力就一定会得到最大程度的发挥，企业就一定能实现创造百年企业的目标。企业要实现"办一流企业、出一流产品、创一流效益"的经营宗旨，解决管理中存在的问题，就必须在员工中打造一流的执行能力。一个执行能力强的企业，必然有一支高素质的员工队伍，而具有高素质员工队伍的企业，必定是充满希望的企业。

要提高执行能力，不仅要提高企业从上到下的每一个人的执行能力，而且要提高每一个单位、每一个部门的整体执行能力；只有这样，才会形成一个系统的执行能力，从而形成企业的执行力、竞争力。

3. 沟通能力

沟通能力包括表达能力、争辩能力、倾听能力和设计能力(形象设计、动作设计、环境设计)。沟通能力看起来是外在的东西，而实际上是个人素质的体现，它关系着一个人的知识、能力和品德。沟通的要素包括沟通主体、沟通客体、沟通介体、沟通环境和沟通渠道。

在沟通过程中应注意以下几方面：

(1) 悉心倾听。不打断对方，眼睛不躲闪，全神贯注地听。

(2) 勇敢讲出。坦白讲出自己的内心感受、想法和期望。

(3) 不能口出恶言。恶言伤人，就是所谓的"祸从口出"。

(4) 对事不对人。

(5) 理性沟通，有情绪时避免沟通。

(6) 敢于认错，勇于承担责任。

(7) 要有耐心，也要有智慧。

(8) 学会拒绝。

4. 相关的专业技能素质和行业经验

专业技能素质是指在教育者的指导下，通过学习和训练，日渐形成的操作技巧和思维活动能力。专业技能水平及所从事具体工种的科技含量的高低，是高等职业教育与普通高等教育、中等职业教育的主要区别所在。

行业经验即在某一行业做事的经历，这对创业者来说很关键。

(五) 勇气

歌德说："勇敢里面有天才、力量和魔法。"阿里巴巴当年做支付宝时，面临各方面的风险，关键时候马云说了一句"如果要坐牢，我去"，这才有了后来蚂蚁金融帝国的第一步。美团创始人王兴在谈及自己创业优势的时候表示："是勇敢吧，勇敢到傻瓜的状态了。"由此可见勇气在创业过程中的重要性。

项目 3　评估创业潜质

一、4Q 素质

评估创业潜质，可以从四个方面进行：IQ、EQ、FQ、AQ，即智商、情商、财商、逆商。对于创业者来说，这四种素质缺一不可。

IQ：智力商数(Intelligence Quotient)，简称智商，是个人智力测验成绩和同年龄被试者成绩相比的指数，是衡量个人智力高低的标准。智商概念是德国心理学家施特恩(1914)首先提出的。IQ 是人们认识客观事物，并运用知识解决实际问题的能力，如观察力、记忆力、想象力、分析判断力、逻辑思维能力、应变能力等。

EQ：情绪商数(Emotional Quotient)，简称情商，是人在情绪、情感上的自我控制与激励，识别他人情绪，人际关系处理，情感表达的感染与鼓励等方面的品质。

FQ：本意为"金融智商"(Financial Quotient)，简称财商，是人作为经济人在经济社会中的生存能力与发展能力，包括对获取财富的动力、对商业资源价值的判断力与转换及运筹利用能力、市场未来的想象能力、商业模型的构造能力、商业伦理的把握能力等，如利润意识、成本意识、资源意识。

AQ：逆境商数(Adversity Quotient)，简称逆商，是人们面对逆境时的反应方式，即面对挫折、摆脱困境和超越困难的能力，也是定力与坚守能力。它既包括了人的品质，也包括了处理方式的选择与创造能力。

二、创业资源

创业资源是新创企业成长过程中必需的资源。按照资源对企业成长的作用，将其分为两大类：对于直接参与企业日常生产、经营活动的资源，称之为要素资源；对于未直接参与企业生产，但其存在可以极大地提高企业运营的有效性资源，则称之为环境资源。

1. 场地资源

场地资源包括场地内部的基础设施建设、便捷的计算机通信系统、良好的物业管理和商务中心以及周边方便的交通和生活配套设施等。

2. 资金资源

资金资源包括及时的银行贷款和风险投资、各种政策性的低息或无偿扶持基金，以及写字楼或者孵化器所提供的便宜的租金等。

3. 人才资源

人才资源包括高级科技人才和管理人才的引进，高水平专家顾问队伍的建设，合格员工的聘用，企业资源管理诊断、市场营销策划、制度化和正规化企业管理的咨询等。

4. 科技资源

科技资源包括对口的研究所和高校科研力量的帮助，与企业产品相关的科技成果以及进行产品开发时所需要用到的专业化的科技试验平台等。

5. 环境资源

环境资源是指影响人类生存和发展的各种天然的和经过人工改造的自然因素的总体，包括大气、水、海洋、土地、矿藏、森林、草原、野生生物、自然遗迹、人文遗迹、自然保护区、城市和乡村等。

6. 政策资源

政策资源包括允许个人从事科技创业活动，允许技术入股，支持海外与国内的高科技合作，为留学生回国创业解决户口、子女入学等后顾之忧，简化政府的办事手续等。

7. 信息资源

信息资源包括及时的展览会宣传和推介信息、丰富的中介合作信息、良好的采购和销售渠道信息等。

8. 文化资源

文化资源包括高科技企业之间相互学习和交流、相互合作和支持的文化氛围，以及相互追赶和超越的文化氛围等。

9. 品牌资源

品牌资源包括借助大学或优秀企业的品牌、借助科技园或孵化器的品牌，以及借助社会上有影响力的人士对企业的认可等。

注意，不要把所有的资金全部投入到企业里，企业盈利之前，要保障创业后家庭中的日常开支不受影响。企业需要一个起步的过程，通常需要 1~3 个月的时间，实现盈利后方可有资金支付企业和家庭的各类开销。

模 块 小 结

本模块主要介绍了企业的内涵和类型、创业者素质、要求及如何评估创业潜质，通过对企业的介绍，重点阐述了经营企业需要具备的基本知识。

企业一般是指以盈利为目的，运用各种生产要素（土地、劳动力、资本、技术和企业家才能等），向市场提供商品或服务，实行自主经营、自负盈亏、独立核算的法人或其他社会经济组织。依据一定的标准，企业可分为不同的类型，如企业按经济部门，可划分为农、林、牧、渔企业，制造企业，贸易企业和服务企业等。

创业者素质主要受到家庭环境和社会环境的共同影响。创业者的基本素质及要求主要包括心理素质，身体素质，创业知识，企业管理者决策、执行、沟通的能力，应对企业风险的勇气等。评估创业潜质，可以从四个方面进行，即 IQ (智商)、EQ (情商)、FQ (财商)、AQ (逆商)。对于创业者来说，这四种素质缺一不可，创业的成功基于 4Q 素质。

教 学 检 测

简答：

1. 什么是企业？
2. 创业者应具备哪些创业素质？
3. 可以从哪些方面评估创业潜质？

实 训 活 动

结合下表，看看自己有多少资金可供创业。

项　目	金　额(元)
收入(存款、贷款、其他收入)	
现有资金	
办企业之前其他收入	
总收入(A)	
支出(今后　　个月)(B)	
伙食费	
房租	
偿还贷款	
交通费	
学习费用	
……	
总支出	
可用于创业的资金(A-B)	

模块七　培养创业力

【教学目标】

使学生对自身的创业能力有一个基本了解，能够有意识地培养各自的创业力，并将其运用到创业团队的建立和管理之中。

【教学内容】

(1) 培养创业合作力；
(2) 培养创业领导力；
(3) 初建创业团队；
(4) 管理创业团队。

【教学方法】

理论讲解、团队教学、情景教学、小组讨论。

项目 1　培养创业合作力

创业者在创业过程中会遇到各种情况，如家庭对于创业的不理解、不支持，对市场定位模糊等。如何解决这些问题呢？曾经有人问高僧："一滴水怎样才不会干？"高僧回答说："把这滴水放到大海中。"这段简短的对话告诉我们，团队合作能够显示出无限的力量。

一、认识合作力的科学内涵

合作力是企业和员工最贵的软实力，它能把独行侠融入团队，把能力转变成执行力，再把执行力转变成最终的胜果。合作力是企业发展的强劲推动力，是个人进阶的最强竞争力。如果一个企业的发展需要的仅仅是几个业务能力超强的精英，那这很容易办到，因为这个时代从不缺少高智商、高学历、高能力的人才。然而，当一个企业需要进一步发展壮大时，就需要一个具备超强合作力的团队。俗话说：众人拾柴火焰高。"聪明"的创业者往往能够做到知人善任，通过合作的方式来完成自己的目标。

一个好的团队并非每位成员在各方面的能力都非常强，而是能够很好地互相搭配、取长补短，互相学习、共同进步。团队内部在信任、平等、诚信的基础上相互包容、相互支持、资源共享，既有利于个人的成长，也有利于团队的成长。

二、培养创业合作力的方法

被共同的创业目标吸引而走到一起，组建创业团队，共担责任和风险，这是件很勇敢的事情。但决定事业是否成功的，不仅是勇气，还需要正确合理的方法和策略。

1. 完善运营管理体系

根据经营的需要，做好组织架构，包括部门设置、人员配置、岗位职责、薪酬绩效标准、晋级晋升机制等，让每一位成员都清楚自己的职责、权利和应得利益，提高工作热情，提升工作效率。

初次创业者，如果一开始就搭建完美的企业分工机制，未免牵强。许多企业是在不断摸索和借鉴中，逐步完善自己的组织框架和管理制度的。

2. 定期进行团建，提升内部凝聚力

团建的目的是让员工真正对组织产生归属感和信任感。团建可以帮助企业达到人才管理的目的。团建是员工与组织快速融合的一种方式。拳头攥紧的力量之所以比巴掌的大，是因为手上的力量都凝聚在拳心。一支优秀的团队同样如此，强大的凝聚力是团队提高工作效率的法宝。

3. 处理好人际关系

奖励和惩罚，哪种机制更有利于激发上进心呢？在做出成绩的时候获得赞赏，在做错事情的时候被指正，你更喜欢哪种感觉呢？相信不少人默默地选了前者，正如爱美之心一样，人们喜欢愉悦的感觉。那么，什么时候可以运用惩罚机制呢？当团队成员触犯了企业底线的时候。例如，无视行业规范、无视集体利益等原则问题，就必须启动惩戒措施，以儆效尤。

三、选择合适的合作伙伴

创业者只有找到一群志同道合的人，组建最优秀的团队，才有可能做出好产品。选择合作伙伴时，应注重以下几个方面。

1. 共同的价值观

很多人感叹新东方的成功，羡慕阿里巴巴的地位，惊讶小米的爆发力，如果企业创始人没有共同的价值观和不离不弃的合作精神，就很难有今天的辉煌。对于初创团队而言，共同的价值观对创业成功与否起到了决定性的作用；在未来的合作交流中，可以更多地与合作伙伴达成一致意见，减少不必要的分歧。

2. 良好的性格

选择合作伙伴时，良好的性格也是很有必要的。如果决策人都是急性子，那么做出的决定就容易草率，出现很多漏洞；如果决策人都是慢性子，做事情、想问题虽然能做到全面，但是往往会因为思考太多而失去很多机会。就像《西游记》里，有急性子的孙悟空，有慢性子的猪八戒，再加上指明方向的唐僧与吃苦耐劳的沙和尚，最终才取得真经。

3. 互补的才能

合作伙伴之间，最好有互补性。这种互补，指的是知识、经验、资源等能力上的互补。例如，懂技术的要找一个懂管理的做搭档。人的能力各不相同，相互合作才能取长补短，才能保持与巩固整个团队的战斗力和工作效率，在创业的过程中，才能起到事半功倍的效果。

项目 2　培养创业领导力

一、充分运用大学生自身的优势

大学生因为自身特点，在创业过程中具备一定的优势，主要表现在以下几个方面：

(1) 大学生往往对未来充满希望，他们有着沸腾的血液、蓬勃的朝气，以及“初生牛犊不怕虎”的精神，而这些都是一个创业者应具备的素质。

(2) 大学生在学校里学到了很多理论性的东西，有着较高层次的技术优势。

(3) 现代大学生有创新精神，有对传统观念和传统行业挑战的信心和欲望，而这种创新精神也往往成为了大学生创业的动力源泉，是成功创业的精神支柱。

(4) 针对大学生创业，政府有多方面的帮助扶持政策，如税收优惠、创业担保贷款和贴息支持、免收有关行政事业性收费、享受培训补贴、免费创业服务、取消高校毕业生落户限制、允许高校毕业生在创业地办理落户手续（直辖市按有关规定执行）等。

二、增强面对问题、解决问题的能力

(1) 全面深入了解创业项目，增强专业学习。

创业者必学的科目包含管理学、财务、行业法律法规，以及所从事行业的专业知识。

(2) 多方收集反馈信息，建立专门的反馈渠道。

客户对产品的反馈极有可能潜藏了产品的新动向，而善于发现是创新的起点。收集员工对工作的反馈，有利于改善内部管理，提升团队工作效率。

(3) 勇敢一些，把工作交给合适的人去做。

任何企业都会遇到问题，成熟的企业相比初创企业，优势在于积累了丰富的发现问题、解决问题的经验，从而形成了自己的应对风格和策略。

企业不是想出来的，是干出来的。年轻创业者有文化、头脑灵、点子多，但在创业的初期，受资金的限制，在没有形成运作团队之前，方方面面的事情都必须自己去做。只有明确目标、不断行动，才能最终实现目标。在做事的过程中，要分清主次轻重，先做关键的、重要的事情。每天解决一件关键的事情，比做十件次要的事情会更有效。当企业立足，并有了资金后，就应该建立一个团队。创业者应从自己亲力亲为转变为发挥团队中每一个人的作用，把合适的工作交给合适的人去做，这样既可以培养团队的协作能力，也可以借此提升伙伴和员工的执行能力。

三、提升自身的学习力

学习力是指一个人、一个企业或者一个组织获取和整合知识，并把知识资源转化成知识资本的本领和力量。知识资本包括人力资产、顾客资产、知识产权资产、基础结构资产。

学习力主要由三个要素构成，即学习动力、学习毅力及学习能力。

(1) 学习动力是指自觉的内在驱动力，主要包括学习需要、学习情感和学习兴趣。

(2) 学习毅力，即学习意志，是指自觉地确定学习目标并支配其行为、克服困难、实现预定学习目标的状态。它是学习行为的保持因素，在学习力中是一个不可或缺的要素。

培养学习毅力主要有以下几种方法：① 了解学习的意义，树立远大的志向和奋斗目标；② 制订切实可行的学习计划和目标，由低到高，循序渐进，不要好高骛远；③ 勇敢面对困难，克服学习中的畏难情绪，在困难面前保持镇定，坚持不懈地战胜困难；④ 掌握学习方法和学习技巧，以减轻学习难度，提高学习效率；⑤ 在周围找一个特别有毅力的同学或同事，暗暗地将他(她)作为自己的榜样；⑥ 不断自我提醒，暗示自己在毅力培养方面要比别人付出更大的努力；⑦ 几个人一起互相学习、互相竞争、互相监督。

(3) 学习能力，是指由学习动力、学习毅力直接驱动而产生的接受新知识、新信息并用所接受的知识和信息分析问题、认识问题、解决问题的智力，主要包括感知力、记忆力、思维力、想象力等。相对于学习而言，它是基础性智力，是产生学习力的基础因素。

创业者可以利用一切机会学习成功企业的运营经验、创业前辈的工作经验等，并将这些经验运用到创业团队的建立和管理中，从而提升自身的学习力。

项目 3　初建创业团队

创业团队是指在创业初期(包括企业成立前和成立早期)，由一群才能互补(分工)、责任共担、愿为共同的创业目标而奋斗，并能做到利益让渡的人所组成的特殊群体。组建一个优秀的团队对于创业来说非常重要。

创业团队一般由两个或两个以上的人参与创立的过程并投入资金，也就是说，创业团队不是单打独斗的。

一、创业团队的角色定位

团队角色理论也称为贝尔宾团队角色理论，R · 梅雷迪思 · 贝尔宾是英国的一个教授，他在出版的《管理团队成败启示录》一本书中提出了团队角色模型。其基本思路是：没有完美的个人，只有完美的团队。人无完人，但团队却可以是完美的团队，只需适当地拥有如下所述的各种角色。

(一) 实干者

实干者是通过行动来表现自身价值的人。当上级交给他们工作任务时，他们会按上级的意图兢兢业业、踏踏实实地把事情做好。

实干者的优点：

(1) 有一定的组织能力，并具有较丰富的实践经验；

(2) 对工作总是勤勤恳恳，吃苦耐劳，有一种老黄牛的精神；

(3) 对自己的工作有比较严格的要求，表现出很强的自我约束力。

实干者的缺点：

(1) 往往对工作中遇到的事情缺乏灵活处理的能力；

(2) 对自己没有把握的意见和建议没有太大的兴趣；

(3) 缺乏激情和想象力。

(二) 协调者

协调者是指能够引导一群不同技能和个性的人向着共同的目标努力的人。

协调者的优点：

(1) 愿意虚心听取来自各方面对工作有价值的意见和建议；

(2) 能够做到对来自其他人的意见不带任何偏见地兼收并蓄；

(3) 对待事情和看问题都能站在比较公正的立场上，保持客观、公正的态度。

协调者的缺点：

(1) 一般情况下，他们的智力水平表现一般，他们的身上并不具备太多的非凡的创造力和想象力；

(2) 注重人际关系，容易忽略组织目标。

(三) 推进者

推进者是行动的发起者，是高效的管理者，是确保团队快速行动的最有效成员。

推进者的优点：

(1) 在工作中不论做什么事情，总是表现得充满活力；

(2) 勇于向来自各方面的、落后的、保守的传统势力发出挑战；

(3) 永远不会满足于现在所处的环境，勇于向低效率挑战；

(4) 对自己的现状永远不满足，并敢于向自满自足情绪发出挑战。

推进者的缺点：

(1) 在团队中往往好激起争端，遇到事情比较冲动，容易产生急躁情绪；

(2) 往往难以接受他人的意见和建议。

(四) 创新者

创新者具有鲜明的个性，拥有高度的创造力，思路开阔，观念新，富有想象力，是“点子型的人才”。创新者通常会成为一个公司的创始人或新产品的发明者。

创新者的优点：

(1) 在团队中表现得才华横溢；

(2) 具有超凡的想象力；

(3) 比较聪明而充满智慧；

(4) 具有丰富而渊博的知识。

创新者的缺点：

(1) 常常让人觉得高高在上、一副救世主的面貌；

(2) 不太注重一些细节问题的处理方式；

(3) 随意而不拘礼节；

(4) 不易融入团队。

(五) 信息者

信息者的性格往往比较外向，对人、对事总是充满热情，表现出很强的好奇心，与外界联系广泛，消息灵通。

信息者的优点：

(1) 喜爱交际，沟通能力强；

(2) 对新生事物比其他人敏感；

(3) 求知欲很强，并且愿意不断探索新的事物；

(4) 勇于迎接各种挑战。

信息者的缺点：

(1) 常给人一种“喜新厌旧”的感觉；

(2) 说话不太讲究方式，直来直去。

(六) 监督者

监督者的头脑一般都比较清醒，处理问题也比较理智，对人、对事表现得言行谨慎、公平客观。他们喜欢比较团队成员的行为，喜欢观察团队的各种活动过程。

监督者的优点：

(1) 在工作中对人、对事表现出极强的判断是非的能力；

(2) 对事物具有极强的分辨力；

(3) 讲求实际，对人对事都抱着实事求是的态度。

监督者的缺点：

(1) 缺乏对团队中其他成员的鼓动力、煽动力；

(2) 缺乏激发团队中其他成员活力的能力。

(七) 凝聚者

凝聚者比较擅长日常生活中的人际交往，能与人保持和善友好的关系，为人处事比较温和，对人、对事都表现得比较敏感，是团队中最积极、最受欢迎的人。

凝聚者的优点：

(1) 对周围环境和人群的适应能力较强；

(2) 具有促进团队成员之间相互合作的能力。

凝聚者的缺点：

常常在危急时刻表现得优柔寡断，不能当机立断。

(八) 完美者

完美者做事勤奋而努力，并且很有秩序；为人处事都很认真，对待事情力求完美。对于重要且要求高度准确性的任务，完美者起着不可估量的作用。

完美者的优点：

(1) 持之以恒，很少半途而废；

(2) 在工作中表现得很勤劳；

(3) 对工作一丝不苟，是一个理想主义者。

完美者的缺点：

处理问题过于注重细节，为人处事不够洒脱。

二、创业团队的组建过程

团队不只是一群人在一起简单地工作，作为一个团队，应该具备自主性、思考性、协作性等。

(一) 团队初建来源

本书针对的是创业大学生，因此来源自然就是大学生了。

1. 就地取材

最基础的团队成员当然是自己的同学、朋友了，而如果有志向相投，又能优势互补的好友助阵，将是比较理想的状态。然而对于大多数大学生而言，这往往是可遇而不可求的。

2. 引进资源

除了周围的好友以外，还可以从自己的人脉资源中收获团队成员。因此在大学期间就需要广泛积累人脉。虽然积累的人脉中未必就会有自己的创业伙伴，但是从长远利益来看，这一积累过程绝对是有必要的，因此不必担心投入与产出不相符。而且，只要方法得当，就会受益匪浅。

3. 招贤纳士

由于大学生本身没有资本，或者资本有限，因此，像企业一样招聘是不现实也是没有意义的。但是可以招募志趣相投、愿意一起创业的大学生。这一方式的成本很高。一方面需要投入精力进行宣传，花费精力进行沟通；另一方面需要保证既能清晰介绍项目，又要保护核心技术与知识产权。正是基于这一角度的考虑，志成创业联盟在会员专区发布的“创业项目”与“毛遂自荐”服务项目，为创业大学生组建创业团队提供了一个平台；同时，其“创业项目”的服务模式一改一般创业服务网站加盟广告式的创业项目特点，注意保护发布者的权益，因此，可以为创业大学生组建团队提供有效的平台支持。

(二) 稳定团队来源的措施

虽然不能保证团队成员的完全稳定，但在一些方面采取有效措施还是很有意义的。

1. 责权利分配明确

很多管理问题都出现在责权利的分配不明确上，从而导致执行不力，应对突发事件反应不足、目标难以完成等。责权利指责任、权利、利益。进行有效分配的基本原则是应履行的责任、掌握的权利、获取收益的标准三个方面相互符合。因此，创业初始就要根据项目的特点，明确责权利的分配。在制订这三个方面声明的过程中，考虑项目根据发展可能出现的新问题，并为新问题的出现预留解决问题的空间，也就是说，团队中的什么人，或什么职位，或什么部门，应该负责对新问题进行分析、总结、分配新任务，以及怎样和以什么样的原则分配新任务。

2. 确定清晰的项目目标

项目目标一定要清晰，一切行动始终要保持与企业愿景和企业目标相一致，短期目标要满足长期目标的要求，不要因为外界因素的干扰而轻易改变战略，也不要执行不能满足企业长期利益的短期行为，要避免偏离项目的目标方向。为满足新环境的要求而进行的变革则另当别论。

3. 建立有效的沟通机制

广泛有效的沟通自团队初建时就应该始终保持，有效的沟通可以化解员工间的矛盾和冲突，促进员工的交流与合作，能够让部门与部门、员工与员工之间的关系更紧密，让企业有和谐融洽的工作氛围。

4. 以团队利益为重

项目运作中会有很多矛盾与冲突，当这些问题出现且通过沟通仍不能化解时，就要以团队的整体利益、项目的整体利益作为标准，判定最适合项目发展的方向。

5. 赏罚分明

奖惩制度制订出来后，团队的组建人员应该带头履行制度要求。这一点，在最初组建团队的过程中要阐明清楚。

6. 组织结构要合理

组织结构的设定，既要突出项目的特点，又要考虑团队的长期发展，也就是说，组织结构的设置，要在保证团队成员更好合作的基础上，使得团队结构有进一步完善和强化的空间。

(三) 组建创业团队的原则

组建创业团队，首先要考虑本创业计划的历程中所需人员应具备的基本知识与能力，从而按照实际需要组织能够真正担当各种职能的团队。团队组织是否得当、科学，是一个创业团队能否成功的关键。因此，应从以下几方面着手进行团队成员的选择与分工协作的安排和组织管理。

(1) 团队组建要注意专业知识和能力的对应选择。

以技术为主要资本的团队除具有专业的技术成员负责本计划的核心工作外，还要有相应的服务支撑基础的组员积极的配合。而以服务为主导产品的团队，诸如管理方面的任务分工更要注重专业性和融合性。因此，一个团队应包括的基本人才有管理型(负责团队的工作调配与应急事务处理)、财会人员(负责会计报表)、策划公关型(负责创业计划书的起草与适时修正)、专业人员(负责技术或服务等创业核心工作的总体规划)等，具体对应管理、财务、市场、金融、机电等专业知识。此外，还应在平时的交往中注意成员能力的挖掘，使公司的人员能够人尽其才。

(2) 创建科学的团队管理模式。

一个优秀的团队一定要具有合作精神，应在广泛借鉴各种管理模式的经验和进行充分的讨论和策划后，确定本团队最合适的管理模式；总体原则是使公司能高效、快速运营，使人、财、物各方面资源能得到最充分的利用。一般采用从上至下的层级管理，即公司高层直接控制整个公司，对公司负责，下属各部门除负责本部门的工作外，还要随时服从上层的调动，以便各人员了解公司的业务状况，认真处理好各部门之间的关系，在工作过程中加强彼此的配合，从而使管理与工作有条不紊，业绩稳步上升。

(3) 合理控制团队规模。

团队的规模应有一定的限制，一般一个团队的组成人数应控制在 5~8 人，以便领导与分工有效开展，保证各项工作的效率，从而占据有利的市场地位。

项目 4　管理创业团队

任何企业在创业期，其管理体制一定要简单和务实，主要是抓好人和财两个方面，例如制定一本员工手册，订立道德准则、考勤制度、奖惩条例、薪资方案等制度。这方面有许多样本可以参考，可根据自身特点有针对性地、选择重要的方面制定。在财务方面，更多是以降低资金风险和成本为主，合理配置生产要素，争取获得最好的经济效益。一般来说，报销制度、现金流量、预算、核算和控制成本等方面要首先考虑。

一、规章制度的确立

俗话说："国有国法，家有家规。"严格贯彻规章制度可以使企业经营有条不紊、有章可循，使企业日常工作更加科学化、制度化，进而提高企业在社会上的地位，增强经营活力。一个初创企业可以根据经营方向、性质等情况建立一套务实的、简单的公司运作管理基本制度，并随着经营的发展不断修改和补充章程。常见的小企业规章制度有财务管理制度、质量检查制度、物品与原材料进出制度、考勤制度、各种岗位责任制、工资与劳保福利制度、业务学习与技能培训等。在制定各项规章制度时，必须：符合国家政策法规；符合企业实际需求，具有可操作性；公平合理，奖罚分明。而在管理制度的实施过程中应该做到以下几点。

首先，应该明确目标陈述，并达成共识。核心成员一起讨论公司的目标陈述，将它清晰和明确起来，有了目标，才有方向和共同的远景。这种共识能大大减少管理和运作上的摩擦。

其次，管理者应该强调管理行为和文化上的风格。由于企业创业期规模较小，许多问题都可以直截了当地进行沟通，遵循开诚布公、实事求是的行为风格。

此外，在公司内部形成一个管理团队，决定最终的管理解决方案。内部班子即使很小也没有关系，关键是要随时沟通、定期交换意见，讨论诸如产品研发、竞争对手、内部效率、财务状况等与公司经营策略相关的问题。

最后，管理者应该制定并遵守既定的管理制度。当公司发展到一定程度并初具实力时，就要意识到自身能力上的缺陷，尽可能聘请一些管理方面的专业人才来共图大业。

管理者不只是各项规章制度的制定者，而且要严格要求自己，以身作则，带头遵守各项规章制度，发挥制度应有的作用。

二、人力资源管理

(一) 人力资源规划

人力资源规划是指通过对人力资源需求和供给的预测，制订人力资源补充计划、晋升计划、人员配置与挑战计划、培训开发计划以及薪酬计划等。创业初期的人力资源规划需要抓住几个核心要求：企业业务定位、企业规模、企业发展计划、人力资源运行模式等。创业初期的人力资源规划，主要应该从业务开展的层面(包含技术、生产、营销等几个主要方面)以及企业整体运营方面来进行思考，同时结合企业的长远发展来进行规划。

从人力资源规划的角度而言，这里着重提到的就是企业要建立一个比较完善的薪酬分配制度，即利益分配机制，这是一个最基本的游戏规则，先有规则再请人。当然，前提是要设什么部门、设什么岗位，这个岗位的职责是干什么的，请来的人需要完成哪些基本目标或任务，这些东西明确了，再谈分配制度就是顺理成章的事。人力资源规划方面需要考虑的一个重要因素就是企业的业务规模的定位问题。提前预估，即对企业生产能力和销售前景的合理预期是比较关键的，如果预估失准，要么造成人力资源的浪费，要么造成人员的紧缺。关于企业的战略定位，从整体而言，企业人力资源的规划也肯定是受其影响的。可能受制于多方面的因素，很多新创办的企业开始时往往是没有战略规划的。

人力资源管理是企业管理的核心。正如美国企业管理协会在培训教材中所说：“所谓企业管理就是人力资源管理，人力资源管理就是企业管理的代名词。”由此可见，西方企业把人力资源管理的重要性放在了前所未有的高度，这对创业企业更具现实意义。

(二) 组织设计原则

企业的存在和发展与企业的组织是分不开的，企业发展目标的实现必须通过有效的组织形式来保证，企业的经营管理职能必须通过统一的组织与组织程序来实现。

1. 组织的明确

组织是实现组织目标的有机载体，组织的存在是为了完成组织目标，组织的结构、体系、过程、文化等均是为完成组织目标服务的。组织的运行首先必须给大家指明一个行动方向，让不同的部门、不同的员工为同一个目标而努力奋斗。

2. 效率与独立原则

创业的目标是追求利润，效率原则是衡量任何组织结构的基础。企业应首先把企业的各项事务确定下来，针对不同的事物确定不同的岗位，然后选择合适的人员。这样根据实际需要来确定岗位和人员可以精简机构，减少企业开支，降低企业生产成本，增强企业在市场上的竞争能力。

独立原则就是组织中的各部门要分工明晰、权责清楚。权责一旦清晰，就要尊重这些权责的所属，不是停留在书面上，而是在具体的业务开展中都要做到这一点。要尊重部门的独立性。

3. 组织层级简单原则

本着效率原则，管理层级尽量缩减；一般设四个层级：总裁—部门经理—部门主管—一般员工。指令下达或者报告审批后，如果需要经过很多程序，往往贯彻起来速度较慢，甚至指令失真。当然，从另外一个角度而言，管理层级偏少，不利于员工职业通道的发展，但是，这个问题可以从企业业务的发展空间来进行拓展，以及在薪酬福利等方面进行调整。

4. 淡化家族色彩原则

创业企业中家族经营较为普遍，家族成员固然忠诚可靠，但若家族成员知识、才干不足，则会限制企业的进一步发展。创业企业在人员的配备中必须本着“任人唯贤”的指导思想，以专业需要、知识、能力、经验为标准，淡化家族色彩。

三、薪酬管理

企业必须明确工作所需的技能和学历以及工作的难易程度等，从而判断每个工作的相对价值，以此作为薪酬管理的依据，制定公平合理的薪酬政策。

企业必须建立一套科学实用的薪酬管理体系。

关于初创企业如何处理薪酬，有以下几点建议：

1. 判断岗位价值

公司成立之初，虽然规模小，但依然要明确每个岗位的要求。建议首先确立各岗位的价值：如胜任该岗位的条件——学历、工作经验、技能要求等，基本职责——工作内容、应负责任、享受的权利等，基本职位晋升途径——薪资增长、职位提升、知识培训，等等。这样每个岗位首先有了一个可以衡量的数据化的比较图，再形成各岗位的价值比，根据价值比确定各岗位的基本薪酬，根据契约预算及对岗位的期盼值，设立每个岗位的加薪频率与幅度。

2. 了解市场行情

看市场行情不仅仅看薪资总额，更要看薪资的组成部分、薪资的稳定性、薪资所涵盖的岗位要求。只有了解市场薪酬行情才可以轻松应对每一个应聘者的薪资要求。根据薪资行情并结合自身企业的定位，找到最适合自己企业的员工。了解的途径的大致有：对搜索来的应聘资料进行分析；在人才中介机构中寻找数据；查阅专业人才网站的薪资行情；等等。

3. 薪酬的周全性

可以把员工分为投资型、契约型与利用型。投资型员工可视为企业的合作伙伴，应注重长期合作及风险分担，可采用赠予股份与让其投资少部分风险金的方式，以满足其各方面的薪酬要求；契约型员工主要指确实有能力但很“现实”的那部分员工，企业完全可以将员工对企业提出的要求与企业对员工的要求结合起来，并通过合约的方式确立双方的权利与义务，兑现违约责任；利用型员工要求员工根据企业的制度来执行任务，并根据员工的动态及企业要求灵活调整制度。

4. 薪资谈判方式

一般企业在招聘时采取一对一的谈判方式，推荐以下几种策略：

(1) 投标法。把应聘岗位的人员集中起来，让每个应聘者说出自己的应聘动机、薪资要求、工作承诺、自身优缺点并进行自我介绍等，评委在旁观察打分。把有意向的留下来进行复试。复试采取模拟岗位情景，让应聘者说出初试时与其他应聘者的比较结果等，最后再决定录用人选及薪资谈判。

(2) 意外法。在薪资谈判将近结束时短暂休息，回到谈判桌时告诉应聘者："你确实不错！经过我们研究决定，在刚才确定初步薪资的基础上，我们主动给你加××钱，那是对你的信任及业绩期盼奖，希望你努力！"

(3) 分析法。与应聘者一起探讨其进入公司后可能产生的作用、能力、业绩等及公司主动配给他的资源，如政策、培训机会、晋升机会等，在双方相互认同及愉快的氛围中再谈判薪资问题，一般比较顺利。

(4) 选择法。对提出的薪资要求不置可否，拿出三种或更多种选择，待其选择后给予判断评估，以双方认同的方案为基准，调整薪资方案及其要求。

四、财务管理

资金是企业运转的血脉，是企业发展的源动力。财务管理的对象是企业的资金及其循环过程，包括筹资、融资和投资决策以及资本预算、合理安排的资本结构等问题。这些问题关系着企业的生存和发展，同时奠定了财务管理在企业管理中的重要地位。财务管理的对象是资金的循环和周转，其内容主要有以下几方面。

1. 筹资管理

筹资管理是企业为了满足投资的需要，筹资和集中所需要的资金的过程。企业筹资的渠道主要有两种：一是债务资金，如银行贷款、利用商业信用发行商业票据、融资租赁等；二是自有资金，如吸收直接投资、发行股票、利用留存收益等。

2. 流动资产管理

资产是指过去的交易、事项形成并由企业拥有或者控制的资源，该资源预计会给企业带来经济利益。资产按其流动性可以划分为流动资产、固定资产、无形资产及其他资产。流动资产是指可以在一年或超过一年的一个营业周期内变现或耗用的资产。按变现的能力可将资金分为现金、银行存款、应收票据、应收账款、预付账款、存货、设备等。其中，流动资金管理就是要解决公司运营的日常资金使用的问题，包括日常经营中的付款、偿还短期债务和偿还长期债务等，它对创业企业的生存是极其重要的。

3. 投资管理

投资管理是企业将筹措的资金投入使用的过程，主要包括投资分析和投资决策。对于创业企业来讲，投资管理主要是在创业初期做好投资分析和相应的投资决策；常见的投资分析方法有净现值法、现值指数法、回收期法、内部收益率法等。

4. 利润分配管理

利润分配指企业对收入和利润进行分配的过程。创业企业利润分配主要有两个去向：一是流出，具体表现为支付给股东股利和支付债权投资者的利息；二是留在企业用于企业的发展壮大，包括盈余公积金和未分配利润。因此，创业企业利润分配就是要解决企业利润分配的去向和比例问题，并要保持两者之间的动态平衡。

五、营销管理

企业营销首先要解决的是基本策略问题，也就是要进入新市场所必须解决的产品、价格、分销和促销四大基本问题，即以什么样的分销渠道和什么样的促销方式来进入创业营销市场。

1. 产品策略

产品策略是指企业为目标市场提供的产品及其相关服务的统一体，具体包括产品的质量、特色、外观、样式、品牌、包装、规格、服务、保证、退货条件等内容。企业在确定产品策略时，首先要考虑产品是否是新兴商品，若是新兴商品，就要考虑如何定位产品以获取竞争优势。

2. 价格策略

价格策略是指企业制定的销售给消费者的商品价格，具体包括价目表中的价格、折扣、折让、支付期限和信用条件等内容。定价问题也是营销的关键问题，价格竞争一直是企业竞争的最有效手段，从汽车到洗衣粉，无不需要进行价格竞争。可根据产品的定位确定合理的价格。

六、团队管理误区

创业者在对团队进行管理时，要避免以下误区：

1. 无个人主义

对于一个团队，它首先是一个集体，然后才是被列入“螺丝钉”的成员，这种认识固然好，然而不恰当地妄断在任何情况下都是“集体利益高于一切”，则是十分不可取的。在团队里过分推崇和强调“团队利益高于一切”，可能会导致两方面的弊端。一方面是极易滋生小团体主义。过分强调团队利益，容易造成个人与团队、团队与团队、团队与企业之间的价值目标错位，最终影响到企业战略目标的实现。另一方面，过分强调团队利益，容易导致个体的应得利益被忽视和践踏。作为团队的组成部分，如果个体的应得利益长期被漠视甚至受到侵害，那么他们的积极性和创造性无疑会遭受重创，从而影响到整个团队的竞争力和战斗力的发挥，团队的总体利益也会因此受损。

2. 无内部竞争

有人认为，讲团队精神，团队内部就不能搞竞争。这种认识显然不正确，更不能适应当今的社会。在团队内部引入竞争机制，有利于打破大锅饭。如果一个团队内部没有竞争，在开始的时候，团队成员也许会凭着一股激情努力工作，但时间一长，他会发现干多干少、干好干坏，结果都一样，那么他的热情就会减退，在失望、消沉后最终也会选择“做一天和尚，撞一天钟”的方式来混日子。这其实是一种披上团队外衣的大锅饭。通过引入竞争机制，实行赏勤罚懒、赏优罚劣，打破这种看似平等实为压制的利益格局，团队成员的主动性、创造性才会得到充分的发挥，团队才能长期保持活力。

3. 无原则

很多创业者在组建团队的过程中，因期望增加企业凝聚力而过于追求团队的亲和力和人情味，认为过于严明的团队纪律会破坏团队成员间和谐的关系，结果却直接导致了管理制度不能按章程实施，形同虚设。纪律是胜利的保证，只有做到令行禁止，团队才会战无不胜。三国时期诸葛亮挥泪斩马谡的故事就是一个典型的例子。马谡与诸葛亮于公于私关系都很好，但马谡丢失了战略要地街亭，诸葛亮最后还是按律将其斩首，维护了军心的稳定。严明的纪律不仅是维护团队整体利益的需要，在保护团队成员的根本利益方面也有着积极意义。比如说某个成员没能按期保质地完成某项工作或者是违反了某项具体的规定，但他并没有受到相应的处罚，或是处罚根本无关痛痒，就会使这个成员产生一种“其实也没有什么大不了”的错觉，久而久之，贻患无穷。如果他从一开始就受到严明纪律的约束，及时纠正错误的认识，那么对团队以及他个人都是有益的。

4. 高压策略

有些企业为了提高团队效益，增强企业员工的积极性，从一开始就实行分权制度，对员工进行“高压”管理。在下达主要经济指标后，尽可能赋予基层单位人、财、物方面的管理权限，以利于其拼抢市场、发展业务。但事实上，由于任务繁重，压力过大，分权程度过高，违背了管理的原则，不仅加重了员工的思想压力和经济负担，不利于他们安心做好本职工作，而且在利益的驱动下，一些“旁门左道”流行起来，久而久之就形成了无序的“内部竞争”。而管理者并不对政策执行情况进行跟踪调查，加上信息反馈渠道不畅，结果只能是“内战”越演越烈，最终公司总体效益下降。

针对前面述及的团队管理的误区，创业者应该采取适当的措施进行综合管理，从而使创业之路向着更遥远的方向前进。大鹏展翅高飞，鲤鱼跳跃龙门。作为创业者不应该拘泥于固定的经验模式，要摸索出适合企业发展的道路，从而实现创业团队的蓬勃发展。

模块小结

本模块主要介绍了创业力的内涵，重点阐述了培养创业合作力、领导力的方法，力求使大学生懂得作为创业者应该有意识地培养自己的创业力，并能够将其运用到创业团队的建立和管理中。

培养创业合作力的方法有完善运营管理体系、定期进行团建和提升内部凝聚力以及处理好人际关系。培养创业领导力的方法是充分运用大学生自身的优势，增强面对问题、解决问题的能力和提升学习力。初建创业团队的原则是，组建团队要注意专业知识和能力的对应选择，创建科学的团队管理模式和合理控制团队规模。

教学检测

简答：

1. 如何选择合适的合作伙伴？
2. 组建创业团队的原则有哪些？

实训活动

当历史进入“泛精英时代”后，个人英雄主义的市场已经大大缩减，在强调团队合作的今天，创业者想单枪匹马获得成功的概率正大大降低。因为当前几乎没有一个人能够完全应付创业过程中出现的种种问题，即使如比尔·盖茨也曾说：“我一向排斥‘企业家’这个字眼。‘企业家’一词对我是个抽象的概念。我自己是一个软件工程师，而我决定要找一群人来一起工作，这群人经过一段时间的成长，会创造出越来越多的产品。”

假设你准备创业，需要选择合作伙伴共同创业，你将会选谁？列出三个候选人，并写出选择他们的原因。

模块八　发掘创业机会

【教学目标】

使学生在熟悉创业机会、具备创业想法的基础上，能够自觉地遵循选择创业项目的基本原则，运用选择创业项目的方法选择适合大学生自己的创业项目。

【教学内容】

1. 把握创业机会；
2. 构思企业想法；
3. 选择创业项目。

【教学方法】

理论讲解、团队讨论、人物访谈、实地调研。

【案例导入】

人们都说“机会总是垂青于有准备的头脑”，可是一心想创业的谢同学并不了解什么创业机会，更不知道如何捕捉创业机会。她希望通过创业课程了解创业机会的内涵以及如何识别与评价创业机会。

企业想法在性格内向的靳同学来看，简直不可思议，她不理解为什么许多成功人士有那么多的企业想法。她希望通过创业课程了解许多成功人士的企业想法是怎么迸发出来的。

“在琳琅满目的商品时代，我究竟应该选择什么样的创业项目？”这个问题一直困扰着王同学。她希望通过本项目的学习，掌握选择创业项目的基本方法与原则。

上述三人的困惑是不是你也有呢？你是否也像谢同学一样并不了解何为创业机会？你是否也如靳同学一样不知道怎样构思企业想法？你是否也似王同学一样不了解如何选择创业项目？那让我们一起来学习本项目吧！

项目 1　把握创业机会

创业机会的本质产生于经济运行的不平衡。经济的不平衡就是供求的不平衡，需求与供给的变化都会打破原来的平衡，从而形成创业机会，进而能够为创业者提供创业机会。但是，需要明确三点：其一，机会是一个客观的变化。因为变化永远存在，所以创业机会也永远存在；其二，变化是可以被观察到的。不同的人对变化有着不同的敏感性，觉察蛛丝马迹的能力往往是最好的机会捕捉者；其三，变化会被观察者判定为对自己有用。将自己的能力与机会配合起来，或者判断机会可以与自己的目标一致。可见，创业机会是一个基于客观变化的主观判断，而不仅仅是一个客观事实。在客观无法改变时，主观能力决定是否存在机会。从这个意义上说，创业机会的本质是人的洞察能力。或者说，变化常有，但机会却不经常有。

一、熟悉创业机会的类型

根据不同的标准我们可以把创业机会分为不同的类别，下面主要介绍四类创业机会的划分方法。

1. 根据变化的快慢划分

根据变化的快慢，我们可以把创业机会分为突然的创业机会和缓慢的创业机会。突然的创业机会很容易为人们所察觉，却不容易被捕捉，因为它转瞬即逝，当人们来不及行动时，机会就消失了。有一句话经常讲，“机会是给那些有准备之人的”，意思是如果人们有所准备，就可以利用好机会。缓慢的创业机会完全相反，人们可能留意到这个变化，也可能会司空见惯，不认为这是一个变化，因为没有人认为那是一个机会，甚至还会有一种说法，如果是一个机会，别人为什么不去做呢？在这种思维方式下，人们都成了温水中的青蛙了。

2. 按照创业机会的来源和发展程度分类

根据 Getzels 关于创造性的理论，可以按照机会的来源和发展程度对创业机会进行分类，如图 8-1 所示。

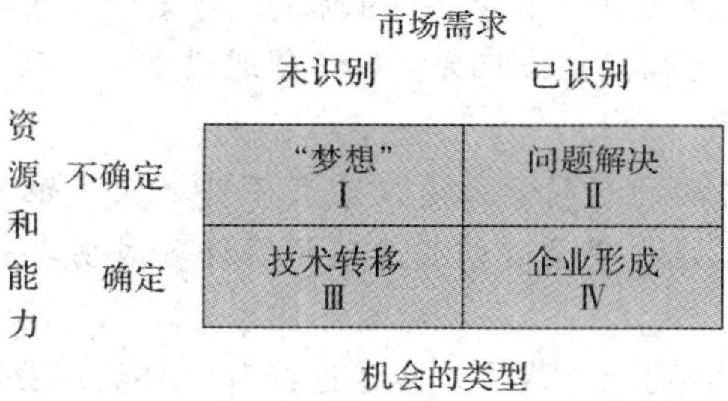

图 8-1　创业机会分类

在图 8-1 中，市场需求表示存在的问题，资源和能力表示解决问题的方法。

机会类型Ⅰ：市场需求未得到识别且资源和能力不确定(问题及其解决方法都未知)，表现的是艺术家、梦想家、一些设计师和发明家的创造性。他们感兴趣的是将知识的发展推向一个新方向和使技术突破现有限制。

机会类型Ⅱ：市场需求已识别但资源和能力不确定(问题已知但其解决方法仍未知)，描述了有条理的搜集信息并解决问题的情况。在这种情况下，机会开发的目标往往是设计一个具体的产品/服务以适应市场需求。

机会类型Ⅲ：市场需求未得到识别但资源和能力确定(问题未知但可获得解决方法)，包括我们常说的“技术转移”的挑战，如寻找应用领域和闲置的生产能力。这里的机会开发更多强调的是寻找应用的领域而不是产品/服务的开发。

机会类型Ⅳ：市场需求已识别且资源和能力已确定(问题及其解决方法都已知)，这里机会的开发就是将市场需求与现有的资源匹配起来，形成可以创造并传递价值的新企业。

从理论上来说，图 8-1 描述了一个发展的过程：从问题和解决方法都未知(左上方部分)

到已知问题或解决方法其中之一(右上方和左下方部分)，再到两者都已知(右下方部分)。所以从理论上来说，在问题及其解决方法有一个未知或两者都未知的情况下形成的企业，其成功的概率比两者都已知的情况下形成的企业成功的概率要小。

3. 按照机会的创新程度进行分类

Holcombe(2003 年)将创业机会分为两类：一类是从创新活动产生的潜在创业者，作为创新者，他们有机会从自己的创新活动中抓住创业机会；另一类创业机会是创业者从市场中产生的创业机会，如某个地方的东西便宜，那么卖的就要多一些，从而获得利益。第一类创业机会主要是针对创新者，因为没有其他的人能够发现这一创新点；第二类创业针对的是所有人，因为这类机会是依靠大家可以获得的信息来寻找没有开发的市场，从而进行创业。

4. 按照目的—手段关系的明确程度进行分类

创业机会是一种新的“目的—手段”(Means-End)关系，它能为经济活动引入新产品、新服务、新原材料、新市场和新组织方式，目的是活动主体在观念上事先建立的活动的未来结果，它必须通过主体运用手段改造客体的对象性活动来实现。按照这个标准将机会分为三类：第一类为识别型机会，指市场中的目的—手段关系非常明确，创业者可据此一举来识别机会；第二类为发现型机会，指在目的或者手段中的任意一方未知的情况下，有待于创业者寻找机会；第三类为创造型机会，指目的和手段都不明确，这要求创业者要比其他人更具有远见卓识，才能创造出有价值的机会。

二、认识大学生创业机会的来源

市场经济乱象丛生，海量的市场信息多得更是叫人难以琢磨，创业机会可谓无处不在、无时不在。下面主要介绍当前我国大学生创业机会的几种来源。

1. 创业机会始于问题

创业的根本目的是满足顾客需求，而顾客需求在没有满足前就是问题。寻找创业机会的一个重要途径是善于发现和体会自己和他人在需求方面的问题或生活中的难处。例如，上海有一位大学毕业生发现远在郊区的本校师生往返市区交通十分不便，于是便创办了一家客运公司，这就是把问题转化为创业机会的成功案例。

2. 创业机会始于变化

创业的机会大都产生于不断变化的市场环境，环境变化了，市场需求、市场结构必然发生变化。著名管理大师彼得•德鲁克将创业者定义为那些能“寻找变化，并积极反应，把它当作机会充分利用起来的人”。这种变化主要来自产业结构变动、消费结构升级、城市化加速、人口思想观念变化、政府改策变化、人口结构变化、居民收入水平提高、全球化趋势发展等方面。比如，居民收入水平提高，私人轿车的拥有量将不断增加，这就会派生出汽车销售、修理、配件、清洁、装潢、二手车交易、陪驾等诸多创业机会。

3. 创业机会始于创造发明

创造发明提供了新产品、新服务，更好地满足顾客需求，同时也带来了创业机会。例如，随着电脑的诞生，电脑维修、软件开发、电脑操作培训、图文制作、信息服务、网上开店等创业机会随之而来。即使你不发明新的东西，你也能成为销售和推广新产品的人，从而给你带来商机。

4. 创业机会始于竞争

和竞争对手相比，如果你能弥补自身的缺陷和不足，这也将成为你的创业机会。看看你周围的公司，你能比他们更快、更可靠、更便宜地提供产品或服务吗？你能做得更好吗？若能，你也许就找到了机会。

5. 创业机会始于新知识、新技术

创业机会始于新知识、新技术的产生。例如，随着健康知识的普及和技术的进步，围绕“水”就带来了许多创业机会，上海就有不少创业者加盟“都市清泉”而走上了创业之路。

三、识别创业机会

创业机会的识别即从创意中筛选合适的机会。这一过程主要包括两个步骤：首先是通过对整体的市场环境以及一般的行业分析来判断该机会是否在广泛意义上属于有利的商业机会；第二步是考察对于特定的创业者和投资者来说，这一机会是否有价值，也就是个性化的机会识别阶段。

下面主要介绍关于影响创业机会识别的因素和几种识别创业机会的常见方法。

(一) 影响创业机会识别的因素

创业机会识别过程是一个不断调整反复均衡的过程。不同的创业者可能愿意关注不同的创业机会，即使是同一个创业机会，不同的人对其评价也往往不同。在影响机会识别和开发的各项因素中，Shane 和 Venkataramen 认为主要可以分为两个方面，即机会的自然属性和创业者的个人特性。

1. 机会的自然属性

机会的特征是影响人们是否对之进行评价的基本因素。创业者选择这项机会是因为相信其能够产生足够的价值来弥补投入的成本，创业机会的自然属性很大程度上决定了创业者对其未来价值的预期，因而对创业者的机会评价产生了重大影响。Timmons(1999)提供了几个用于筛选商机的指标，包括市场需求、市场结构和规模以及市场利润指标，每一指标下还各设若干分指标用于机会评价。

2. 创业者的个人特性

对于机会识别来说，更重要的因素应当来自创业者的个人因素，这是因为从本质上说，机会识别是一种主观色彩相当浓厚的行为。事实上，即使某一机会已经表现出较好的预期价值，但是并非每个人都能从事这一机会的开发，并且坚持到最后的成功，因此创业者的个人特性对于机会识别来说更为重要。

现有的研究中提到了一些创业者与机会识别相关的个人特性，主要包括：

(1) 警觉性。Krizner(1973)分析了警觉性对于机会识别的影响。Kaish 和 Gilal(1991)通过实证检验发现，创业者比一般的经理人更加渴望信息，更倾向在信息搜索上花更多的时间，搜索方式也有所不同。然而 Buzenitz(1996)的实证研究却并不支持这一观点，这种差异主要是源自创业者个人特性的衡量指标的选取，这也正是创业者个人特性研究的难点之一。

(2) 风险感知。Keh 等(2002)的实证研究中认为机会评价创业者的风险感知显著相关，而创业者的风险感知又取决于创业者的自信心、不依赖计划、渴求控制等因素。

(3) 自信。Shaver 和 Scott(1999)指出，成功的创业者需要有执著的信念，并且能够坚持他们的事业直至最后成功。Krueger 和 Dickson(1944)的研究显示创业者的自信能够增强他们对机会的感知。

(4) 已有的知识。Shane(2000)认为创业者更加关注与他们已经拥有的信息、知识相关的机会，并且创业者拥有的知识将在技术开发、机会识别和机会开发三个方面影响机会的发现。

(5) 社会网络。Hill(1997)指出创业者的网络对机会识别相当重要，而且通过实证检验，他发现拥有大量社会网络的创业者与单独行动的创业者在机会识别上有显著的差异。

(二) 识别创业机会的常见方法

1. 新眼光调查

用新眼光去调查研究，就会对我国市场经济的新情况、新事物作出新的认识，从而得到更多的创业机会。

2. 通过系统分析发现机会

实际上，绝大多数的机会都可以通过系统分析得到发现。人们可以从企业的宏观环境(政治、法律、技术、人口等)和微观环境(顾客、竞争对手、供应商等)的变化中发现机会。借助市场调研，从环境变化中发现机会，是机会发现的一般规律。

3. 通过问题分析发现机会

问题分析从一开始就要找出个人或组织的需求和他们面临的问题，这些需求和问题可能很明确，也可能很含蓄。一个有效并有回报的解决方法对创业者来说是识别机会的基础。这个分析需要全面了解顾客的需求，以及可能用来满足这些需求的手段。

4. 通过顾客建议发现机会

从顾客那里征求想法。一个新的机会可能会由顾客识别出来，因为他们知道自己究竟需要什么。然而，顾客就会为创业者提供机会。顾客建议多种多样，最简单的，他们会提出一些诸如“如果那样的话不是会很棒吗”这样的非正式建议，留意这些，有助于你发现创业机会。

5. 通过创造获得机会

这种方法在新技术行业中最为常见，它可能始于明确拟满足的市场需求，从而积极探索相应的新技术和新知识，也可能始于一项新技术发明，进而积极探索新技术的商业价值。通过创造获得机会比其他任何方式的难度都大，风险也更高。同时，如果能够成功，其回报也更大。这种情况下所产生的创新在人类所具有重大影响的创新中，居于压倒性的主导地位。

四、选择创业机会模式

当个体识别到某个市场机会来临以后，面临的决策就是通过什么方式来把握这一机会，以获取经济租金。一般有以下三种机会开发模式可供选择: ① 套利行为，即通过市场机制将这一机会直接转让以获得机会识别的收益；② 独立创业，即机会识别者自己或与其他个体联合以企业的形式来开发机会，直接导致了新企业的出现；③ 内部创业，即在现有企业中以新业务开发等形式来利用机会，如果机会识别者是现有企业内部的组织成员，内部创业将是机会开发的重要形式。

根据知识获取和传递的难易程度，机会识别者所获得的关于市场机会的知识可以分为显性知识和隐性知识，也有可能是两者相结合的知识。根据机会识别者所拥有的关于市场机会的知识类型不同，其所选择的机会开发模式也相应发生变化。

项目 2　构思企业想法

一、企业想法的基本内涵

企业想法实质是一种思想，是一种观念，它源于对趋势的把握，没有解决的问题和闲置的资源。它是对一个人或者组织识别机会或在环境中发展需求(市场、团体等)的回应。用简短而精确的语言来说，企业想法是指对打算创办的企业的基本业务所做的描述。它通常包括四个组成部分：一是“WHAT”，即你的企业将销售什么产品或服务；二是“WHO”，即你的企业将向谁销售产品或服务；三是“HOW”，即你的企业将如何销售产品或服务；四是“WHERE”，即你的企业将满足顾客的哪些需要。一家好的企业往往始于一个好的企业想法。在创办一家好的企业之前，你需要对你期望经营的企业有一个明确的想法。

一家成功的企业既要满足顾客的需求，又要盈利；既要向人们提供想要的产品，又要为企业主带来利润。好的企业构思是创业成功的开始，是避免风险和失败的第一道防线。

(一) 销售的产品是什么

1. 服务

服务通常是无形的，是为满足顾客的需求，供方(提供产品的组织和个人)和顾客(接受产品的组织和个人)之间在接触时的活动以及供方内部活动所产生的结果，并且是在供方和顾客接触上至少需要完成一项活动的结果，例如医疗、运输、咨询、金融贸易、旅游、教育等。服务的提供可涉及：为顾客提供的有形产品(如维修的汽车)上所完成的活动；为顾客提供的无形产品(如为准备税款申报书所需的收益表)上所完成的活动；无形产品的交付(如知识传授方面的信息提供)；为顾客创造氛围(如在宾馆和饭店)。服务特性包括安全性、保密性、环境舒适性、信用、文明礼貌以及等待时间等。

2. 软件

软件由信息组成，是通过支持媒体表达的信息所构成的一种智力创作，通常是无形产品，并可以方法、记录或程序的形式存在，如计算机程序、字典、信息记录等。

3. 硬件

硬件通常是有形产品，是不连续的具有特定形状的产品，如电视机、元器件、建筑物、机械零部件等。其量具有计数的特性，往往用计数特性描述。

4. 流程性材料

流程性材料通常是有形产品，是将原材料转化成某一特定状态的有形产品，其状态可能是流体、气体、粒状、带状，如润滑油、布匹等。其量具有连续的特性，往往用计量特性描述。

一种产品可由两个或多个不同类别的产品构成，产品类别(服务、软件、硬件或流程性材料)的区分取决于其主导成分。例如，外供产品“汽车”是由硬件(如轮胎)、流程性材料(如燃料、冷却液)、软件(如发动机控制软件、驾驶员手册)和服务(如销售人员所做的操作说明)所组成。硬件和流程性材料经常被称为货物。是否称为硬件或服务主要取决于产品的主导成分。例如，客运航空公司主要为乘客提供空运服务，但在飞行中也提供点心、饮料等硬件。

质量保证主要关注预期的产品。该定义说明，产品是广义的概念，既可以是交付给顾客的最终产品，也可以是生产过程中的半成品和外购件。质量管理关注的是预期的产品，非预期的产品是指在生产预期产品的过程中，伴随产生的废液、废气、废料等物质，有可能造成环境的污染，不属于质量管理的范畴，它属于环境管理体系的范畴。

就产品的层次而言可以分为以下三类：

(1) 核心产品：产品中给购买者带来的基本利益和效用，即产品使用价值，是顾客真正要买的东西，在产品整体概念中是最基本、最主要的部分。

(2) 形式产品：核心产品借以实现的形式，即向市场提供的实体或劳务的外观。

(3) 延伸产品：也被称为附加产品，是顾客购买产品时所能得到的附加服务和利益。

一般来说，企业想法应该基于两点考虑：第一，从自己的生产或服务专长出发，对于大学生来讲应该注重从自己的专业出发；第二，从顾客的需求出发，了解客户的实际需求，销售有针对性的产品。

(二) 产品销售给谁

创办企业的一个重要目的就是盈利即赚钱。那么，钱从哪里来？自然是从上帝——顾客那里来。因此，知道将产品销售给谁至关重要。一般来说，产品销售的对象主要有以下几类：

(1) 消费者：可以是用户、顾客或客户，可以同时兼具多种身份。

(2) 用户：使用产品，但不一定付钱，也可能是别人送的。

(3) 客户：不一定是用户，但一定是要付钱的(包括代理、经销商、消费者等)。

(三) 产品如何销售

在明确了自己的企业销售什么产品以及销售的对象之后，接下来的任务就是确定如何销售产品的问题。一般来说，销售可以分为直接向顾客销售和间接向顾客销售即向零售商销售。

(四) 产品满足顾客哪方面需求

产品能够满足顾客哪方面的需求，也是企业创办者应该考虑的问题之一。

1. 顾客需求是什么

顾客需求是指顾客的目标、需要、愿望以及期望。而为顾客提供服务者为了加速并行工作，在设计阶段所运用的顾客需求信息应该定义准确，尽可能减少含糊不清、模棱两可的信息。

任何社会经济时代的产生和发展，都是生产力发展和人类需求不断升级、创新及其相互作用的产物。21 世纪进入“微创新”时代，顾客需求更加成为企业产品“微创新”的主要创作依据来源。

产品经济时代，产品供不应求，人们以农产品作为经济提供品满足其生存的需要；商品经济时代，商品日渐丰富，顾客需求开始变得苛刻起来，商品质量和技术含量的提升引起人们的关注，这一时期主要以工业产品作为主要经济提供品来满足其生存和安全等较低层次的需要；服务经济时代，商品经济空前繁荣，顾客对服务的需求不断增加，对服务的品质日益挑剔，顾客对社会地位、友情、自尊、态度的追求，使得高品质的服务成了满足其需求的主要经济提供品；体验经济时代，随着社会生产力水平、顾客收入水平的不断提高，人们的需求层次有了进一步的升华，产品和服务作为提供品已不能满足其精神享受和发展的需要，从社会总体上看，顾客需要更加个性化、人性化的消费来实现自我，因此顾客的需求也随之上升到了“自我实现”的层次。

客户需求主要有自然驱动力、功能驱动力、人的自身经验总结、人际交往活动、经营活动等。顾客由学习而产生需求，为现代推销学引导、影响、教育与创造需求奠定了理论基础。了解顾客需求，也是做好营销工作的第一步。

2. 如何满足顾客需求

随着人们生活水平的提高，传统的物质消费已经转化为现代的文化消费。在消费中，原有的“自然”使用价值减弱或消失了，从而使商品变成了有意义、有文化的记号和符号。现代商品消费决不能仅仅理解为对使用价值、实物用途的消费和享受，而是与人的体验、情感、人格、品位、社会地位和社会关系联系在一起的消费。因此，从与顾客关系的角度总结起来，门店对顾客至少要在选址、定位、商品、布局、环境和服务等六个方面达到适应和满足顾客的需求。

我们怎么样才能了解顾客的需求呢？一般需要以下几步：第一，要了解顾客需求先了解顾客背景。顾客一进门，就要通过观察，大致判断出顾客的身份是公务员、工人、农民、商人还是学生等，以便针对不同的人说不同的话，让大家都爱听。第二，根据其穿着、打扮、发型、肤色、气质等判断出顾客的经济条件，即购买力，目的是根据人来推荐不同的产品。第三，判断顾客来意是有意购买还是顺便走走看看，以便分配你的精力，把有限的时间投向有意购买的顾客。第四，判断顾客角色是个人使用还是为家人购买或是为友人购买，推荐要因“人”而异，有的放矢。第五，判断顾客的购买状态，即有无购买同类产品的经验，对于陌生购买顾客给予幼儿园级的耐心辅导和培育，对于有相关经验者多听少说，多强调“老”产品未能满足顾客的那部分。具体方法如下：

第一，询问。通过问来了解顾客需求。

第二，聆听。聆听是种情感活动，注意客户讲话时不要打断，适时给予客户适当的鼓励和恭维。

第三，思考。在与客户沟通的时候，要针对客户说的话进行思考，来了解客户的需求。

第四，观察。通过看来了解需求，导购员要眼观六路耳听八方。要善于观察，观察客户的随身物品、言谈举止、穿着打扮、神态表情、肢体语言，通过观察了解客户的需求。

二、企业想法的产生途径

即使你有一个企业想法，也不要满足，应该在此基础上引出更多的企业想法，这会更利于你创业成功。

1. 挖掘各种问题

问题是人思考的起点，企业想法可以从问题中诞生，如生活中的问题、学习中的问题、工作中的问题，甚至是出差中的问题。

2. 利用网络资源

随着科学技术的飞速发展，网络正在走向千家万户，网络不仅仅可以聊天娱乐，还可以查阅信息，让你产生更多的企业创意。B2B 是利用网络资源的一种典型方式，下面以此为例进行介绍。

B2B(也可写成 BTB，是 Business-to-Business 的缩写)是指企业对企业之间的营销关系，它将企业内部网通过 B2B 网站与客户紧密结合起来，通过网络的快速反应，为客户提供更好的服务，从而促进企业的业务发展。电子商务是现代 B2B 的一种具体表现形式，它包含三要素：一是买卖——B2B 网站平台为消费者提供质优价廉的商品，吸引消费者购买的同时促使更多商家的入驻；二是合作——与物流公司建立合作关系，为消费者的购买行为提供最终保障，这是 B2B 平台硬性条件之一；三是服务——物流主要是为消费者提供购买服务，从而实现再一次的交易。近年来 B2B 发展势头迅猛，趋于成熟，如阿里巴巴、中国制造网、敦煌网等。

3. 审视周边环境

生活中不是缺少企业想法，而在于你能否发现企业想法。重新审视一下你周围的环境，如自然环境与风土人情、行政企事业单位和商品集贸市场。

4. 头脑风暴法

1) 个人头脑风暴法

个人头脑风暴法是将奥斯本头脑风暴法用于个人领域，以提高个人创造性能力的方法。它实质上是列举法、二元坐标连对法和焦点法的综合运用。奥斯本头脑风暴法是由美国创造学家 A. F • 奥斯本于 1939 年首次提出，1953 年正式发表的一种激发创造性思维的方法。通过学习并掌握这种方法，可以大大激发人的灵感，发明许多具有创造性的事物，因而备受教育管理者的青睐。

(1) 列举法：将自己认为有必要的东西，经充分想象后全部列举出来。这是个人头脑风暴法的第一步。比如，把家庭中一般最常见的物品列成一个单子，越多越好，例如① 桌子、② 椅子、③ 电视机、④ 电扇、⑤ 冰箱、⑥ 压力锅、⑦ 影碟机、⑧ 日历表……

列举法在构思创造新事物的时候，由于所考虑的项目太过复杂，没有一个固定的研究主题，而且所依据的只是物与物的组合而已，因此在思考上很难发挥出应有的联想。

(2) 二元坐标连对法：将用列举法列举出来的事物分别标在横坐标和纵标上，然后将其一一配对，看结合起来会产生什么新构想。

(3) 焦点法：在思考开始前，就必须决定要创作的目标，即焦点，然后根据这个目标来进行思考。也就是说，要把思考的焦点定位在一个已经决定好的目标上。

焦点法的主要部分在于第二阶段，第一阶段的思考方式相当于一坐标仅有一个元素的二元坐标连对法。只有在第二阶段时，想象力才既自由发挥又具有针对性，使人类丰富而强大的联想力与设计或创造的终极目标相结合。

如果要创造一个与原物风貌完全不同的事物，使个人头脑风暴法具有真正的实用性，就要使用焦点法。

2) 结构性头脑风暴法

结构性头脑风暴法不是让你从任意一个词组开始，而是从一个特定的产品开始，然后尽力想出所有相关的企业，如与销售相关的企业、与制造相关的企业、与产品间接相关的企业(副产品)、与产品服务相关的企业……你可以一直想下去，直到不再有任何新的想法为止。同样，不论你想起什么都应该将其写下来，然后再确定这个想法是否有价值、是否正确。

项目 3　选择创业项目

一、选择创业项目的原则

创业投资项目从计划到实施能否顺利进行，在很大程度上取决于创业项目能否吸引风险投资。那么，如何选择创业项目呢？在创业项目的选择上一定要科学合理、细致全面、小心谨慎。

1. 选择有发展前景的创业项目的原则

作为大学生创业者，一定要有敏锐的市场洞察力。在开始创业之前，要考察当地市场，看看这个创业项目是否具有独创性，有多大的市场容量。

有这样一个经典故事：从前，有两个鞋商到一个岛国去考察鞋的市场潜力。在此之前，生活在那个岛上的人，谁也没有穿过真正像鞋这样的东西。两个鞋商看到这种情况后，一个鞋商琢磨着：这里没人穿鞋，所以鞋肯定卖不掉。而另一个鞋商却认为：正因为没人穿鞋，市场是一个空白，潜力无穷，所以鞋一定会很好卖。

2. 选择有特色的创业项目的原则

面临竞争激烈的市场环境，创业者要清楚创业项目所推出的服务或产品与竞争对手的差异点，这些差异点对于消费者来说具有怎样的价值，而这些差异点就是创业项目的特色，要让特色成为项目的亮点。项目越有特色，对消费者越有价值，产品或服务就越好卖，盈利就越多。所以，选择对消费者有价值的项目，只要方向正确，就能快速地启动市场。只有为消费者提供最需要的服务和产品，才能获得消费者的认可，这样才会有更多的回头客，也会慢慢地建立起好的口碑。

3. 选择合法化的创业项目的原则

要选择国家允许准入的行业和领域的创业项目。要了解国家政策，如国家对普通的民用商品一般没有什么限制，但对一些特殊领域是明令禁止的，对部分领域是有限制条件准入的，因此在相对虚拟化的互联网平台上操作时就要注意操作的合法化。还要避免涉及一些国家政策没有规定的“灰色区域”，要确保项目是国家允许的。

二、选择适合自己的创业项目

创业的第一步是认识自己，当你通过科学评估，认为自己具备了创业者特质后，接下来要做的就是选择创业项目。俗话说“万事开头难”，选对了项目，创业就成功了一半。

(一) 选择符合自己特点的创业项目

对于大学生这个特殊的群体而言，应尽量选择与自己的经验、兴趣、特长能挂得上钩的创业项目，要选择尽量能够发挥自身优势的创业项目。

(1) 选择享受政策优惠的创业项目。

为了鼓励大学生创业，各级政府和行政主管部门都出台了一系列的优惠政策，有些是专门针对具体行业的，如大学生创业新办咨询业、信息业、技术服务业的企业，可免征企业所得税两年；创业新办从事交通运输、邮电通信的企业，第一年免征企业所得税，第二年减半征收企业所得税；创业新办从事公用事业、商业、物资业、对外贸易业、旅游业、物流业、仓储业、居民服务业、饮食业、教育文化事业、卫生事业的企业，可免征企业所得税一年。大学生创业者可以根据自身的实际情况，在这些可享受优惠的项目中找到适合自己创业的项目。

(2) 选择投入资金较少和资金周转期短的创业项目。

由于大学生创业的融资渠道比较少，绝大多数的创业大学生都是利用父母、亲友的资助和自己的一些积蓄作为启动资金开始创业的，加上大部分学生都来自工薪家庭，能够获取的创业资金也有限，因此，大学生在刚开始创业时，应尽量选择初期投入资金少、资金周转快的项目，这样才能有充足的流动现金维持企业的正常经营。同时，大学生也要避免选择一些需要大量库存的项目。库存一多，资金周转必然缓慢，这不是小资本所能维持的；如果加上市场不稳定，必然会导致资金周转不灵，使企业陷入倒闭的困境。

(3) 选择避免技术性过高的创业项目。

大学生如果没有十足的把握，应尽量避免开始创业就进入高科技行业，因为高科技行业需投入大量的研发成本，对于大学生这样资金较少的创业者是一项很重的负担。因此，大学生可以先选择一些相对比较容易做的行业，在积累了一定的资本后再考虑转入高科技行业。

学生创业分为两类，一类是以服务内容的变化与革新为内涵的服务创业，另一类则是以新技术为核心的科技创业。无论是文科还是理科的大学生创业，都应以服务创业为主。

首先，科技创业的学生企业在技术含量上没有优势。现在是科技高速发展的时代，很难简单地通过一点技术革新来改变或建立一个行业。现在的科技革新一定是建立在一定科研基础之上的，而一个本科生或几个硕士生的科研力量是极其有限的，很难真正创造社会需要的科技产品。与此同时，学生企业在技术转化方面存在很多现实的问题。大学生最为优良的素质表现为创新的理念与创新的活力，而我国的服务行业又正在一个发展与完善的转型过程中，大学生完全可以发挥自己的优势，在服务行业里大显身手并取得成功。

(4) 选择成长期的创业项目。

大学生创业者一般都是 20 来岁的年轻人，喜欢新东西，在创业时也往往会去选一些刚开发出来、毫无市场基础的项目，这样会有很大的风险。只有当一个项目处于市场已经开发，但是现有的供应能力不足的时候，才应该及时选择，这样成功的概率就会大很多。选择这些处于成长期的项目，不仅能有效降低风险，而且可以获得相对较大的利润空间。

(5) 选择雇佣人力资本较少的创业项目。

大学生创业者普遍缺少实际的管理经验，如果一上手就开始管理很多员工，往往会使企业内部变得极其混乱。创业初期应该以开拓市场为主导，如果经常被人事工作所拖累，就不可能有大量的精力去完成其他重要的工作。因此，对于没有管理经验的大学生，可以先选择创建几个人的小企业，积累管理经验，随着企业不断壮大，就自然有能力管理更多的员工。

(二) 选择与自身的性格特点、背景及环境相匹配的创业项目

在选择创业项目时，大学生会受到自身的性格、背景及外部环境等方面因素的影响，首先是自身的性格特征因素，包括个人性格、优点和缺点、理性程度、魄力、魅力、专业专长等；其次是个人背景因素，包括父母和自己的人脉、可筹集的资金、对创业有用的信息等能够利用的各种资源；最后是所处的外部环境因素，包括政策、法律、经济形势、技术的变革、市场的需求、竞争环境等。立志于自主创业的大学生应该对自身所处环境有清晰的认识。

模 块 小 结

本模块主要介绍了创业机会的把握、企业想法的构思及创业项目的选择。

要把握创业机会，首先要认识创业机会的来源，学会识别创业机会，并选择适当的创业机会模式。

企业想法是指对打算创办的企业的基本业务所做的描述。它一般包括四个组成部分：一是“WHAT”，即你的企业将销售什么产品或服务；二是“WHO”，即你的企业将向谁销售产品或服务；三是“HOW”，即你的企业将如何销售产品或服务；四是“WHERE”，即你的企业将满足顾客的哪些需要。一家好的企业往往始于一个好的企业想法。在创办一家好的企业之前，你需要对你期望经营的企业有一个明确的想法。

创业的第一步是认识自己，当你通过科学评估，认为自己具备了创业者特质后，接下来要做的就是选择创业项目。选对了项目，创业就成功了一半。大学生应尽量选择与自己的专业、经验、兴趣、特长能挂得上钩的创业项目。

教 学 检 测

简答题

1. 企业想法的基本内涵是什么？

2. 选择创业项目的原则是什么？

实训活动

谈起开店的原因，80 后店主小谭说完全是因为喜欢。小谭有一次在浏览购物网站时发现一间网上小店推出的几款儿童灯很可爱，当时小谭的亲戚家正在装修，小谭便向亲戚推荐了几款网上小店里卖的儿童灯，没想到不仅亲戚家的大人和小孩都非常喜欢，连亲戚家的邻居见到了也喜欢得不得了。

这件事令一直想创业的小谭突然茅塞顿开，看到了商机。“佛山虽然有不少的大型灯饰城，但里面的货品几乎都是品种多而全，缺乏一个统一的主题，同质化现象比较严重，且大型灯饰城投资大风险高，没有几十万元甚至上百万元别想开得起来，我何不从小处入手，开一家专门卖儿童精品灯饰的专卖店？”小谭的想法很快得到了一位朋友的支持，两人一拍即合，将仅有的积蓄凑在一起，找铺面找货源，很快在莲花街开起了儿童灯饰店。

店铺开张后生意做得还挺顺利，不到半年小谭又在禅城增开了一家店。谈起经营诀窍，小谭说一定要认真分析儿童心理，切实了解儿童的需求与喜好最重要。

“现在的儿童喜好很多，比如男孩子喜欢足球、赛车、飞机等，女孩子喜欢娃娃、卡通动物、花篮等，店里要经常增加孩子们喜欢的灯饰，因此每隔一段时间，我都要去厂家转转，看到有什么喜欢的就定做一些。如果看到时兴流行的图案，也可以让厂家照样定做。”小谭说。

由于小谭本身就是个年仅 25 岁的大男孩，因而对孩子们的心思往往把握得比较准，精心定制的灯饰往往都很受顾客的欢迎。

“其实好东西自己会‘说话’，我们一般都不用特别卖力去推销，而且在佛山送灯是好意头，因此有些客人不仅自己喜欢买，还特意买来送给亲戚朋友。”小谭笑着说。儿童灯饰专卖店特别注重选址。据小谭介绍，儿童灯饰是以儿童及青少年群体为主要消费对象，因此最好选址在此类人群流量较大的临街铺面。这种以儿童为主题的灯饰专卖店讲究的就是个性与特色。

据小谭介绍，走商场专柜之路很难突出个性，反而是一些临街商铺更容易彰显个性，因此建议选择一些儿童及青少年人流量较大的临街商铺会比较好，但也并不一定非得是祖庙路、流行前线等商业中心。因为这些地方租金昂贵不说，并且其商品定位未必适合做灯饰，不妨多考虑家居饰品店较为集中的二线临街商铺或比较成熟的新型商业住宅区。

(1) 你认为可以通过什么手段或途径寻找创业机会？

(2) 如果你想创业，从上述案例中可以得到什么启示？

模块九　整合创业资源

【教学目标】

使学生在了解和熟悉市场营销相关概念的基础上，掌握市场营销的理念、原则和方法以及营销管理的相关知识；掌握市场细分的依据、策略、方法和步骤；掌握选择策略和营销策略；掌握市场定位的类型、原则、方法和步骤；掌握竞争策略；能够独立地制定市场营销方案。

【教学内容】

1. 了解市场和市场营销的内涵；
2. 掌握市场营销的理念、原则和方法以及营销管理的相关知识；
3. 了解市场细分的含义；
4. 掌握市场细分的依据、策略、方法和步骤；
5. 了解目标市场的含义；
6. 掌握选择策略、营销策略；
7. 了解市场定位的含义；
8. 掌握市场定位的类型、原则、方法和步骤。

【教学方法】

理论讲解、案例分析、实地调研、小组讨论、情景模拟。

【案例导入】

高同学大学读的是教育学专业，对市场营销可谓一窍不通，她希望通过本项目的学习，系统地了解市场营销的相关知识，为自己将来创业打下基础。

郭同学大学毕业了，正在准备创业，但对于怎样制订营销计划并不熟悉。现实的需要，迫使她不得不静下心来，认真学习如何制订营销计划。

高、郭两位同学也许你并不熟悉，但她们遇到的问题，可能与正在筹划创业的你有着诸多的相似之处。希望通过本项目的学习对正在筹划创业的你有所帮助。

项目 1　熟悉市场营销

一、市场的含义

市场在这里是指需要购买产品的顾客，这些顾客愿意购买且具有购买能力，他们可以是个人，也可能是企业；可以是现在的客户，也可以是潜在的客户(潜在客户指的是对企业或者销售商销售的东西有需求同时又具有购买力的人)。

【思考】

妈妈、奶奶带着 5 岁的儿子、7 岁的女儿到书法培训班咨询，儿子想学跆拳道，女儿想学舞蹈，妈妈开出条件：谁认真学书法，谁就可以报名自己热爱的课程。儿子同意了，妈妈当即交付学费；女儿坚决不同意，家长没有强求。

作为书法培训班的创办者，请问：你的客户是妈妈、奶奶、儿子还是女儿？为什么？

二、市场营销的内涵

市场营销又称为市场学、市场行销或行销学，MBA、EMBA 等经典商管课程均将市场营销作为对管理者进行管理和教育的重要模块包含在内。

市场营销是在创造、沟通、传播和交换产品中，为顾客、客户、合作伙伴以及整个社会带来价值的一系列活动、过程和体系。营销人员针对市场开展经营、销售行为。

1. 营销理念

市场营销观念的演变与发展可归纳为六种，即生产观念、产品观念、市场营销观念、客户观念、社会市场营销观念和大营销观念。

1) 生产观念

生产观念是指导销售者行为的最古老的观念之一。这种观念产生于20世纪20年代前。其企业经营哲学不是从消费者需求出发，而是从企业生产出发。其主要表现是“我生产什么，就卖什么”。生产观念认为，消费者喜欢那些可以随处买得到而且价格低廉的产品，企业应致力于提高生产效率和分销效率，扩大生产，降低成本以拓展市场。例如，烽火猎头专家认为美国皮尔斯堡面粉公司从 1869 年至 20 世纪 20 年代一直运用生产观念指导企业的经营，当时这家公司提出的口号是“本公司旨在制造面粉”。美国汽车大王亨利 • 福特曾傲慢地宣称：“不管顾客需要什么颜色的汽车，我只有一种黑色的。”这也是典型表现。显然，生产观念是一种重生产、轻市场营销的商业哲学。

生产观念是在卖方市场条件下产生的。在资本主义工业化初期以及第二次世界大战末期和战后一段时期内，由于物资短缺，市场产品供不应求，生产观念在企业经营管理中颇为流行。中国在计划经济旧体制下，由于市场产品短缺，企业不愁其产品没有销路，工商企业在其经营管理中也奉行生产观念，具体表现为：工业企业集中力量发展生产，轻视市场营销，实行以产定销；商业企业集中力量抓货源，工业生产什么就收购什么，工业生产多少就收购多少，也不重视市场营销。

生产观念是一种“我们生产什么，消费者就消费什么”的观念。因此，除了物资短缺、产品供不应求的情况之外，有些企业在产品成本高的条件下，其市场营销管理也受产品观念支配。

2) 产品观念

产品观念是一种较早的企业经营观念。产品观念认为，消费者最喜欢高质量、多功能和具有某种特色的产品，企业应致力于生产高值产品，并不断加以改进。它产生于市场产品供不应求的“卖方市场”形势下。最容易滋生产品观念的场合，莫过于当企业发明一项新产品时。此时，企业最容易导致“市场营销近视”，即不适当地把注意力放在产品上，而不是放在市场需要上，在市场营销管理中缺乏远见，只看到自己的产品质量好，看不到市场需求在变化，致使企业经营陷入困境。

3) 市场营销观念

市场营销观念是作为对上述诸观念的挑战而出现的一种新型的企业经营哲学。这种观念是以满足顾客需求为出发点的，即“顾客需要什么，就生产什么”。尽管这种思想由来已久，但其核心原则直到 20 世纪 50 年代中期才基本定型，当时社会生产力迅速发展，市场趋势表现为供过于求的买方市场，同时广大居民个人收入迅速提高，有可能对产品进行选择，企业之间为实现产品的竞争加剧，许多企业开始认识到，必须转变经营观念，才能求得生存和发展。市场营销观念认为，实现企业各项目标的关键，在于正确确定目标市场的需要和欲望，并且比竞争者更有效地传送目标市场所期望的物品或服务，进而比竞争者更有效地满足目标市场的需要和欲望。

市场营销观念的出现，使企业经营观念发生了根本性变化，也使市场营销学发生了一次革命。市场营销观念同推销观念相比具有重大的差别。

西奥多·莱维特曾对推销观念和市场营销观念作过深刻的比较，他指出：推销观念注重卖方需要；市场营销观念则注重买方需要。推销观念以卖主需要为出发点，考虑如何把产品变成现金；而市场营销观念则考虑如何通过制造、传送产品以及与最终消费产品有关的所有事物来满足顾客的需要。可见，市场营销观念的四个支柱是市场中心、顾客导向、协调的市场营销和利润，推销观念的四个支柱是工厂、产品导向、推销和赢利。从本质上说，市场营销观念是一种以顾客需要和欲望为导向的哲学，是消费者主权论在企业市场营销管理中的体现。

4) 客户观念

所谓客户观念，是指企业注重收集每一个客户以往的交易信息、人口统计信息、心理活动信息、媒体习惯信息以及分销偏好信息等，由此确认不同客户的消费习惯，分别为每个客户提供各自不同的产品或服务，传播不同的信息，通过提高客户忠诚度增加每一个客户的购买量，从而确保企业的利润增长。市场营销观念与之不同，它增强的是满足一个子市场的需求，而客户观念则强调满足每一个客户的特殊需求。

需要注意的是，客户观念并不是适用于所有企业。一对一营销需要以工厂定制化、运营电脑化、沟通网络化为前提条件，因此，贯彻客户观念要求企业在信息收集、数据库建设、电脑软件和硬件购置等方面进行大量投资，而这并不是每一个企业都能够做到的。有些企业即使舍得花钱，也难免会出现投资大于回报由此带来的收益减少的局面。客户观念最适用于那些善于收集单个客户信息的企业，这些企业所营销的产品能够借助客户数据库的运用实现交叉销售，或产品需要周期性地重购或升级，或产品价值很高。客户观念往往会给这类企业带来异乎寻常的效益。

5) 社会市场营销观念

社会市场营销观念是对市场营销观念的修改和补充。它产生于 20 世纪 70 年代西方资本主义出现能源短缺、通货膨胀、失业增加、环境污染严重、消费者保护运动盛行的新形势下。因为市场营销观念回避了消费者需要、消费者利益和长期社会福利之间隐含着冲突的现实。

社会市场营销观念认为，企业的任务是确定各个目标市场的需要、欲望和利益，并以保护或提高消费者和社会福利的方式，比竞争者更有效、更有利地向目标市场提供能够满足其需要、欲望和利益的物品或服务。社会市场营销观念要求市场营销者在制定市场营销政策时，要统筹兼顾三方面的利益，即企业利润、消费者需要的满足和社会利益，追求三者之间的和谐。

上述五种企业经营观，其产生和存在都有其历史背景和必然性，都是与一定的条件相联系、相适应的。当前，外国企业正在从生产型向经营型或经营服务型转变，企业为了求得生存和发展，必须树立具有现代意识的市场营销观念、社会市场营销观念。但是，必须指出的是，由于诸多因素的制约，当今外国企业不是都树立了市场营销观念和社会市场营销观念。事实上，还有许多企业仍然以产品观念及推销观念为导向。

6) 大营销观念

大营销观念是于 20 世纪 80 年代中期被提出的。20 世纪 70 年代末，资本主义经济不景气和持续“滞涨”导致西方国家纷纷采取贸易保护主义措施。在贸易保护主义思潮日益高涨的情况下，从事国际营销的企业为了成功进入特定市场从事经营活动，除了运用好产品、价格、渠道、促销等传统的营销策略外，还必须依靠权利和公共关系来突破进入市场的障碍。大市场营销观念对于从事国际营销的企业具有现实意义，重视和恰当地运用这一观念有利于企业突破贸易保护障碍，占据市场。

2. 营销原则

1) 诚实守信的原则

诚实守信是道德要求的最基础部分，它是企业经商道德的最重要的品德标准，是其他标准的基础。在我国传统经商实践中，它被奉为至上的律条。

2) 义利兼顾的原则

义利兼顾是指企业获利，要同时考虑是否符合消费者的利益，是否符合社会整体和长远的利益。利是目标，义是要遵守达到这一目标的合理规则。二者应该同时加以重视，达到兼顾的目标。义利兼顾的思想是处理好利己和利他的关系的基本原则。

3) 互惠互利的原则

互惠互利是针对企业的营销活动的性质提出的交易中的基本信条。互惠互利原则要求在市场营销行为中正确地分析、评价自身的利益，评价利益相关者的利益，对自己有利而对利益相关者不利的活动，由于不能得到对方的响应而无法进行下去。而对他人有利，对自己无利的，又使经济活动成为“无源之水”“无本之木”。

4) 理性和谐的原则

理性和谐的原则是企业道德化活动达到的理想目标模式。在市场营销中，理性就是运用知识手段，科学分析市场环境，准确预测未来市场发展变化状况，不好大喜功，单纯追求市场占有率，而损失利润；或像营销界一直抨击的秦池酒业一样，不问自身的生产条件，只为“标王”而付出高昂的代价，最终只能自食恶果。

3. 营销方法

1) 整合营销传播

整合营销传播是指将与企业进行市场营销有关的一切传播活动一元化的过程。整合营销传播一方面把广告、促销、公关、直销、包装、新闻媒体等一切传播活动都涵盖于营销活动的范围之内，另一方面则使企业能够将统一的传播资讯传达给顾客。其中心思想是以通过企业与顾客的沟通满足顾客需要的价值为取向，确定企业统一的促销策略，协调使用各种不同的传播手段，发挥不同传播工具的优势，从而使企业实现促销宣传的低成本化，以高强冲击力形成促销高潮。

21 世纪是市场经济持续性发展的高速腾飞阶段，21 世纪的经济模式将有翻天覆地的变化，在信息高速发展、网络不断普及的新时代，仍旧抱着“酒香不怕巷子深”的观念将面临被市场遗弃的危机。21 世纪的市场，将是更加理性化的市场，我们的游戏规则更加科学合理，对不具备竞争优势的企业竞争将更加残酷，我们的消费者更加理智，我们需要丰富我们的产品和服务，把最好的产品呈现给消费者。

2) 数据库营销

数据库营销是指企业通过收集和积累会员(用户或消费者)信息，经过分析筛选后针对性地使用电子邮件、短信、电话、信件等方式进行客户深度挖掘与关系维护的营销方式。有人认为，数据库营销是一种以与顾客建立一对一的互动沟通关系为目标，并依赖庞大的顾客信息库进行长期促销活动的全新的销售手段。也有人认为，数据库营销是一套内容涵盖现有顾客和潜在顾客，可以随时更新的动态数据库管理系统。数据库营销的核心是数据挖掘。

3) 网络营销

网络营销是企业整体营销战略的一个组成部分，是为实现企业总体经营目标所进行的，以互联网为基本手段营造网上经营环境的各种活动。网络营销的职能包括网站推广、网络品牌、信息发布、在线调研、顾客关系、顾客服务、销售渠道和销售促进八个方面。

4) 直复营销

直复营销是在没有中间行销商的情况下，利用消费者直接通路来接触及传送货品和服务给客户。其最大特色为“直接与消费者沟通或不经过分销商而进行的销售活动”，是利用一种或多种媒体，理论上可到达任何目标对象所在区域——包括地区上的以及定位上的区隔，且是一种可以衡量回应或交易结果的行销模式。

5) 关系营销

在很多情况下，企业并不能寻求即时的交易，所以他们会与长期供应商建立顾客关系。企业想要展现给顾客的是卓越的服务能力，顾客多是全球性的，他们偏向于可以提供不同地区配套产品或服务的供应商，且可以快速解决各地的问题。当顾客关系管理计划被执行时，组织就必须同时注重顾客和产品管理。同时，企业必须明白，虽然关系营销很重要，但并不是在任何情况下都会有效的。因此，企业必须评估哪一个部门与哪一种特定的顾客采用关系营销最有利。

6) 绿色营销

绿色营销是指企业为了迎合消费者绿色消费的消费习惯，将绿色环保主义作为企业生产产品的价值观导向，以绿色文化为其生产理念，力求满足消费者对绿色产品的需求所做的营销活动。

7) 社会营销

社会营销是基于人具有“经济人”和“社会人”的双重特性，运用类似商业上的营销手段达到社会公益的目的，或者运用社会公益价值推广其商品或商业服务的一种手段。

与一般营销一样，社会营销的目的也是有意识地改变目标人群(消费者)行为。但是，与一般商业营销模式不同的是，社会营销中所追求的行为改变动力更多来自非商业动力。

8) 病毒营销

病毒营销是指那些鼓励目标受众，把想要推广的信息像病毒一样传递给周围的人，让每一个受众都成为传播者，让推广信息在曝光率和营销上，产生几何级增长速度的一种营销推广策略。它并不是通过传播病毒来达到营销目的，而是通过引导人们发送信息给他人或吸收朋友加入某个程序来增加企业知名度或销售产品与服务。这种方式可以通过电子邮件、聊天室交谈、在网络新闻组或消费者论坛发布消息来进行推销。国内首家病毒营销传播公司八加八公司曾说病毒营销正如病毒一样，这种策略利用快速繁殖将信息爆炸式地传递给成千上百万人。病毒营销的关键是要正确引导人们传播意愿并且让人毫不费力地传播。

9) 危机营销

危机营销是指企业在面对危机、灾难时采取的一系列拨乱反正的营销措施，以期最大限度地减少危机给企业造成的不良影响。

一旦危机发生，首要的任务是在查出危机的产生原因后，马上对危机进行控制，防止其进一步恶化，尽量减少企业的损失。因为危机有连锁效应，一种危机往往能引发另一种危机。在这一点上，许多企业都反应迟钝。例如，1996 年“三株事件”没有很好地得到控制，加之媒体的过度炒作，使危机进一步加剧，到 1998 年胜诉时，企业已无回天之力。而遇到相同情况的美国强生公司的“泰诺”中毒事件发生后，公司立即收回了芝加哥地区的“泰诺”药品，并花费 50 万美元向可能与此有关的对象及时发出信息，最终控制了危机，恢复了企业形象和公众的信任。

4. 营销管理

市场营销管理是指为创造达到个人和机构目标的交换，而规划和实施理念、产品和服务的构思、定价、分销和促销的过程。市场营销管理是一个过程，包括分析、规划、执行和控制。其管理的对象包含理念、产品和服务。市场营销管理的基础是交换，目的是满足各方需要。

市场营销管理的主要任务是刺激消费者对产品的需求，但不能局限于此。它还帮助企业在实现其营销目标的过程中，影响需求水平、需求时间和需求构成。因此，市场营销管理的任务是刺激、创造、适应及影响消费者的需求。从此意义上说，市场营销管理的本质是需求管理。按需求的类型来分有以下几类：

1) 负需求

负需求是指部分或大部分潜在客户对某种产品或劳务不但没有需求且有厌恶情绪。例如，许多老年人为预防各种老年疾病不敢吃甜点心和肥肉。又如有些顾客害怕出事而不敢乘飞机，或害怕化纤纺织品有毒物质损害身体而不敢购买化纤服装。市场营销管理的任务是分析人们为什么不喜欢这些产品，并针对目标顾客的需求重新设计产品、定价，作更积极的促销，或改变顾客对某些产品或服务的信念，诸如宣传老年人适当吃甜食可促进脑血液循环，乘坐飞机出事的概率比较小等。把负需求变为正需求，称为改变市场营销。

2) 无需求

无需求是指目标市场顾客对某种产品毫无兴趣或漠不关心。例如，许多非洲国家居民从不穿鞋子，对鞋子无需求。通常情况下，市场对下列产品无需求：一是人们一般认为无价值的废旧物资；二是人们一般认为有价值，但在特定环境下无价值的东西；三是新产品或消费者平时不熟悉的物品等。市场营销者的任务是刺激市场营销，即创造需求，通过有效的促销手段，把产品利益同人们的自然需求及兴趣结合起来。

3) 潜伏需求

潜伏需求是指现有的产品或服务不能满足许多消费者的强烈需求。例如，老年人需要高植物蛋白、低胆固醇的保健食品，美观大方的服饰，安全、舒适、服务周到的交通工具等，但许多企业尚未重视老年市场的需求。潜伏需求和潜在需求不同，潜在需求是指消费者对某些产品或服务有消费需求而无购买力，或有购买力但并不急于购买的需求状况。企业市场营销的任务是准确地衡量潜在市场需求，开发有效的产品和服务，即开发市场营销。

4) 下降需求

下降需求是指目标市场顾客对某些产品或服务的需求出现了下降趋势。例如，城市居民对电风扇的需求渐趋饱和，需求相对减少。市场营销者要了解顾客需求下降的原因，或通过改变产品的特色，采用更有效的沟通方法再刺激需求，即创造性的再营销，或通过寻求新的目标市场，以扭转需求下降的格局。

5) 不规则需求

不规则需求是指市场上某种商品或服务的需求在时间上不均衡，表现为时超时负的现象。如在公用交通工具方面，在运输高峰时不够用，在非高峰时则闲置不用。又如在旅游旺季时旅馆紧张和短缺，在旅游淡季时旅馆空闲。再如节假日或周末时，商店拥挤，在平时商店顾客稀少。市场营销的任务是通过灵活的定价、促销及其他激励因素来改变需求时间模式，这称为同步营销。

6) 充分需求

充分需求是指某种产品或服务现今的需求水平和时间等于期望的需求，但消费者需求会不断变化，竞争日益加剧。因此，企业营销的任务是改进产品质量及不断估计消费者的满足程度，维持现时需求，这称为“维持营销”。

7) 过度需求

过度需求是指市场上顾客对某些产品的需求超过了企业供应能力，产品供不应求。比如，由于人口过多或物资短缺，引起交通、能源及住房等产品供不应求。企业营销管理的任务是减缓营销，可以通过提高价格、减少促销和服务等方式使需求减少。企业最好选择那些利润较少、要求提供服务不多的目标顾客作为减缓营销的对象。减缓营销的目的不是破坏需求，而只是暂缓需求水平。

8) 有害需求

有害需求是指对消费者身心健康有害的产品或服务，诸如烟、酒、毒品、黄色书刊等。

企业营销管理的任务是通过提价、传播恐怖及减少可购买的机会或通过立法禁止销售，称之为反市场营销。反市场营销的目的是采取相应措施来消灭某些有害的需求。

项目 2　明确市场细分与定位

一、市场细分

市场细分与市场定位是市场营销的重要概念。市场细分要回答的问题是“哪是我的目标市场？”，而市场定位要回答的问题是“人们在目标市场中为什么要购买我的产品或服务而不是其他竞争者的？”。

(一) 认识市场细分

1. 市场细分的含义及基础

市场细分的概念是美国市场学家温德尔·史密斯(Wendell R.Smith)于 1956 年提出来的。市场细分是指以消费需求的某些特征或变量为依据，区分具有不同需求的顾客群体。按照消费者欲望与需求把因规模过大导致企业难以服务的总体市场划分成若干具有共同特征的子市场，处于同一细分市场的消费群被称为目标消费群，相对于大众市场而言这些目标子市场的消费群就是分众了。

市场细分是第二次世界大战结束后，美国众多产品市场由卖方市场转化为买方市场这一新的市场形势下企业营销思想和营销战略的新发展，更是企业贯彻以消费者为中心的现代市场营销观念的必然产物。能够进行市场细分有其必然的基础，主要有以下几方面：

第一，顾客需求的差异性。顾客需求的差异性是指不同的顾客之间的需求是不一样的。在市场上，消费者总是希望根据自己的独特需求去购买产品，我们根据消费者需求的差异性可以把市场分为“同质性需求”和“异质性需求”两大类。

同质性需求是指由于消费者的需求的差异性很小，甚至可以忽略不计，因此没有必要进行市场细分。而异质性需求是指由于消费者所处的地理位置、社会环境不同以及自身的心理和购买动机不同，造成他们对产品的价格、质量款式上需求的差异性。这种需求的差异性就是我们市场细分的基础。

第二，顾客需求的相似性。在同一地理条件、社会环境和文化背景下的人们形成有相对类似的人生观、价值观的亚文化群，他们的需求特点和消费习惯大致相同。正是因为消费需求在某些方面的相对同质，市场上绝对差异的消费者才能按一定标准聚合成不同的群体。所以消费者需求的绝对差异造成了市场细分的必要性，消费需求的相对同质性则使市场细分有了实现的可能性。

第三，企业资源的有限。现代企业由于受到自身实力的限制，不可能向市场提供能够满足一切需求的产品和服务。为了有效地进行竞争，企业必须进行市场细分，选择最有利可图的目标细分市场，集中企业的资源，制定有效的竞争策略，以取得和增加竞争优势。

2. 市场细分的意义

市场细分具有非常重要的意义：

第一，有利于选择目标市场和制定市场营销策略。市场细分后的子市场比较具体，比较容易了解消费者的需求，企业可以根据自己经营思想、方针及生产技术和营销力量，确定自己的服务对象，即目标市场。针对较小的目标市场，便于制定特殊的营销策略。同时，在细分的市场上，容易了解和反馈信息，一旦消费者的需求发生变化，企业可迅速改变营销策略，制定相应的对策，以适应市场需求的变化，提高企业的应变能力和竞争力。

第二，有利于发掘市场机会，开拓新市场。通过市场细分，企业可以对每一个细分市场的购买潜力、满足程度、竞争情况等进行分析对比，探索出有利于本企业的市场机会，使企业及时作出投产、移地销售决策或根据本企业的生产技术条件编制新产品开拓计划，进行必要的产品技术储备，掌握产品更新换代的主动权，开拓新市场，以更好适应市场的需要。

第三，有利于集中人力、物力投入目标市场。任何一个企业的资源、人力、物力、资金都是有限的。通过细分市场，选择适合自己的目标市场，企业可以集中人力、财力、物力及资源，去争取局部市场上的优势，然后再占领自己的目标市场。

第四，有利于企业提高经济效益。前面三个方面的作用都能使企业提高经济效益。除此之外，企业通过市场细分后，企业可以面对自己的目标市场，生产出适销对路的产品，既能满足市场需要，又可增加企业的收入；产品适销对路可以加速商品流转，加大生产批量，降低企业的生产销售成本，提高生产工人的劳动熟练程度，提高产品质量，全面提高企业的经济效益。

3. 市场细分的依据

1) 消费者市场细分的依据

通常，企业是组合运用有关变量来细分市场，而不是单一采用某一变量。概括起来，细分消费者市场的变量主要有地理变量、人口变量、心理变量和行为变量四大类。以这些变量为依据来细分市场就产生了地理细分、人口细分、心理细分和行为细分四种市场细分的基本形式。

2) 生产者市场细分的依据

很多用来细分消费者市场的标准同样也可用于细分生产者市场，例如根据地理、追求的利益和使用率等变量加以细分。不过，由于生产者与消费者在购买动机与行为上存在差别，所以，除了运用前述消费者市场细分标准外，还可用一些新的标准来细分生产者市场。

4. 市场细分的策略

根据各个细分市场的独特性和企业自身的目标，共有三种目标市场营销策略可供选择。

1) 无差异市场营销

无差异市场营销指企业只推出一种产品，或只用一套市场营销办法来招徕顾客。当公司断定各个细分市场之间差异很小时可考虑采用这种市场营销策略。

2) 密集性市场营销

密集性市场营销指企业将一切市场营销努力集中于一个或少数几个有利的细分市场。

3) 差异性市场营销

差异性市场营销指企业根据各个细分市场的特点，相应扩大某些产品的花色、式样和品种，或制订不同的营销计划和办法，以充分适应不同消费者的不同需求，吸引各种不同的购买者，从而扩大各种产品的销售量。

(1) 优点：在产品设计或宣传推销上能有的放矢，分别满足不同地区消费者的需求，可增加产品的总销售量，同时可使企业在细分小市场上占有优势，从而提高企业的竞争力，在消费者心中树立良好的形象。

(2) 缺点：会增加各种费用，如增加产品改良成本、制造成本、管理费用、储存费用等。

5. 市场细分方法

1) 单一变量法

所谓单一变量法，是指根据市场营销调研结果，把选择影响消费者或用户需求最主要的因素作为细分变量，从而达到市场细分的目的。这种细分法以公司的经营实践、行业经验和对组织客户的了解为基础，在宏观变量或微观变量间找到一种能有效区分客户并使公司的营销组合产生有效对应的变量而进行的细分。

2) 主导因素排列法

主导因素排列法即用一个因素对市场进行细分，如按性别细分化妆品市场，按年龄细分服装市场等。这种方法简便易行，但难以反映复杂多变的顾客需求。

3) 综合因素细分法

综合因素细分法即用影响消费需求的两种或两种以上的因素进行综合细分。例如，用生活方式、收入水平、年龄三个因素可将妇女服装市场划分为不同的细分市场。

4) 系列因素细分法

如果细分市场所涉及的因素是多项的，并且各因素是按一定的顺序逐步进行的，则可由粗到细、由浅入深逐步进行细分，这种方法称为系列因素细分法。

6. 市场细分步骤

市场细分的主要步骤如下：

(1) 选定市场范围。

(2) 形成细分市场。

(3) 放弃较小或无利可图的细分市场。

(4) 合并较小且与其他需求相似的细分市场。

(5) 初评细分市场规模。

二、市场定位

市场定位是由美国营销学家艾·里斯和杰克·特劳特在 1972 年提出的。市场定位也称作“营销定位”，是市场营销工作者用以在目标市场(此处目标市场指该市场上的客户和潜在客户)的心目中塑造产品、品牌或组织的形象或个性的营销技术。企业根据竞争者现有产品在市场上所处的位置，针对消费者或用户对该产品某种特征或属性的重视程度，强有力地塑造出本企业产品与众不同的、给人印象鲜明的个性或形象，并把这种形象生动地传递给顾客，从而使该产品在市场上确定适当的位置。

(一) 市场定位的类型

市场定位是一种竞争性定位，它反映市场竞争各方的关系，是为企业有效参与市场竞争而采取的必要措施。市场定位一般分为以下三种类型。

1. 避强定位

避强定位是一种避开强有力的竞争对手进行市场定位的模式。企业不与对手直接对抗，将自己置于某个市场“空隙”，发展目前市场上没有的特色产品，可拓展新的市场领域。

这种定位的优点是：能够迅速在市场上站稳脚跟，并在消费者心中尽快树立起一定形象。由于这种定位方式市场风险较小，成功率较高，常常为多数企业所采用。例如，美国的 Aims 牌牙膏专门对准儿童市场这个空隙，因而能在 Crest(克蕾丝，宝洁公司出品)和Colgate(高露洁)两大品牌统霸的世界牙膏市场上占有10%的市场份额。

2. 迎头定位

迎头定位是一种与在市场上居支配地位的竞争对手“对着干”的定位方式，即企业选择与竞争对手重合的市场位置，争取同样的目标顾客，彼此在产品、价格、分销、供给等方面少有差别。

在世界饮料市场上，作为后来者的“百事可乐”进入市场时，就采用过这种方式，“你是可乐，我也是可乐”，与“可口可乐”展开面对面的较量。实行迎头定位，企业必须做到知己知彼，应该了解市场上是否可以容纳两个或两个以上的竞争者，自己是否拥有比竞争者更多的资源和能力，是不是可以比竞争对手做得更好。否则，迎头定位可能会成为一种非常危险的战术，将企业引入歧途。当然，也有些企业认为这是一种更能激发自己奋发向上的定位尝试，一旦成功就能取得巨大的市场份额。

3. 重新定位

重新定位通常是指对那些销路少、市场反应差的产品进行二次定位。初次定位后，随着时间的推移，新的竞争者进入市场，选择与本企业相近的市场位置，致使本企业原来的市场占有率下降；或者，由于顾客需求偏好发生转移，原来喜欢本企业产品的人转而喜欢其他企业的产品，因而市场对本企业产品的需求减少。在这些情况下，企业就需要对其产品进行重新定位。所以，一般来讲，重新定位是企业为了摆脱经营困境，寻求重新获得竞争力和增长的手段。不过，重新定位也可作为一种战术策略，并不一定是因为陷入了困境，相反，可能是由于发现新的产品市场范围引起的。例如，某些专门为青年人设计的产品在中老年人中也开始流行后，这种产品就需要重新定位。

(二) 市场定位的原则

各个企业经营的产品不同，面对的顾客和所处的竞争环境也不同，因而市场定位所依据的原则亦不同。总的来讲，市场定位所依据的原则有以下四点：

第一，根据具体的产品特点定位。构成产品内在特色的许多因素都可以作为市场定位所依据的原则，比如所含成分、材料、质量、价格等。“七喜”汽水的定位是“非可乐”，强调它是不含咖啡因的饮料，与可乐类饮料不同。“泰宁诺”止痛药的定位是“非阿司匹林的止痛药”，显示药物成分与以往的止痛药有本质的差异。

第二，根据特定的使用场合及用途定位。为老产品找到一种新用途，是为该产品创造新的市场定位的好方法。小苏打曾一度被广泛用作家庭的刷牙剂、除臭剂和烘焙配料，已有不少的新产品代替了小苏打的上述一些功能。小苏打可以定位为冰箱除臭剂，而有家公司却把它当做了调味汁和肉卤的配料，还有一家公司发现它可以作为冬季流行性感冒患者的饮料。我国曾有一家生产曲奇饼干的厂家最初将其产品定位为家庭休闲食品，后来又发现不少顾客购买是为了馈赠，又将之定位为礼品。

第三，根据顾客得到的利益定位。产品提供给顾客的利益是顾客最能切实体验到的，也可以用作定位的依据。1975年，美国米勒(Miller)推出了一种低热量的“Lite”牌啤酒，将其定位为喝了不会发胖的啤酒，迎合了那些经常饮用啤酒而又担心发胖的人的需要。

第四，根据使用者类型定位。企业常常试图将其产品指向某一类特定的使用者，以便根据这些顾客的看法塑造恰当的形象。

(三) 市场定位的方法

1. 区域定位

区域定位是指企业在进行营销策略时，应当为产品确立要进入的市场区域，即确定该产品是进入国际市场、全国市场，还是在某市场、某地等。只有找准了自己的市场，才会使企业的营销计划获得成功。

2. 阶层定位

每个社会都包含有许多社会阶层，不同的阶层有不同的消费特点和消费需求，企业的产品究竟面向什么阶层，是企业在选择目标市场时应考虑的问题。根据不同的标准，可以对社会上的人进行不同的阶层划分，如按知识分，就有高知阶层、中知阶层和低知阶层。进行阶层定位，就是要牢牢把握住某一阶层的需求特点，从营销的各个层面上满足他们的需求。

3. 职业定位

职业定位是指企业在制定营销策略时要考虑将产品或劳务销售给什么职业的人。将饲料销售给农民及养殖户，将文具销售给学生，这是非常明显的，而真正能产生营销效益的往往是那些不明显的、不易被察觉的定位。在进行市场定位时要有一双善于发现的眼睛，及时发现竞争者的视觉盲点，这样可以在定位领域内获得巨大的收获。

4. 个性定位

个性定位是考虑把企业的产品如何销售给那些具有特殊个性的人。这时，选择一部分具有相同个性的人作为自己的定位目标，针对他们的爱好实施营销策略，可以取得最佳的营销效果。

5. 年龄定位

在制定营销策略时，企业还要考虑销售对象的年龄问题。不同年龄段的人，有自己不同的需求特点，只有充分考虑到这些特点，满足不同消费者的要求，才能够赢得消费者。如对于婴儿用品，营销策略应针对母亲而制定，因为婴儿用品多是由母亲来购买的。

(四) 市场定位的步骤

1. 识别可能的竞争优势

消费者一般都选择那些给他们带来最大价值的产品和服务。因此，赢得和保持顾客的关键是比竞争者更好地理解顾客的需要和购买过程，以及向他们提供更多的价值。通过提供比竞争者低的价格或者提供更多的价值，可以使较高的价格显得合理。企业可以把自己的市场定位为：向目标市场提供优越的价值，从而企业可赢得竞争优势。

(1) 产品差异：企业可以使自己的产品区别于其他产品。

(2) 服务差异：除了靠实际产品区别外，企业还可以使其与产品有关的服务不同于其他企业。

(3) 人员差异：企业可通过雇用和训练比竞争对手好的人员取得很强的竞争优势。

(4) 形象差异：即使竞争的产品看起来很相似，购买者也会根据企业或品牌形象观察出不同。因此，企业可通过树立形象使自己不同于竞争对手。

2. 选择合适的竞争优势

假定企业已很幸运地发现了若干个潜在的竞争优势，现在，企业必须选择其中几个竞争优势，据以建立起市场定位战略。许多营销商认为企业针对目标市场只需大力促销一种利益，其他的经销商则认为企业的定位应多于七个不同的因素。总的来说，企业需要避免三种主要的市场定位错误。第一种是定位过低，即根本没有真正为企业做好定位。第二种错误是过高定位，即传递给购买者的公司形象太窄。第三种是企业必须避免混乱定位，给购买者一个混乱的企业形象。

3. 传播和送达选定的市场定位

一旦选择好市场定位，企业就必须采取切实步骤把理想的市场定位传达给目标消费者。企业所有的市场营销组合必须支持这一市场定位战略。给企业定位要求有具体的行动而不是空谈。

市场定位策略的有效性条件并非所有的商品差异化都是有意义的或者是有价值的。也非每一种差异都是一个差异化手段。每一种差异都可能增加公司成本，当然也可能增加顾客利益。所以，公司必须谨慎选择能使其与竞争者相区别的途径。有效的差异化应满足重要性、专有性、优越性、感知性、不易模仿性、可支付性、可盈利性等原则。

4. 市场定位策略的差别化数量选择

1) 单一性定位

例如，广告制作人罗泽 • 里福斯说，企业应为每一种品牌建立唯一的销售主张，并坚持这一主张。企业应给每一个品牌分派一个特点，并使它成为这一特点中的“第一名”。购买者趋向于熟记“第一名”，特别是在一个信息泛滥的社会中。因此，佳洁士牙膏始终宣传它能防止牙齿蛀洞的功能。有吸引力的“第一名”品牌有什么特征呢？最主要的是“最好的质量”“最优的服务”“最低的价格”“最佳的价值”以及“最先进的技术”等。企业若着重围绕其中的一个特点进行宣传，并且坚持不懈，就很有可能因此而闻名。

2) 双重定位

如果有两家或更多的公司在同样的属性上都声称是最好的，这样做就很有必要了。这样做的动机是在目标细分市场内找到一个特定的空缺。比如将其汽车定位为“最安全”和“最耐用”，这两项利益是可以兼容的。通常认为，一辆很安全的汽车也将是非常耐用的。

3) 三重利益定位

例如， 牙膏提供三种利益：“防蛀”“爽口”和“增白”。显然，许多人觉得这三种利益都很重要，问题是要使他们相信这一品牌确实具有这三种利益。通过同时挤出三种颜色的牙膏，使顾客通过视觉相信该牙膏确实具有三种利益，从而解决了这个问题。

5. 差别化数量选择时易犯的错误

当公司为其产品推出较多的优越性时，可能会变得令人难以相信，并失去一个明确的定位。一般而言，一家公司必须避免定位过低、定位过高、定位混乱和定位怀疑四种主要的定位错误。

营销商可遵循的市场定位策略主要有：

(1) 根据具体产品的特点对产品进行定位。

(2) 根据产品所满足的需要以及产品所提供的利益对产品进行定位。

(3) 根据使用场合对产品进行定位。

(4) 直接针对竞争者或避开竞争者进行定位。

项目 3　预测启动资金

一、启动资金

已经厉兵秣马的你，现在可能雄心勃勃，跃跃欲试，但在起步之前，你还需要知道创办自己的企业究竟应该准备多少启动资金。对于创业者而言，有一个粗略的估计是远远不够的，因为它无法支撑一套可行的商业计划书。准确地衡量创业需要多少启动资金，是成功的关键。如果低估了需求，那么在开始盈利之前，企业可能就已经用完了运营资金。而如果预测成本过高，创业者又可能很难及时筹集到足够的资金来起步。

启动资金是指企业开业初期运作所必需的资金，包括企业设备、设施的前期投入和开业准备以及初期运作所需要的各种资金，主要用来支付场地(土地和建筑)、办公家具和设备、机器、原材料和商品库存、营业执照和许可证、开业前广告和促销、工资以及水电费等相关费用。启动资金一般有固定资金和流动资金之分。

流动资金是指企业日常运转所需要支出的资金，包括企业初期经营所需的原材料、商品库存和包装、销售费用(保管费、运输费、广告宣传费用等)、工资、租金、保险费以及其他日常费用如水电费、办公费等。

企业流动资金和固定资金的占有比例必须恰当，固定资金比例占有越大，企业的财务风险越大。因此，创业者对以上两种资金的预测，应根据不同的行业特征、经验规模和产销要求进行精心筹划。

(一) 预测固定资金

固定资金是指为企业生产所必须购买的价值较高，使用时间较长的，而且需要较长时间才能收拢的物质资料所投入的资金，主要包括企业用地与建筑(土地、房屋)、设备(机器、工具、办公设施、车辆等)、开办费(登记注册、执照、市场调查、咨询、培训等资金)、装修费(租用)、加盟费等。有的企业用很少投资就能开办，而有的却需要大量的投资才能启动。但每个企业开办时总会有一些投资。

固定资金一般可以分为以下几类。

1. 企业用地与建筑

办企业或开公司，都需要有适用的场地和建筑。也许是用来开工厂的整个建筑，也许只是一个小工作间，也许只需要租一个铺面。如果你能在家开展工作，就能降低投资。在前面谈到营业地点问题时，你已经决定在哪里设置你的企业。现在要进一步看你的企业具体需要什么样的场地和建筑等。当清楚了需要什么样的场地和建筑时，要作出以下选择：

(1) 造房。如果你的企业对场地和建筑有特殊要求，最好造自己的房子，但这需要大量的资金和时间。

(2) 买房。如果你能在良好的地段找到合适的建筑，则买现成建筑既简单又快捷。但现成的房子往往需要经过改造才能适合企业的需要，这同样需要大量的资金。

(3) 租房。租房比建房和买房所需的启动资金要少，经营地点的选择也比较灵活，便于根据需要而进行地址变更。不过相对而言，租房缺乏稳定和持久性，其改造、设计、装修需要纳入投资支出部分，而房租则需要纳入流动资金支出部分。

(4) 在家开业。在家开业最便宜，但即使这样也少不了要做些调整。在确定你的企业是否成功之前，在家开业是起步的好办法，待企业成功后再租房和买房也不晚。但在家工作，业务和生活难免互相干扰。

2. 设备

设备是指企业需要的所有机器、工具、车辆、办公家具等。对于制造商和一些服务行业，最大的需要往往是设备。一些企业需要在设备上大量投资，因此了解清楚需要什么设备并选择正确的设备类型就显得非常重要。即使是只需要少量设备的企业，也要慎重考虑确实需要的设备。

【思考】

根据预测的销售量，假设达到 100%的生产能力，企业需要购买哪些设备，试完成下列表格：

名　称	数　量	单　价	总费用/元

供应商名称	地　址	电话或传真

3. 一次性费用

你的企业还需要支付开业前发生的一些费用支出，例如开办费、装修费等。开办费还包括开业前市场调查费、培训费、差旅费、印刷费、注册登记费等。

(二) 流动资金预测

你的企业开张后要运转一段时间才能有销售收入。制造商在销售之前必须先把产品生产出来；服务企业在开始提供服务之前要买材料和用品；零售商和批发商在卖货之前必须先买货。所有企业在招揽顾客之前必须先花费一定的时间和费用进行促销。总之，你需要流动资金支付一定开销。

有的企业需要足够的流动资金来支付 3 个月的全部费用，也有的企业只需要支付 6 个月的费用，有的企业则需要更长的时间，如农、林、牧、渔等企业。你必须预测，在获得销售收入之前，你的企业能够支撑多久。一般而言，刚开始的时候销售并不顺利，因此，你的流动资金要计划富裕些。所以，你需要制订一个现金流量计划，它会帮助你更准确地预测你所需要的流动资金。等你计划之后，你可能还得回头再更改启动资金里的流动资金数额。

1. 购买并储存原材料和成品

制造商生产产品需要原材料；服务行业的经营者也需要一些材料；零售商和批发商需要储存商品来出售。你预计的库存越多，你需要用于采购的流动资金就越大。既然购买存货需要资金，那么就应该将库存降到最低限度。

如果你是一个制造商，就必须预测生产需要多少原材料库存，这样才可以计算出在获得销售收入之前需要多少流动资金。如果你是一个服务商，就必须预测在顾客付款之前提供服务需要多少材料库存。零售商和批发商必须预测他们在开始营业之前需要多少商品存货。

需要注意的是，如果企业允许赊账，资金回收的时间就更长，则需要动用流动资金再次库存。

2. 促销

新企业开张，需要促销自己的商品或服务，而促销活动需要流动资金。

促销(Promotion)就是营销者向消费者传递有关本企业及产品的各种信息，说服或吸引消费者购买其产品，以达到扩大销售量的目的。促销实质上是一种沟通活动，即营销者(信息提供者或发送者)发出作为刺激消费的各种信息，把信息传递到一个或更多的目标对象(即信息接收者，如听众、观众、读者、消费者或用户等)，以影响其态度和行为。销售促进(Sales Promotion，SP)是市场竞争过程中的一把利剑。市场锋线的促销，作用在于对产品施加推力，使产品能够更快地进入市场和扩大市场。我们看到，在市场上并非每一个公司都做广告，但是每一个公司都无一例外地开展促销。所以，在我们执行市场拓展任务时，不要忘记使用促销这一有力武器。

1) 促销的类型

市场锋线上，SP 的对象是井然有序的。对制造商而言，其促销的对象有三个，即批发商、零售商和消费者；对批发商而言，其促销的对象有两个，即零售商和消费者；对零售商而言，其促销的对象只有一个，即消费者。由此看到，不同的市场主体，有着不同的促销目标，同时也构成了不同层次的促销类型。促销的类型可分为三种：一级 SP、二级 SP 和三级 SP。

2) 促销的方式

促销方式如执行工具，是企业改造市场增进业绩的得力手段。下面介绍常见的几种 SP 方式。

(1) 无偿 SP：针对目标顾客不收取任何费用的一种促销手段。

(2) 惠赠 SP：对目标顾客在购买产品时所给予的一种优惠待遇之促销手段。

(3) 折价 SP：在目标顾客购买产品时所给予的不同形式的价格折扣之促销手段。

(4) 竞赛 SP：利用人们的好胜和好奇心理，通过举办趣味性和智力性竞赛来吸引目标顾客参与的一种促销手段。

(5) 活动 SP：通过举办与产品销售有关的活动来达到吸引顾客注意与参与的促销手段。

(6) 双赢 SP：两个以上市场主体通过联合促销方式来达到互为利益的促销手段。换言之，两个以上的企业为了共同谋利而联合举办的促销，即为“双赢 SP”。

(7) 直效 SP：具有一定的直接效果的促销手段。直效 SP 的特点是现场性和亲临性。通过这两大特点，能够营造出强烈的销售氛围。

(8) 服务 SP：为了维护顾客利益，并为顾客提供某种优惠服务，便于顾客购买和消费的促销手段。可以说，服务 SP 是“顾客就是上帝”的具体体现。

3) 促销的方法

(1) 广告：向你的顾客提供产品信息，让他们有兴趣购买你的产品。你可以通过报纸、广播或电视做广告。招贴画、小册子、铭牌、价格表和名片也是给你的企业和产品做广告的方法。

(2) 营业推广：当顾客来到你的企业或以其他方式和你接触时，你要想方设法让他们买你的产品。促销的手段很多，例如，你可以用醒目的陈列、展示、竞赛活动吸引顾客，也可以用买一赠一的方式刺激顾客的购买欲。

(3) 公共关系：企业多做一些公益活动来树立形象和口碑，提高顾客对品牌的认识和忠诚度，比如小型赞助、媒体文章、演讲，也可以义务地举办一些社区活动来达到效果。

(4) 人员推销：派企业的人员进行面对面的销售，有时是最有效的促销方法。它包括上门做销售推广，组织一些销售会议或举办博览会、交易会等活动来推广产品。

4) 促销的要素

虽然促销需要一定的成本，但奏效的促销方法可以使你的产品很快占领市场。为达到促销目的，要充分考虑企业的具体情况，然后再策划对企业奏效的促销方式。一般要考虑以下三个要素：

(1) 产品类型：直接面向消费者的产品，选择广告促销的比较多；生产批发工业品的企业，则往往选择人员推销。

(2) 顾客认识：在顾客了解产品的阶段，广告与宣传有积极的作用；在顾客比较产品时，人员推销直截了当；顾客有购买意向的时候，营业推广和人员推销效果最为明显。

(3) 产品生命周期：新产品上市时，采用广告与公共关系能迅速辐射市场，建立产品知名度；在产品成熟阶段，营业推广、人员推销成为最重要的促销活动；在产品衰退阶段，广告宣传已经不重要，营业推广可以节约成本。

3. 工资

如果你雇用员工，在起步阶段你就得给他们付工资。你还要以工资方式支付自己家庭的生活费用。这样一来，计算流动资金时，你就要计算用于发工资的钱，通过用每月工资总额乘以还没达到收支平衡的月数就可以计算出来。

工资结算就是劳资双方根据当地法规或者惯例签订书面的劳资合同或以完成一定工作量的口头约定，对劳动者在一定时间(如一周、一个月、一年等)内的劳动成果进行的结算，我国法律规定工资报酬必须给付货币。简单地说工资结算就是劳资双方约定的一定时间内的各种劳动成果量与劳动单价乘积的累加，得出最后一个双方认可的总量，这个总量有的含税，有的不含税。应付工资的计算是工资结算工作的核心，工业企业应严格按照国家规定的工资总额组成项目计算对每个职工的应付工资额。它分为以下几种发放方式：

(1) 计时工资。计时工资是按考勤记录登记的职工出勤、缺勤天数和每人的工资标准进行计算的，一般有月薪制和日薪制两种方式。在月薪制下，不论各月日历天数多少，只要职工出满勤，即可得到相同的标准工资；若遇有缺勤，缺勤工资应从标准工资中扣除。

(2) 计件工资。计件工资是按产量记录和计件单价进行计算的。产量包括合格品的数量和料废品数量，料废品是因加工材料的缺陷而导致的废品。

(3) 加班加点工资、经常性奖金、工资性津贴和补贴及特殊情况下的工资、职位补助等。

4. 租金

租金是租赁业务中出租人向承租人收取的转让资产使用权的补偿款，对出租人表现为租金收入，对承租人表现为租金费用。租赁业务的租金通常是在出租人和承租人双方谈判中根据资产的成本确定的，而且按时间计算，如每月租金若干。其计算方法有：

(1) 附加率法：在租赁资产的设备货价或概算成本上再加上一个特定的比率来计算租金的方法。特定比率由营业费用和预期利润来确定。

(2) 年金法：以年金现值理论为基础的租金计算方法。它是将一项租赁资产在未来各租赁期内的租金按一定的利率换算成现值，使其现值总和等于租赁资产的概算成本的租金计算方法。

(3) 成本回收法：由租赁双方在签订租赁合同时商定，各期按照一定的规律收回本金，再加上应收的利息即为各期租金。

(4) 不规则租金：带有付租宽限期的租金计算法，宽限期长短对租金总额有影响，具体计算公式是将宽限期的利息加入概算成本中，然后用等额年金法计算每期租金。

(5) 浮动利率的租金：在租期内利率随市场变化，计算各期租金时的利率不同。浮动利率一般采用 Libor 利率(伦敦国际银行间拆放利率)并加一定的利差作为租金利率，一般以起租日的 Libor 利率加利差作为计算第一期租金的利率，第一期租金偿还日的 Libor 利率加利差则作为计算第二期租积金的利率，以此类推，计算以后各期利率，从而计算各期租金。

正常情况下，企业一开始运转就要支付企业用地用房的租金。计算流动资金用于房租的金额，用月租金额乘以还没达到收支平衡的月数就可以计算出来。而且，你还要考虑到租金可能 3 个月或 6 个月一付，会占用更多的流动资金。

5. 保险

企业开始运转，就必须投保并支付所有的保险费，这也需要流动资金。

6. 其他费用

在企业起步阶段，还要支付一些其他费用，如电费、文具用品费、交通费等。

创业者往往会低估融资额，主要原因有：漏掉支出项目，如必要的员工培训费用、证照费、服装费和保险费等；对市场过于乐观，对市场规模、产品销售额、公司业绩信心膨胀，过于乐观；对销售回款期估计过短，由于乐观的心态，对困难、风险估计不足，导致销售回款期计算过短。因此，创业者融资必须考虑到开办企业运营之前的支出和运营前期的支出，即固定资产投资和流动资金，尽可能准确测算创业所需资金。

二、预测现金流量

(一) 现金流量的基本内涵

现金流量是现代理财学中的一个重要概念，是指企业在一定会计期间按照现金收付实现制，通过一定经济活动(包括经营活动、投资活动、筹资活动和非经常性项目)而产生的现金流入、现金流出及其总量情况的总称，即企业一定时期的现金和现金等价物的流入和流出的数量。现金流量管理中的现金，不是通常所理解的手持现金，而是指企业的库存现金和银行存款，还包括现金等价物，即企业持有的期限短、流动性强、容易转换为已知金额现金、价值变动风险很小的投资等。

1. 现金流量的构成

现金流量通常由以下三部分构成：

(1) 初始流量：开始投资时发生的现金流量，一般包括固定资产上的投资、流动资产上的投资、其他投资费用、原有固定资产的变价收入等。

(2) 营业流量：投资项目投入使用后，在其寿命周期内由于生产经营所带来的现金流入和流出的数量。这种现金流量一般以年为单位进行计算。这里现金流入一般是指营业现金收入。

(3) 终结流量：投资项目完结时所发生的现金流量，主要包括固定资产的残值收入或变价收入、原有垫支在各种流动资产上的资金的收回、停止使用的土地的变价收入等。

2. 现金流量的分类

现金流量分为三大类：经营活动现金流量、投资活动现金流量和筹资活动现金流量。经营活动是指直接进行产品生产、商品销售或劳务提供的活动，它们是企业取得净收益的主要交易和事项。投资活动是指长期资产的购建和不包括现金等价物范围内的投资及其处置活动。筹资活动是指导致企业资本及债务规模和构成发生变化的活动。

3. 现金流量的影响因素

现金流量是指企业某一期间内的现金流入和流出的数量。例如：销售商品、提供劳务、出售固定资产、收回投资、借入资金等，形成企业的现金流入；购买商品、接受劳务、购建固定资产、现金投资、偿还债务等，形成企业的现金流出。衡量企业经营状况是否良好、是否有足够的现金偿还债务、资产的变现能力等，现金流量是非常重要的指标。企业日常经营业务是影响现金流量的重要因素，但并不是所有的经营业务都影响现金流量。影响现金流量的因素主要包括：

(1) 现金各项目之间的增减变动，不会影响现金流量净额的变动。例如，从银行提取现金、将现金存入银行、用现金购买两个月到期的债券等，均属于现金各项目之间内部资金转换，不会使现金流量增加或减少。

(2) 非现金各项目之间的增减变动，也不会影响现金流量净额的变动。例如，用固定资产清偿债务、用原材料对外投资、用存货清偿债务、用固定资产对外投资等，均属于非现金各项目之间的增减变动，不涉及现金的收支，不会使现金流量增加或减少。

(3) 现金各项目与非现金各项目之间的增减变动，会影响现金流量净额的变动。例如，用现金支付购买的原材料、用现金对外投资、收回长期债券等，均涉及现金各项目与非现金各项目之间的增减变动，这些变动会引起现金流入或现金支出。

4. 现金流量的重要意义

在现代企业的发展过程中，决定企业兴衰存亡的是现金流量，最能反映企业本质的是现金流量，在众多价值评价指标中基于现金流量的评价是最具权威性的。

现金流量比传统的利润指标更能说明企业的盈利质量。首先，针对利用增加投资收益等非营业活动操纵利润的缺陷，现金流量只计算营业利润而将非经常性收益剔除在外。其次，会计利润是按照权责发生制确定的，可以通过虚假销售、提前确认销售、扩大赊销范围或者关联交易调节利润，而现金流量是根据收付实现制确定的，上述调节利润的方法无法取得现金，因而不能增加现金流量。可见，现金流量指标可以弥补利润指标在反映公司真实盈利能力上的缺陷。美国安然(Enron)公司破产以及新加坡上市的亚洲金光纸业(APP)沦为垃圾公司的一个重要原因就是现金流量恶化。只有那些能迅速转化为现金的收益才是货真价实的利润。对高收益低现金流量的公司，特别要注意的是有些公司的收益可能是通过一次性的方式取得的，而且只是通过会计科目的调整实现的，并没有收到现金，这样的公司很可能存在未来业绩急剧下滑的风险。

(二) 现金流量表的编制

现金流量表是反映一定时期内(如月度、季度或年度)企业经营活动、投资现金流量表样表活动和筹资活动对其现金及现金等价物所产生影响的财务报表。现金流量表是原先财务状况变动表或者资金流动状况表的替代物，它详细描述了由公司的经营、投资与筹资活动所产生的现金流量。

1. 编制现金流量表的价值

作为一个分析工具，现金流量表的编制具有以下意义：

(1) 弥补了资产负债信息量的不足。

资产负债表是利用资产、负债、所有者权益三个会计要素的期末余额编制的；损益表是利用收入、费用、利润三个会计要素的本期累计发生额编制的(收入、费用无期末余额，利润结转下期)。唯独资产、负债、所有者权益三个会计要素的发生额原先没有得到充分的利用，没有填入会计报表。会计资料一般是发生额与本期净增加额(期末、期初余额之差或期内发生额之差)，说明变动的原因；期末余额说明变动的结果。本期发生额与本期净增加额得不到合理的运用，这是一个缺憾。

资产负债表的平衡公式为

现金=负债+所有者权益-非现金资产

这个公式表明，现金的增减变动受公式右边因素的影响，负债、所有者权益的增加(减少)导致现金的增加(减少)，非现金资产的减少(增加)导致现金的增加(减少)，现金流量表中的内容(尤其是采用间接法时)以资产、负债、所有者权益的增减发生额或本期净增加额来填报。这样账簿的资料得以充分利用，现金变动原因的信息也得以充分的揭示。

(2) 便于从现金流量的角度对企业进行考核。

对经营者而言，没有现金、缺乏购买与支付能力是致命的。企业的经营者由于管理的要求必须了解现金流量信息。另外，在当前商业信誉存有诸多问题的情况下，与企业有密切关系的部门与个人投资者、银行、财税、工商等不仅需要了解企业的资产、负债、所有者权益的结构情况与经营结果，更需要了解企业的偿还支付能力，了解企业现金流入、流出及净流量信息。

损益表的利润是根据权责发生制原则核算出来的，权责发生制贯彻递延、应计、摊销和分配原则，核算的利润与现金流量是不同步的。损益表上有利润，但银行账户中没有钱的现象经常发生。近几年来随着人们对现金流量的重视，越来越多人认识到权责发生制编制的损益表不能反映现金流量是个很大的缺陷。但是企业也不能因此废权责发生制而改为收付实现制。因为收付实现制也有很多不合理的地方，历史证明企业不能采用。在这种情况下，坚持权责发生制原则进行核算的同时，编制收付实现制的现金流量表，不失为两全其美的方法。现金流量表划分经营活动、投资活动、筹资活动，按类说明企业一个时期流入多少现金、流出多少现金及现金流量净额，从而可以了解现金流向、损益表上的利润为什么没有变动，从现金流量的角度对企业作出更加全面合理的评价。

(3) 了解企业筹措现金、生成现金的能力。

如果把现金比作企业的血液，则企业想取得新鲜血液的办法有以下两种：

(1) 为企业输血，即通过筹资活动吸收投资者投资或借入现金。吸收投资者投资，企业的受托责任增加；借入现金负债增加，今后要还本付息。在市场经济的条件下，没有“免费使用”的现金，企业输血后要付给出资方一定的分红或利息。

(2) 企业自己生成血液，经营过程中取得利润，企业要想生存发展，就必须获利，利润是企业现金来源的主要渠道。通过现金流量表可以了解经过一段时间经营，企业的内外筹措了多少现金，自己生成了多少现金。筹措的现金是否按计划用到企业扩大生产规模、购置固定资产、补充流动资金上，还是被经营方侵蚀掉了。企业筹措现金和生产现金的能力是企业加强经营管理合理使用调度资金的重要信息。

2. 编制原则

(1) 分类反映原则。为了给会计报表使用者提供有关现金流量的信息，并结合现金流量表和其他财务信息对企业作出正确的评价，现金流量表应当提供企业经营活动、投资活动和筹资活动对现金流量的影响，即现金流量表应当分别反映经营活动产生的现金流量、投资活动产生的现金流量和筹资活动产生的现金流量的总额以及它们相抵后的结果。

(2) 总额反映与净额反映灵活运用原则。为了提供企业现金流入和流出总额的信息，现金流量表一般应按照现金流量总额反映。一定时期的现金流量通常可按现金流量总额或现金流量净额反映。现金流量总额是指分别反映现金流入和流出总额，而不以现金流入和流出相抵后的净额反映。现金流量净额是指以现金流入和流出相抵后的净额反映。但现金流量以总额反映比以净额反映所提供的信息更为有用。因此，通常情况下，现金流量应以其总额反映。但是，下述情况可对现金流量以净额反映：一是某些金额不大的项目。例如，企业处置固定资产发生的现金收入和相关的现金支出可以相抵后以净额列示。二是不反映企业自身的交易或事项的现金流量项目。例如，证券公司代收客户的款项用于交割买卖证券的款项及期货交易所接受客户交割实物的款项等；又如，银行吸收开户单位活期存款的承兑和偿付。这些项目不属于企业自身业务的现金流量项目，可以以净额反映。

(3) 合理划分经营活动、投资活动和筹资活动。经营活动、投资活动和筹资活动应当按照其概念进行划分，但有些交易或事项则不易划分，如利息收入和股利收入、利息支出和股利支出是作为经营活动还是作为投资或筹资活动有不同的看法。在中国，依据人们的习惯理解，把利息收入和股利收入划为投资活动，把利息支出和股利支出划为筹资活动。某些现金收支可能具有多类现金流量的特征，所属类别需要根据特定情况加以确定。例如，实际缴纳的所得税，由于很难区分缴纳的是经营活动产生的所得税，还是投资或筹资活动产生的所得税，通常将其作为经营活动的现金流量。对于某些特殊项目，如自然灾害损失和保险索赔，若能分清属于固定资产损失的保险索赔还是流动资产损失的保险索赔，则前者通常作为投资活动，后者通常作为经营活动；若不能分清属于固定资产还是流动资产的保险索赔，则通常归为经营活动的现金流量。因此，企业应当合理划分经营活动、投资活动和筹资活动，对于某些现金收支项目或特殊项目，应当根据特定情况和性质进行划分，分别归并到经营活动、投资活动和筹资活动类别中，并一贯性地遵循这一划分标准。

(4) 外币现金流量应当折算为人民币反映。在中国，企业外币现金流量以及境外子公司的现金流量，以现金流量发生日的汇率或加权平均汇率折算。汇率变动对现金的影响作为调节项目，在现金流量表中单独列示。

(5) 重要性原则。本不涉及现金的投资和筹资活动不应反映在现金流量表内，因为这些投资和筹资活动不影响现金流量，现金流量表中不反映不涉及现金的投资和筹资活动是与编制现金流量表的目的相一致的。但是，如果不涉及现金的投资和筹资的数额很大，仍需要在现金流量表中以恰当的形式展现出来，以防使用者产生误解而做出错误的决策。此外，重要性原则对现金流量表中各项目的编制也有很大影响。比如，“收到的租金”项目，如果企业此类业务不多，也可以不设此项目，而将其纳入“收到的其他与经营活动有关的现金”之中。

3. 编制程序

1) 工作底稿法

采用工作底稿法编制现金流量表，就是以工作底稿为手段，以利润表和资产负债表数据为基础，对每一项目进行分析并编制调整分录，从而编制出现金流量表。

在直接法下，整个工作底稿纵向分成三段：第一段是资产负债表项目，其中又分为借方项目和贷方项目两部分；第二段是利润表项目；第三段是现金流量表项目。工作底稿横向分为五栏。在资产负债表部分，第一栏是项目栏，填列资产负债表各项目名称；第二栏是期初数，用来填列资产负债表项目的期初数；第三栏是调整分录的借方；第四栏是调整分录的贷方；第五栏是期末数，用来填列资产负债表各项目的期末数。在利润表和现金流量表部分，第一栏也是项目栏，用来填列利润表和现金流量表项目名称；第二栏空置不填；第三、第四栏分别是调整分录的借方和贷方；第五栏是本期数，利润表部分这一栏数字应和本期利润表数字核对相符，现金流量表部分这一栏的数字可直接用来编制正式的现金流量表。

2) T 形账户法

采用 T 形账户法，就是以 T 形账户为手段，以利润表和资产负债表数据为基础，对每一项目进行分析并编制出调整分录，从而编制出现金流量表。

模块小结

本模块阐述了如何整合创业资源，重点剖析了市场营销的方法、细分消费者市场的变量以及市场定位的类型，力求使大学生真正了解市场需求，准确进行市场定位，有效整合创业资源，促使创业成功。

市场营销是在创造、沟通、传播和交换产品中，为顾客、客户、合作伙伴以及整个社会带来价值的一系列活动、过程和体系。市场营销观念的演变与发展可归纳为六种，即生产观念、产品观念、市场营销观念、客户观念、社会市场营销观念和大营销观念。市场营销的原则包含：诚实守信的原则、义利兼顾的原则、互惠互利的原则和理性和谐的原则。营销方法主要有：整合营销传播、数据库营销、网络营销、直复营销、关系营销和绿色营销。

细分消费者市场的变量主要有地理变量、人口变量、心理变量和行为变量四大类。以这些变量为依据来细分市场就产生了地理细分、人口细分、心理细分和行为细分四种市场细分的基本形式。

市场定位是一种竞争性定位，它反映市场竞争各方的关系，是为企业有效参与市场竞争而采取的必要措施。市场定位分为三种类型，即避强定位、迎头定位和重新定位。

教学检测

这是一家超市的拟运营成本，主要包含以下几项：

1. 注册或办营业执照：100～300 元(包含注册费、工本费和材料费)。

2. 场地费用：15 000 元/月(包含租金)。备注：按规模计费。

3. 设备费用：50 000 元(包含机器人、售架、储藏柜、冰箱、厨房用具等费用)。备注：按规模添置。

4. 人力投入：70 000 元(包含 20 名员工的月工资及住宿费)。备注：按人数变动计费。

5. 运营成本：15 000 元(包含广告招牌、工作服、室内装修、贴纸、防火用品、消毒用具等费用)。备注：根据消费者需求进行采买调整。

6. 税：5000 元(包含发票税、权证印、花税、印花税、契税评估额)。

7. 预留流动资金：10 000 元(包含其他材料费)。

试问：

1. 流动资金包含哪些具体项目？流动资金价值为多少？

2. 固定资金包含哪些项目？固定资金价值为多少？

实训活动

1. 我国老龄化趋势加剧，2019 年上海一些老年人报名老年大学，竟然排了 5 年队；老年保健品、老年家庭护理、民办老年大学、 老年兴趣班、老年服饰等产品悄悄兴起，试针对老年消费情况细分市场。

2. 假如创业，你准备如何做老年项目市场定位？

模块十　助飞“双创”梦想

【教学目标】

使学生能够撰写创业计划书，组建与管理创业团队，较为顺利地创办新企业，并且具备一些管理新企业的知识与能力。

【教学内容】

1. 能够撰写创业计划书；
2. 能够评析创业计划书；
3. 能够初步设计企业模式；
4. 能够开展创业路演训练。

【教学方法】

理论讲解、项目教学、人物访谈、案例分析。

【案例导入】

经过一段时间的学习、实践，服装设计专业的小李找到了自己的创业项目，考察了创业市场，同时也把握了创业之“资”，熟悉了相关法律，接下来她的主要任务就是撰写一份科学的创业计划书，她想知道撰写创业计划书应该注意哪些问题。

经过一段时间的学习，你或许已经找到了项目，考察了市场，对于启动资金的预算和来源有所了解，熟悉了相关法律，接下来就要设计自己的创业计划书了。但你是否也如她一样，对于撰写创业计划书了解不多呢？

项目 1　设计商业模式

一、　商业模式的内涵

商业模式是管理学的重要研究对象之一，MBA、EMBA 等主流商业管理课程均对商业模式给予了不同程度的关注。在分析商业模式过程中，主要关注一类企业在市场中与用户、供应商、其他合作伙伴(即营销的任务环境的各主体)的关系，尤其是彼此间的物流、信息流和资金流。

企业与企业之间、企业内部部门之间乃至企业与顾客之间、企业与外部运营渠道之间都存在着各种各样的交易关系和联结方式，称之为商业模式。

有一个好的商业模式，成功就有了一半的保证。商业模式就是公司通过什么途径或方式来赚钱。简言之，饮料公司通过卖饮料来赚钱；快递公司通过送快递来赚钱；网络公司通过点击率来赚钱；通信公司通过收话费来赚钱；超市通过平台和仓储来赚钱；等等。只要有赚钱的地方，就有商业模式存在。

随着市场需求日益清晰以及资源日益得到准确界定，机会将超脱其基本形式，逐渐演变为创意(商业概念)，包括如何满足市场需求或者如何配置资源等核心计划。

随着商业概念的自身提升，它变得更加复杂，包括产品/服务概念、市场概念、供应链/营销/运作概念(Cardozo，1996)，进而这个准确而差异化的创意(商业概念)逐渐成熟最终演变为完善的商业模式，从而形成一个将市场需求与资源结合起来的系统。

商业模式是一种包含了一系列要素及其关系的概念性工具，用以阐明某个特定实体的商业逻辑。它描述了公司所能为客户提供的价值以及公司的内部结构、合作伙伴网络和关系资本等用以实现(创造、推销和交付)这一价值并产生可持续盈利收入的要素。

在有些文献中使用商业模式这一名词的时候，往往模糊了两种不同的含义：一类作者简单地用它来指公司如何从事商业的具体方法和途径，另一类作者则更强调模型方面的意义。这两者实质上是有所不同的：前者泛指一个公司从事商业的方式，而后者指的是这种方式的概念化。后一观点的支持者们提出了一些由要素及其之间关系构成的参考模型，用以描述公司的商业模式。

如今，随着经济的发展，商业模式有了新的解释，它是一个企业满足消费者需求的系统，这个系统组织管理企业的各种资源(资金、原材料、人力资源、作业方式、销售方式、信息、品牌和知识产权、企业所处的环境、创新力，又称输入变量)，形成能够提供消费者无法自给却必需的产品和服务(输出变量)，因而具有自己能复制且别人不能复制，或者自己在复制中占据市场优势地位的特性。

二、商业模式的要素

在综合了各种概念的共性的基础上，我们提出了一个包含 10 个要素的参考模型。这些要素包括：

(1) 价值主张：公司通过其产品和服务所能向消费者提供的价值。价值主张确认了公司对消费者的实用意义。

(2) 消费者目标群体：公司所瞄准的消费者群体。这些群体具有某些共性，从而使公司能够(针对这些共性)创造价值。定义消费者群体的过程也被称为市场划分。

(3) 分销渠道：公司用来接触消费者的各种途径。这里阐述了公司如何开拓市场，它涉及公司的市场和分销策略。

(4) 客户关系：公司同其消费者群体之间所建立的联系。我们所说的客户关系管理即与此相关。

(5) 价值配置：资源和活动的配置。

(6) 核心能力：公司执行其商业模式所需的能力和资格。

(7) 价值链：为了向客户提供产品和服务的价值，相互之间具有关联性的、支持性活动。

(8) 成本结构：所使用的工具和方法的货币描述。

(9) 收入模型：公司通过各种收入流来创造财富的途径。

(10) 裂变模式：公司商业模式转变的方式和转变的方向。

三、商业模式的特征

(一) 选取商业模式的要素

创业公司在商业模式上常见的失误有：做出来的解决方案没有市场需求，产品缺乏特定的市场，产品总是免费送出。一个好的商业模式常常包含以下几种基本要素。

(1) 价值定位。

创业公司所要填补的需求是什么或者说要解决什么样的问题？价值定位必须清楚地定义目标客户、客户的问题和痛点、独特的解决方案，以及从客户的角度来看这种解决方案的净效益。

(2) 目标市场。

目标市场是创业公司打算通过营销来吸引的客户群，并向他们出售产品或服务。这个细分市场应该有具体的人数统计以及购买产品的方式。

(3) 销售和营销。

如何接触到客户？口头演讲和病毒式营销是目前最流行的方式，但是用来启动一项新业务还是远远不够的。创业公司在销售渠道和营销提案上要做具体一些。

(4) 生产。

创业公司是如何做产品或服务的?常规的做法包括家庭制作、外包或直接买现成的部件。这里的关键问题是进入市场的时间和成本。

(5) 分销。

创业公司如何销售产品或服务？有些产品和服务可以在网上销售，有些产品需要多层次的分销商、合作伙伴或增值零售商。创业公司要规划好自己的产品是只在当地销售还是在全球范围内销售。

(6) 收入模式。

你如何赚钱的？关键要向你自己和投资人解释清楚你如何定价，收入现金流是否会满足所有的花费，包括日常开支和售后支持费用，并且还有很好的回报。

(7) 成本结构。

创业公司的成本有哪些？新手创业者只关注直接成本，低估了营销和销售成本、日常开支和售后成本。在计算成本时，可以把预估的成本与同类公司发布出来的报告进行对比。

(8) 竞争。

创业公司面临多少竞争者？没有竞争者很可能意味着没有市场。通常来说，有 10 个以上的竞争者时表明市场已经饱和。在这里要扩展开来想一想，就像外出时要乘坐飞机还是火车，客户总有选择的机会。

(9) 市场大小、增长情况和份额。

创业公司产品的市场有多大？是在增长还是在缩小？能获得多少份额？风险投资寻找的项目所在的市场每年要有两位数的增长率，市场容量在 10 亿美元以上，创业公司要有 10%以上市场占有率的计划。

投资者希望能很好、很早地理解创业公司的商业模式。他们不想听创业者的向客户推销式的演讲。这样的演讲通常都自然地回避了创业者打算赚多少钱的问题，以及创业者期望确认多少客户的问题。向投资人做那样的演讲只会让创业者和投资人双方都感到很恼火。

一个可行、有投资价值的商业模式是创业者需要在商业计划书中强调的首要内容之一。事实上，没有商业模式，创业就只是一个梦想。

任何一个商业模式都是一个由客户价值、企业资源和能力、盈利方式构成的三维立体模式。由哈佛大学教授约翰逊(Mark Johnson)、克里斯坦森(Clayton Christensen)和SAP公司的CEO孔翰宁(Henning Kagermann)共同撰写的《商业模式创新白皮书》把这三个要素概括为：

(1) 客户价值主张：在一个既定价格上企业向其客户或消费者提供服务或产品时所需要完成的任务。

(2) 资源和生产过程：支持客户价值主张和盈利模式的具体经营模式。

(3) 盈利公式：企业用以为股东实现经济价值的过程。

(二) 成功商业模式的特征

长期从事商业模式研究和咨询的公司认为，成功的商业模式通常具有以下三个特征：

(1) 成功的商业模式要能提供独特价值。有时候这个独特的价值可能是新的思想；而更多的时候，它往往是产品和服务独特性的组合。这种组合要么可以向客户提供额外的价值，要么使得客户能用更低的价格获得同样的利益，或者用同样的价格获得更多的利益。

(2) 商业模式是难以模仿的。企业通过确立自己的与众不同，如对客户的悉心照顾、无与伦比的实施能力等，来提高行业的进入门槛，从而保证利润来源不受侵犯。比如，对于直销模式(仅凭“直销”一点，还不能称其为一个商业模式)，人人都知道其如何运作，也都知道戴尔公司是直销的标杆，但很难复制戴尔的模式，原因在于“直销”的背后是一整套完整的、极难复制的资源和生产流程。

(3) 成功的商业模式是脚踏实地的。企业要做到量入为出、收支平衡。这个看似不言而喻的道理，要想年复一年、日复一日地做到，却并不容易。现实当中的很多企业，不管是传统企业还是新型企业，对于自己的钱从何处赚来，为什么客户看中自己企业的产品和服务，乃至有多少客户实际上不能为企业带来利润反而在侵蚀企业的收入等关键问题上都不甚了解。

项目2 撰写和评析创业计划书

一、撰写创业计划书

创业计划书是将有关创业的想法，借由白纸黑字最后落实的载体。创业计划是创业者叩响投资者大门的“敲门砖”，是创业者计划创立的业务的书面摘要，一份优秀的创业计划书往往会使创业者达到事半功倍的效果。

(一) 创业计划书的主要内容

一般来说，在创业计划书中应该包括创业的种类、资金规划及基金来源、资金总额的分配比例、阶段目标、财务预估、行销策略、可能风险评估、创业的动机、股东名册、预定员工人数，具体内容一般包括以下 11 个方面。

1. 封面介绍

封面的设计要美观和有艺术性，一个好的封面会使阅读者产生最初的好感，形成良好的第一印象。

2. 计划摘要

计划摘要浓缩了创业计划书的精华。计划摘要涵盖了计划的要点，一目了然，以便读者能在最短的时间内评审计划并做出判断。

3. 企业介绍

企业介绍的目的不是描述整个计划，也不是提供另外一个概要，而是对你的公司做出介绍，因而重点是公司的理念和如何制订公司的战略目标。

4. 行业分析

在行业分析中，应该正确评价所选行业的基本特点、竞争状况以及未来的发展趋势等内容。

行业分析的典型问题有：

(1) 该行业发展程度如何？发展动态如何？

(2) 创新和技术进步在该行业扮演着怎样的角色？

(3) 该行业的总销售额有多少？总收入为多少？发展趋势怎样？

(4) 价格趋向如何？

(5) 经济发展对该行业的影响程度如何？政府是如何影响该行业的？

(6) 是什么因素决定着它的发展？

(7) 竞争的本质是什么？你将采取什么样的战略？

(8) 进入该行业的障碍是什么？你将如何克服？该行业典型的回报率有多少？

5. 产品介绍

产品介绍包括的内容有：产品的概念、性能及特性；主要产品介绍；产品的市场竞争力；产品的研究和开发过程；发展新产品的计划和成本分析；产品的市场前景预测；产品的品牌和专利；等等。

在产品(服务)介绍部分，企业家要对产品(服务)做出详细的说明，说明要准确，也要通俗易懂，使不是专业人员的投资者也能明白。一般来说，产品介绍都要附上产品原型、照片或其他介绍。

6. 组织结构

在企业的生产活动中，存在着人力资源管理、技术管理、财务管理、作业管理、产品管理等，其中每个环节都很重要。

一般来说，投资人非常看重创始人背景和产品的前景，如果创始团队背景非常亮眼或者创始人有异常魅力，都很容易取得投资人的信任和关注，相对而言也会比较容易拿到投资。

如果你的产品前景广阔，那就要让投资人充分了解，这样投资人会因为产品方向好而投资。

7. 市场预测

市场预测应包括以下内容：

(1) 需求预测；

(2) 市场预测和市场现状综述；

(3) 竞争厂商概览；

(4) 目标顾客和目标市场；

(5) 本企业产品的市场地位。

8. 营销策略

在创业计划书中，对市场错误的认识是企业经营失败的最主要原因之一，营销策略应包括以下内容：

(1) 市场机构和营销渠道的选择；

(2) 营销队伍和管理；

(3) 促销计划和广告策略；

(4) 价格决策。

9. 制造计划

创业计划书中的生产制造计划应包括以下内容：

(1) 产品制造和技术设备现状；

(2) 新产品投产计划；

(3) 技术提升和设备更新的要求；

(4) 质量控制和质量改进计划。

10. 财务规划

财务规划的重点是现金流量表、损益表和资产负债表的制备。

现金流量表体现流动资金的使用状况，流动资金是企业的生命线，因此企业在初创或扩张时，对流动资金需要预先有周详的计划，在运营过程中要通过现金流量表对流动资金进行严格控制；损益表反映的是企业的盈利状况，它是企业在一段时间运作后的经营结果；资产负债表则反映在某一时刻的企业状况，投资者可以用资产负债表中的数据得到的指标来衡量企业的经营状况以及可能的投资回报率。

11. 风险预估与管理

对于初次创业者而言，预估与控制经营风险非常必要，建议从以下几个问题入手：

(1) 你的公司在市场、竞争和技术方面有哪些基本风险？

(2) 你准备怎样应付这些风险？

(3) 就你看来，你的公司还有哪些附加机会？

(4) 你的资本如何扩展？

(5) 在最好和最坏情形下，你的五年计划表现如何？

如果你的估计不那么准确，则应该估计出你的误差范围到底有多大。如果可能，应对你的关键性参数做最好和最坏的设定。

(二) 编写创业计划书的基本原则

1. 以尊重项目的客观事实为原则

(1) 呈现项目的优势与投资利益。创业计划书不仅要将资料完整地陈列出来，更重要的是要呈现出具体的项目优势。

(2) 呈现经营能力。要尽量展现经营团队的企业经营管理能力与丰富的经验背景，并显示对于该产业、市场、产品、技术以及未来经营运作策略已有完全的准备。

(3) 市场导向。要认识到利润是来自市场的需求，没有依据明确的市场需求分析，所撰写的创业计划书将是空泛的。因此，创业计划书应以市场导向的观点来撰写，并充分显示对于市场现况的掌握与预测未来发展的能力。

2. 以读者最为关心的问题作为出发点

创业计划书是从市场、技术、经济、风险等各个方面对项目进行可行性分析，涉及的内容较广。撰写创业计划书时应有重点地进行描述，尤其对一些读者关心的问题要进行详细分析，使读者明确地知道该项目在哪些地方是可行的以及为什么可行。

3. 撰写过程要循序渐进

通常，撰写创业计划书要经过三个阶段并在每个阶段进行多次修改。

(1) 在确立了编写方案以及掌握了充分的资料的基础上撰写创业计划书概要；

(2) 在创业计划书概要的基础上加入新的议题或新的内容，形成创业计划书初稿；

(3) 对创业计划书初稿进行进一步的修改、完善并加入一些新的议题和新的发现，形成最终的创业计划书。

4. 内容表述要简明清晰

要明确指出企业的市场机会与竞争威胁，并尽量以具体资料佐证。同时，分析可能的解决方法，而不是含糊交代而已。另外，要明确说明所采用的假设、财务预估方法等，同时也应说明市场需求分析所依据的调查方法与事实证据。

应完整描述企业经营的各项职能要点，尽量提供该项目的各项资料信息，并附上其他参考佐证的资料。内容的用词应以简单明了为原则，切勿太专业、烦琐，对于非相关的资料勿在此陈列，以免过于冗长。

5. 语言表达要客观平实

一切数字要尽量客观、实际，切勿凭主观意愿估计。通常，投资人容易高估市场潜量或报酬，而低估经营成本。在创业计划书中，投资人应尽量陈列出客观、可供参考的数据与文献资料。

6. 描述分析要通俗易懂

虽然有的项目有一定的技术含量，对项目的分析不仅需要用到一些专业知识，而且也需要用到一些专业术语。但在撰写创业计划书时，我们还是建议大家尽量用通俗易懂的文字表述。因为不是每一位读到这份创业计划书的人都是该项目领域的专家。一份好的创业计划书，应该使一些不懂该项目的人也能明白这是一个好的、可行的投资项目。而一位能将专业性强的投资项目用通俗易懂的语言向读者展示出来的准投资人，本身就是一位将该项目进行了全面分析、研究，并对该项目的市场前景、盈利能力充满信心的人。一份能够被大众读懂并能客观论证项目可行的创业计划书，一定会为该项目赢得更多人的关注和支持，也有更多的机会赢得潜在投资人的青睐。

7. 结构内容要风格统一

整份创业计划书前后基本假设或预测估算要相互呼应，也就是前后逻辑要合理。例如，财务预估必须根据市场分析与技术分析所得的结果，方能进行各种报表的规划。

如果创业计划书是由多人协作共同完成的，那么一般由企业的不同职能部门的主管完成其相应部分。由于每个人的个性及表述方法不同，往往使最终的创业计划书的风格缺乏统一性。因此，在创业计划书最终定稿前，应有一个最终进行调整的过程。一般情况下，这个程序由项目投资人本人或请一些具有相关能力的人员完成，如咨询师等，力求最终的创业计划书风格统一；同时，对计划书中引用的数据的来源给予明确的记录，并统一标明出处。

8. 格式安排要严谨周密

创业计划书的格式标准不是唯一的，但需要做到标题层级分明、字体统一、表格表头格式一致、图片注解格式一致、内容前后衔接、逻辑严谨、正文注明页码。

(三) 撰写创业计划书的步骤

准备创业计划书是一个展望项目的未来前景、细致探索其中的合理思路、确认实施项目所需的各种必要资源、再寻求所需支持的过程。

需要注意的是，并非任何创业计划书都要完全包括上述大纲中的全部内容。创业内容不同，相互之间差异也就很大。

撰写创业计划书并非一蹴而就，通常需要经历以下六个阶段：

第一阶段：经验学习。

第二阶段：创业构思。

第三阶段：市场调研。

第四阶段：方案起草。

撰写创业计划书全文，添加封面，单独列出全部创业要点写成提要，然后要按下面的顺序排列创业计划：

(1) 市场机遇与谋略；

(2) 经营管理；

(3) 经营团队；

(4) 财务预算；

(5) 其他与创业路演听众有直接关系的信息和材料，如企业创始人、潜在投资人，甚至创业者的重要家庭成员。

第五阶段：修饰。

首先，根据你的报告把最主要的内容做成一个 1～2 页的摘要，放在前面。其次，仔细检查其内容，千万不要有错别字之类的错误，否则别人会对你做事是否严谨产生怀疑。最后，设计一个漂亮的封面，编写目录与页码，然后打印、装订成册。

第六阶段：检查。

可以从以下几个方面对创业计划书进行检查：

(1) 你的创业计划书是否显示出你具有管理公司的经验。

(2) 你的创业计划书是否显示了你有能力偿还借款。

(3) 你的创业计划书是否显示出你已进行过完整的市场分析。

(4) 你的创业计划书是否容易被投资者所领会。创业计划书应该备有索引和目录，以便投资者可以较容易地查阅各个章节。

(5) 你的创业计划书中是否有计划摘要并放在了最前面，计划摘要相当于公司创业计划书的封面，投资者首先会看它。为了吸引投资者的兴趣，计划摘要应写得引人入胜。

(6) 你的创业计划书是否在文法上全部正确。

(7) 你的创业计划书能否打消投资者对产品(服务)的疑虑。

二、评析创业计划书

分析创业计划书是否可行，除了分析管理团队成员的身份、资历等，还要分析创业者为什么能开创这项独特的产品或服务，并由此获得大量收益。一般主要从以下几个方面评析创业计划书。

1. 产品和服务是否具有独特性

你的企业有独一无二的优势吗？这些优势体现在技术、品牌、成本等方面，而这些优势能保持多长时间也是投资方决定是否投资的重要因素之一。

2. 商业模式和赢利模式是否可行

商业模式如何生产商品，如何提供服务和市场策划等；赢利模式如何赚钱，如何把产品和服务转化为利润。商业模式和赢利模式的可行性，最终又体现在企业的执行力上。

3. 管理效率如何

大多数风险投资者认为，任何风险投资的成功关键都是管理。管理也是风险投资者最关心的问题之一。风险投资领域的传统观点认为，如果你的点子好，但管理差，可能失去机遇；如果点子差，但管理好，则可能争取机遇。而其中“好”的含义也是多方面的。

4. 风险投资的回报如何

提供有说服力的公司财务增长预测是你义不容辞的责任。所以，风险投资都选择有竞争力的企业、行业中的龙头。要想吸引投资，创业计划书要写明自己企业的规模、计划、发展状况等。

项目 3　开展创业路演

创业路演也叫作项目路演，是在公共场所进行演说、演示产品、推介理念以及向他人推广自己的公司、团体、产品、想法的一种方式。其目的在于向潜在投资方讲解和说明创业项目，双方进行问答互动、探讨交流，获得经验支持以改进项目，或获得认可而进一步进行合作，减少创业过程中的弯路。

一、创业路演的模式

创业路演的目的在于吸引投资与合作方、获得认可，一般有以下几种模式。

1. 精准模式

精准模式的精准度、私密度最高。开展精准模式的基本步骤如下：

(1) 创业者经过调研，筛选投资方(一般为风险投资公司)，向其投递商业计划书。

(2) 投资机构从诸多计划书中选取市场前景、创意、商业价值比较好的作品，邀请创始人约谈，即路演创业计划书。

(3) 投资方满意以后，与创始人约定参观企业、深度沟通，洽谈投资事宜。

该模式常常一对一开展，保密程度较高，节奏较快。优质的项目，尤其需要投资方、创始人进行迅速而准确的沟通，促成项目成交，以便于快速打开与占领市场。一些前瞻性好、市场潜在需求高的发明创造等创新性突出的项目路演属于此类。

2. 私人董事会模式

私人董事会模式的准确度和私密度仅次于一对一的精准模式。开展这种模式的基本步骤如下：

(1) 创始人向专业机构投递创业计划书或商业计划书。

(2) 经过仔细筛选，机构将不同类型的项目分别、分批引荐给投资兴趣不同的基金。

(3) 基金以未来合伙人、投资方的身份对创业项目进行提问，即创始人对基金开展创业路演。

(4) 这种模式的问题的针对性比较强，项目的进展、营销的方式、成本结构、资本结构、配偶是否支持创业等未来影响企业利益的因素都在考量范围内。这种不同基金组成的类似于董事会的投资方，简称私人董事会。此路演方式目的直接、效果显著，一般有机会进行路演的项目，质量都比较高，有很大概率获得融资。有多年商业运作、行业经验的创业人才有资格或资本接触到该路演模式。

3. 由公共或民间平台组织的项目路演或专场路演会

随着我国对创新创业的重视与政府的支持力度加大，政府机构、知名民间机构会定期组织一系列的创业项目路演。创业者一般具有一定的商业运作经验或专业、行业背景，在项目演示过程中比较专业，投资方根据需要对项目进行筛选。一般会先进行项目盲选，再举办项目路演，举办方事先会对参与者进行一定的辅导。

4. 创业大赛模式

由不同政府部门或机构组织的创业大赛，一般有明确的主题，如“互联网+创意创业大赛”“挑战杯创业大赛”等。评审方往往来自政府机关、教育部门、投资机构等。参赛方需要在规定的时间内展示项目、答辩、展示产品或创意；举办方根据评委的综合评分对项目进行排名，对胜出组颁发奖品。一些前景好的项目会获得机会与投资方约谈，该模式适合在校生或毕业不久的大学生创业群体。

二、大学生创业路演的过程

大学生第一次参加的创业路演一般为校内创新创业大赛，有老师专人辅导，但是我们仍然需要强调参加比赛的步骤和过程。

1. 团队分工编写创业计划书、请专人评析创业计划书

首先，团队在主创人的带领下分工合作，按照格式、步骤编写创业计划书，可以先编写初稿，然后请专业教师或行业人士评析创业计划书，提出修改建议，进行修订。

2. 制作 PPT 或微视频

根据创业计划书内容制作 PPT 或微视频，PPT 的页面要求简洁大方、文字性描述不必过多，写好以后在团队内部进行浏览、修改，然后请专业人士提出意见和建议，再予以修订。

3. 写解说稿、收集相关材料

根据 PPT，写项目解说稿，时间控制在 3 分钟左右。然后收集与项目相关的材料，如行业数据、产品标准等。

4. 申报参赛

根据参赛要求，准备报名材料，申报参赛。参赛团队一般有人数限制，如河北省“大学生互联网+创业大赛”要求参赛团队包含 3～5 名成员。

5. 练习项目解说、答辩等

进行项目路演练习，推选项目解说人，可以推选主创者，也可以推举应变能力强的队员进行现场解说。准备参赛服装、核对参赛资料、预设可能被提及的问题。可以在团队内部或班内进行创业路演练习。

6. 按照比赛要求参赛

仔细阅读参赛要求，核实一切参赛资源，按时参加比赛。

模 块 小 结

本模块主要介绍了商业模式的内涵和要素以及创业计划书的编写内容，重点阐述了大学生创业路演的步骤，力求大学生明确实现创业的具体做法，实现“双创”梦想。

商业模式是指企业与企业之间、企业内部部门之间乃至企业与顾客之间、企业与外部运营与渠道之间都存在着各种各样的交易关系和联结方式。一个好的商业模式至少要包含价值定位目标市场、销售和营销、生产、分销、收入模式、成本结构、竞争等要素。

选择项目、设计商业模式以后，可以尝试编写创业计划书，其内容主要包括：封面介绍、计划摘要、企业介绍、行业分析、产品介绍、组织结构、市场预测、营销策略、制造计划、财务规划、风险预估与管理。撰写创业计划书需要遵循的基本原则有：尊重项目的客观事实、以读者最为关心的问题作为出发点、撰写过程要循序渐进、内容表述要简明清晰、语言表达要客观平实、描述分析要通俗易懂、结构内容要风格统一、格式安排要严谨周密。

大学生创业路演的步骤包括：团队分工编写创业计划书、请专人评析创业计划书；制作 PPT 或微视频；写解说稿、收集相关材料；申报参赛；练习项目解说、答辩等；按照比赛要求参赛。

教学检测

一、选择题(第 1、2 题为单选，第 3 题为多选)

1. 合伙企业成立的条件不包括(   )。

A. 书面合同协议，有合伙企业名称

B. 各合伙人实际缴付的资金

C. 两个以上的合伙人，并依法承担无限责任

D. 有书面合伙合同，合伙人都没有外债

2. 从整体来看，企业盈利的标志是(   )。

A. 投入资金大于回流资金　　B. 投入资金等于回流资金

C. 投入资金小于回流资金　　D. 营业额高于贷款

3. 在我国，创业团队初创企业常见的法律形式有(   )。

A. 合资公司与合作企业　　B. 外资企业

C. 个体及独资企业　　D. 合伙企业及有限责任公司

二、判断题

1. 从优秀大学生到养鱼带头人，陈家松的创业事迹说明创业需要综合考虑当地资源、国家政策、个人能力等因素，因地、因时、因势制宜。(   )。

2. 马伟国大学毕业后，供职过文化传媒公司，也成立过自己的公司，回乡创业种植蔬菜的技术含量并不高，说明创业与学业无关。(   )。

实训活动

1. 你的家乡在哪里？你的家乡有哪些特色的文化与特色的饮食，你能从哪些方面进行创业？

2. 分别从你的专业、兴趣爱好、专长出发，看看你可以从哪些方面进行创业。

3. 以团队为单位编写创业计划书，并进行创业路演练习。

参考文献

[1] 张武成. 技术创新方法论[M]. 北京：科学出版社，2009.
[2] 罗玲玲. 创新能力开发与训练教程[M]. 沈阳：东北大学出版社，2006.
[3] 罗玲玲. 创意思维训练[M]. 北京：首都经济贸易大学出版社，2008.
[4] 人力资源和社会保障部职业能力建设司. 创办你的企业(大学生版)：SYB 创业培训手册[M]. 北京：中国劳动社会保障出版社，2010.
[5] 刘道玉. 创造性思维方法训练[M]. 2 版. 北京：首都经济贸易大学出版社，2012.
[6] 卢雁影. 财务分析[M]. 武汉：武汉大学出版社，2011.
[7] 林建军，唐芳. 女大学生就业创业调研与指导[M]. 北京：中国社会科学出版社，2014.
[8] 盖春瑞，韩建伟. 女大学生创业教育[M]. 北京：中国原子能出版社，2015.
[9] 孙志河，窦新顺. 就业与创业指导[M]. 北京：经济科学出版社，2015.
[10] 孙洪义. 创新创业基础[M]. 北京：机械工业出版社，2016.
[11] 王保江. 创新创业导航[M]. 北京：中国经济出版社，2016.
[12] 汤锐华. 大学生创新创业基础[M]. 北京：高等教育出版社，2016.
[13] 陈劲，郑刚. 创新管理：赢得持续竞争优势[M]. 3 版. 北京：北京大学出版社，2016.
[14] 窦新顺，韩建伟. 女大学生创新指导[M]. 上海：同济大学出版社，2017.
[15] 王振杰，刘彩琴，刘莲花，等. 大学生创新创业基础[M]. 北京：高等教育出版社，2018.
[16] 侯文华. 大学生创新创业教育教程[M]. 北京：科学出版社，2017.